中国国际产能合作机制与路径研究

杨 柏 著

中国财经出版传媒集团
中国财政经济出版社

图书在版编目（CIP）数据

中国国际产能合作机制与路径研究／杨柏著．--北京：中国财政经济出版社，2022.5
ISBN 978-7-5223-1282-8

Ⅰ.①中… Ⅱ.①杨… Ⅲ.①区域经济合作－国际合作－研究－中国　Ⅳ.①F125.5

中国版本图书馆 CIP 数据核字（2022）第 048780 号

责任编辑：郁东敏　　　　　　　责任印制：刘春年
封面设计：中通世奥　　　　　　责任校对：胡永立

中国国际产能合作机制与路径研究
ZHONGGUO GUOJI CHANNENG HEZUO JIZHI YU LUJING YANJIU

中国财政经济出版社 出版

URL：http://www.cfeph.cn
E-mail：cfeph@cfeph.cn

（版权所有　翻印必究）

社址：北京市海淀区阜成路甲 28 号　邮政编码：100142
营销中心电话：010-88191522
天猫网店：中国财政经济出版社旗舰店
网址：https://zgczjjcbs.tmall.com
北京财经印刷厂印刷　各地新华书店经销
成品尺寸：170mm×240mm　16 开　14.5 印张　201 000 字
2022 年 5 月第 1 版　2022 年 5 月北京第 1 次印刷
定价：62.00 元
ISBN 978-7-5223-1282-8
（图书出现印装问题，本社负责调换，电话：010-88190548）
本社质量投诉电话：010-88190744
打击盗版举报热线：010-88191661　QQ：2242791300

前言

国际产能合作理论是新时期国际贸易理论与国际产业转移理论的进一步发展,该思路自提出以来就吸引了大量国内外研究学者的关注。自2014年12月14日李克强总理与哈萨克斯坦总统纳扎尔巴耶夫的会谈,两位领导人就中国优势产能与哈萨克斯坦基础设施需求对接达成了"中哈产能合作"计划以来,国际产能合作在国务院会议上多次被提及和强调。国际产能合作在我国经济发展步入新常态、全球产业竞争格局深度调整的背景下,对于推动中西部地区产业结构的调整升级,使其主动融入"一带一路",开创对外开放的新局面有着重要作用。在这个背景下,对国际产能合作展开研究在学术和实践运用中都十分有意义。

本书基于产能优势互补的视角对中国中西部地区与"一带一路"沿线国家的国际产能合作相关问题进行深入系统研究,对中西部地区及中国整体未来的经济发展具有重要理论和现实意义。在学术方面,本书的研究可以为国际产业合作的相关研究提供理论参考,是关于国际产能合作理论研究的有益补充。在运用方面,本书关于中国中西部地区国际产能合作的实施路径的研究,以及基于中西部地区典型企业成功实践的案例研究,可为国际产能合作提供重要的经验借鉴,也可为中西部地区产业政策和产业发展规划的制定提供重要参考。

本书在梳理最新研究成果的基础上,从理论和实践上深入系统地对中国中西部地区的国际产能合作展开研究,试图在中西部地区国际产能合作的动力机制、运行模式和机制设计等方面上取得突破。因此，本书以"一带一路"倡议下中西部地区国际产能合作机制及路径研究为题开展相关研究工作，每章的具体研究内容如下：

第1章，绪论。主要介绍本书的研究背景及研究意义，并系统地介绍了所运用的研究方法；之后对国内外相关研究的学术史及研究动态进行梳理；最后，给出了本书的内容框架。

第2章，中西部国际产能合作现状。首先从产业布局、产业转移承接和全要素生产效率三个方面分析了中西部产能现状；然后从资本输出、产业输出、国别分布和产品输出的视角分析了国际产能合作现状及存在的问题；最后进行了本章的总结。

第3章，国际产能合作效率研究。运用数据包络分析法和实证研究方法对"一带一路"背景下中国国际产能合作效率进行评价，并分析总结出国际产能合作效率的影响因素。

第4章，国际产能合作动力机制研究。从企业、市场、政府三个层面分析出中国中西部地区国际产能合作动力因素并进行实证分析。然后运用系统动力学的相关理论和方法，将国际产能合作作为系统探究其特征，分别从开放性、非线性以及远离平衡态三方面引入。将国际产能合作系统中各要素间存在的因果关系图绘制出来，然后定性分析系统中具有代表性的反馈回路，进而科学地构建中国中西部地区的国际产能合作动力机制，分析动力机制的运行原理。

第5章，国际产能合作机理及模式研究。首先，从宏观、中观、微观三个层次构建国际产能合作机理分析框架。然后在国际产能合作机理研究的基础上，总结缺乏国际社会资本的模式，并比较各个模式的共同点与不同点，运用国际产能合作机理分析框架分析缺乏国际社会资本模式的成本、收益和风险，为下一章提出积累国际社会资本的模式提供解决思路。最后，在前面两部分的研究基础上提出四种模式，因地制宜地利用东道国国情，通过不同路径构建国际社会资本，促进政府、企业以及第三部门共同参与，降低合作中交易成本的社会成本部分，提高合作绩效。

第 6 章，国际产能合作典型案例研究。以中国与中东国家产能合作为案例，进一步阐释国际产能合作的动因。

本书的研究工作得到重庆市人文社科重点研究基地"企业管理研究中心"、重庆工商大学工商管理一级学科方向团队"企业发展战略研究团队"的资助。杨柏负责整书的总体构思以及第 1 章至第 3 章、第 6 章撰写工作。秦广鹏负责第 4 章撰写工作，邬钦负责第 5 章撰写工作。刘亚琪、王妙妙、陈锶、杨定豪等也参与了部分章节的具体研究工作。本书的编写和出版得到重庆工商大学工商管理学院、中国财政经济出版社的大力支持，在此一并表示衷心的感谢。

此外，本书在研究、写作过程中参考了大量文献，由于篇幅限制，不能一一罗列，这里特向未被罗列的作者表示歉意，并向所有的作者表示诚挚的谢意。

由于时间仓促及作者水平有限，本书错误之处在所难免，敬望读者批评指正。

杨 柏

2022 年 3 月

目录

- 第1章 绪论 ·· 1
  - 1.1 课题的研究背景及意义 ·· 1
  - 1.2 课题研究的目标 ·· 2
  - 1.3 课题研究方法 ··· 2
  - 1.4 国内外相关研究的学术史梳理及研究动态 ····················· 3
  - 1.5 总体研究框架 ··· 7
- 第2章 中西部国际产能合作现状 ··· 10
  - 2.1 中西部产能现状分析 ··· 10
  - 2.2 国际产能合作现状及问题 ·· 20
- 第3章 国际产能合作效率研究 ·· 48
  - 3.1 "一带一路"背景下中国国际产能合作效率评价 ············ 48
  - 3.2 "一带一路"背景下中国国际产能合作效率的影响因素
    分析 ·· 75
- 第4章 国际产能合作动力机制研究 ····································· 84
  - 4.1 中西部地区国际产能合作动力因素分析 ······················ 84

4.2 中西部地区国际产能合作动力机制构建……………………… 93

第 5 章 国际产能合作机理及模式研究……………………… 106

5.1 国际产能合作的机理 ……………………………………… 106
5.2 缺乏国际社会资本的模式 ………………………………… 134
5.3 积累国际社会资本的模式 ………………………………… 151

第 6 章 国际产能合作典型案例研究……………………… 170

6.1 中国与中东国际产能合作现状 …………………………… 170
6.2 中东国家承接中国产能合作的动因 ……………………… 174
6.3 中国与中东四国产能合作基础与行业选择 ……………… 177
6.4 中国与中东国家产能合作的影响因素 …………………… 194
6.5 中国石油工程建设有限公司与阿联酋国家石油公司的产能
　　合作案例分析 ……………………………………………… 201

参考文献 …………………………………………………… 209

第1章 绪　　论

1.1 课题的研究背景及意义

作为推动"一带一路"倡议的重要实现形式，"国际产能合作"概念最初源于2014年12月14日李克强总理与哈萨克斯坦总统纳扎尔巴耶夫的会谈，两位领导人就中国优势产能与哈萨克斯坦基础设施需求对接达成了"中哈产能合作"计划。此后，李克强总理在国务院常务会议上多次强调，借助国际产能合作积极参与全球市场竞争和价值重构，是推动国内产业转型升级、促进我国经济迈向中高端的重大机遇。

美国"次贷"危机以后，为了使全球经济发展走出低迷，世界各国正加速调整产业结构，加大基础设施的投资建设，与此同时，发展中国家也大力推进工业化、城镇化，这也为推进国际产能合作创造了良好的国际环境。为顺利推进我国的国际产能合作进程，2015年5月16日国务院发布的《关于推进国际产能和装备制造合作的指导意见》，成为我国开展国际产能合作的"重要路线图"。2015年中央经济工作会议也指出，2015年全年经济工作的一个突出亮点，即是要继续加强国际产能和装备制造合作。在我国经济发展步入新常态、全球产业竞争格局深度调整的背景下，推动中国中西部地区（本书简称为"中西部地区"）产业结构的调整升级，使其主动融入"一带一路"国家经济发展战略，才能开创对外开放的新局面。

基于产能优势互补的视角,本书对中西部地区与"一带一路"沿线国家的国际产能合作相关问题进行深入系统研究,对中西部地区及中国整体未来的经济发展具有重要的理论和现实意义。本书在梳理最新研究成果的基础上,从理论和实践上深入、系统地对中西部地区的国际产能合作展开研究,试图在中西部地区国际产能合作的动力机制、运行模式和机制设计等方面上取得突破。本书研究的价值包括以下两个方面。

(1) 学术价值。本书从广度、深度、持续性和效率等四个维度构建国际产能合作的概念模型,在此基础上从国家、产业、企业等层面探讨中西部地区国际产能合作的运行模式、机制与实施路径。本书的研究可以为国际产业合作的相关研究提供理论参考,是关于国际产能合作理论研究的有益补充。

(2) 应用价值。本书关于中西部地区国际产能合作的实施路径的研究,以及基于中西部地区典型企业成功实践的研究,可以为国际产能合作提供重要的经验借鉴;也可以为中西部地区产业政策和产业发展规划的制定提供重要的参考。

1.2 课题研究的目标

本书主要目标是探索中西部国际产能合作活动的内在规律和特点,定量刻画中西部国际产能合作的程度及其效率,探询中西部国际产能合作的主要动力及其影响机理。在此基础上,多层次、多角度地明晰中西部国际产能合作的运行模式、机制设计和实施路径,继而确立中西部地区以及国内其他区国际产能合作的优化模式。

1.3 课题研究方法

本书综合运用产业经济学、区域经济学、国际贸易学、制度经济学等学科方法，在充分把握不同学科理论知识与研究方法共性与个性的基础上，计算区域范围与国际范围相融合的产能合作效率，综合考虑多方利益间的博弈，形成一整套行之有效的模式与路径。

1.3.1　定性分析与定量分析相结合的方法

本书的研究过程中将定性分析与定量分析进行融合，借助匹配理论、社会行为理论及万有引力理论等，通过博弈论、期权博弈等数理模型的推演，将中西部地区进行国际产能合作的动力机制进行更清晰地描述，以制度分析的方法，讨论中西部产能合作中的制度变迁、路径依赖、资本专用及国际国内的互补，从而定性分析中西部地区国际产能合作的动力、模式、机制与路径；利用 DEA、多元回归、数值模拟、空间计量等方法，测算中西部国际产能合作的效率，并对设计的模式、机制与路径进行数理模拟或统计数据的验证。

1.3.2　实地调研与典型案例分析相结合的方法

本书通过实地调研了解中西部典型城市开展国际产能合作的现实情况、真实诉求与实际能力，并以典型案例的方法，对中西部城市开展国际产能合作的模式、机制与路径进行差异化分析与验证。

1.4　国内外相关研究的学术史梳理及研究动态

国际产能合作理论是新时期国际贸易理论与国际产业转移理论的进一步发展，该思想自提出以来就吸引了大量国内外研究学者的关注。产能合作是指两个存在意愿和需要的国家或地区之间，进行跨国或跨地区产能供求配置的联合行动。一般来说，产能合作会以两个渠道进行产能位移，即产品输出方式（国际贸易）与产业转移方式（国际产业转移）

(周民良，2015）。因此，在进行国际产能合作的文献梳理时，需要在对国际贸易及国际产业转移文献进行归纳、整理、评述的基础上，再集中至国际产能的相关研究。

1.4.1 国际贸易理论的研究概述

国际贸易理论创始于19世纪初期。托伦斯（Torrens，1815）最早论述贸易理论，李嘉图（Ricardo，1817）在其经典著作《政治经济学及赋税原理》中的详细论述，最终形成了较为完善的贸易理论基础。其后国际贸易理论经过后续学者的发展与完善，形成了比较优势理论、自然资源禀赋理论、凯恩斯国际贸易理论、有限贸易保护理论及战略性贸易政策理论等几类典型理论。其中，比较优势理论代表人物包括亚当·斯密、大卫·李嘉图、哈勃勒、约翰·穆勒、马歇尔及和埃奇沃思等。比较优势理论基础是劳动价值论，即将劳动生产率的差异作为贸易理论基础，认为两国间相对成本的差异导致了国际贸易的发生，将国际贸易的缘由从绝对成本的差异扩展到相对成本的差异。自然资源禀赋理论代表人物包括赫克歇尔、俄林及萨缪尔森等，该理论是要素比例学说的补充和发展，又称为"赫—俄—萨"（H-O-S）理论。

凯恩斯国际贸易理论的代表人物为凯恩斯、马克卢普及哈罗德等。该理论形成了以乘数理论为基石，以保护国内就业为目的的国内贸易保护理论。有限贸易保护理论的代表人物为弗里德里希·李斯特。该理论认为在国际贸易中，要尽量利用政府权力对本国生产力发展进行保护和促进，从而实现生产力发展的愿望和前景。战略性贸易政策理论代表人物为詹姆斯·布朗德、巴巴拉·斯潘塞等。该理论认为市场并非处于完全竞争状态，政府政策在国际贸易中的地位不可小觑。战略性贸易政策理论有两大主流分支，即利润转移理论和外部经济理论，这也是当前国际贸易理论的主流前沿理论。

自20世纪70年代以来，国内外学者逐渐将研究重心转移到国际贸易对国家产业结构及企业活动的影响，菲德（Feder，1982）、平娜（Pinna，1996）、沃兹（Worz，2004）、瓦格纳（Wagner，2012）、诺维（Novy，2013）及亚历山德里亚（Alessandria，2015）等均从不同视角研究了国际贸易与产业结构的相互关系，认为国际贸易可以促进双方国家产业结构的调整，这种促进作用是通过充分利用资源、优化资源配置及技术转移等途径进行的。彭国华（2007）、张桂梅（2008）、张丝思（2008）、赖明勇（2010）、陈虹（2011）、李俊青（2011）、钱学锋（2015）等也从运用多种方法，从多个视角对国际贸易与国家产业、国际贸易与国企等相互作用关系进行了研究，得出了一系列有价值的理论结果。这一系列研究也为国际产能合作思想的出现奠定了理论基础。

1.4.2 国际产业转移的相关研究

国际产业转移理论作为国际产能合作的前身及重要分支，已有文献从宏观层面、中观层面及微观层面进行了大量的理论研究。宏观层面上，刘易斯（Lewis，1954）利用发展经济学的观点，研究了俄林（Ohlin，1919）的要素禀赋理论，并在此基础上提出了"成本导向论"；普雷维什（Prebish，1949）利用区域经济学的"中心—外围理论"分析了发达国家与发展中国家间的贸易关系，并以此提出了"贸易平衡论"；其他学者还提出了"区域生命周期理论"和"梯度转移理论"。中观层面上，小岛清（1978）提出了"边际产业扩张理论"，卢根鑫（1994）提出了"重合产业理论"及"三三"理论。微观层面的理论始于邓宁（1976）的 OIL 理论，他认为产业组织情况决定了所有权优势，交易成本大小决定了内部优势，要素禀赋多寡决定了区位优势，相较于国内企业，跨国企业对区域优势的敏感性更强，因此当前国际企业转移成为企业争夺竞争优势的必要手段。

在国际产业转移理论的基础上，国内外学者进行了大量的理论拓展与实证检验。斯特金（Sturgeon，2002）、沃尔特等（Walter 等，2007）、范和韩（Fan and Han，2014）以及科尔克（Kolk，2015）等分别从技术溢出、企业组织形态、政府制度等视角研究了美国、欧盟及非洲一些地区产业转移的运行情况及内在作用机理。原小能（2004）、姜玉梅（2010）、范文祥（2010）、林桂军（2013）以及叶琪（2015）等结合中国实际情况，研究了我国承接国际产业转移以及产业在国内转移的发展过程，和产业结构升级过程中的某些现象特征等，也得出了大量有价值的理论成果。高安刚和覃波（2015）综合运用脉冲响应及方差分解，对国际产业转移、区域创新绩效与经济发展水平之间的关系进行了研究，发现国际产业转移、区域创新与经济增长间存在长期稳定的均衡关系，国际产业转移和区域创新对经济增长存在正向冲击效应，并具有长期持续的积极贡献，且经济增长对区域创新的脉冲响应更为敏感。

1.4.3 国际产能合作的相关研究

国际产能合作理论是新时期下国际贸易理论与国际产业转移理论的进一步发展，具有鲜明的中国特色和新常态特征，相关学术研究也较为丰富。当前国际产能合作的相关研究，主要可划分为三类：一类是对国际产能合作概念进行的探讨，例如白永秀等（2015）、卓丽洪等（2015）、王本力等（2015）认为，在经济发展新常态的背景下，寻求国际产能合作，是解决我国产能过剩问题的一种新思路，也是为中国巨额外汇储备找到理想出路，助力"中国制造"走向世界，占据产业链制高点的可行路径。另一类是研究如何进行国际产能机制构建。夏先良（2015）认为，通过塑造适合共建"一带一路"国际产能合作的促进体制，形成国际产能合作互利、共赢的合作机制，制定与国际产能合作体制机制相配套的支持政策和服务体系，以及搭建政府国际产能合作的情报平台与情报网络体系，来构筑"一带一路"国际产能合作体制机制与政策体系。第三类则是探讨国际产能合作对我国经济的影响，例如郝荣亮（2015）和钟国人（2015）等分析了国际产能合作对我国整体经济与各地区经济发展所产生的影响。

1.4.4 文献评述

综上可以看出，无论是国际贸易，还是国际产业转移的研究，国内外学者都有较丰富的学术积累，这为国际产能合作的研究提供了很好的理论基石与逻辑起点，但也存在一些需要深入研究的问题。

一是国际产能合作思想属于国际贸易理论与国际产业转移理论的进一步发展，有着深厚的理论基础，但是当前大部分国际贸易与国际产业转移的研究主要是针对某些特定资本主义市场经济国家展开。"一带一路"是基于中国而衍生出的经济系统主体，其体制机制因素、资本市场、技术市场、人才市场等影响要素均与国外明显不同，加之东部、中部、西部地区经济发展不平衡，使得中西部地区也有着自身独特的经济属性，因此对于具备中国特色的"一带一路"国际产能合作问题，还需要进行深入研究。

二是国际产能合作由于思想较新，现有文献在分析国际产能合作问题时，研究视角主要集中于概念解读，研究方法也主要依靠定性分析，较少有文献能够采用数理建模、定量分析等方法系统地研究"一带一路"视角下国际产能合作相关问题。

1.5 总体研究框架

1.5.1 国际产能合作现状研究

首先运用 DEA 方法测算了中西部各省的产能利用程度，然后从资本输出、产业输出、产品输出、国别分布等角度总结国际产能合作现状并研究其存在的主要问题，为本书下一步研究奠定实践基础。

1.5.2 国际产能合作的效率评价研究

结合中西部国际产能合作活动的内在规律和特点，本部分运用DEA方法测算了中国与"一带一路"沿线国家国际产能合作效率，并运用Tobit方法研究了国际产能合作效率的影响因素，为本书下一步研究奠定理论基础。

1.5.3 国际产能合作的动力机制研究

本部分运用GMM方法实证研究了影响中西部地区国际产能合作的动力因素，运用SD方法分析因果反馈关系，构建中西部地区国际产能合作的动力机制框架，以助于下一步研究国际产能合作的运行机制以及探讨国际产能合作的实施路径。

1.5.4 国际产能合作的机理和运行模式研究

本部分首先构建了国际产能合作的宏观机理、中观机理、微观机理等三个层次的分析框架，然后讨论了国际社会资本对国际产能合作的影响及提升国际社会资本的条件，再根据是否积累国际社会资本作为标准将国际产能合作的运行模式进行尝试性的新型分类，比较说明不同合作模式间的共性和特性，指出各种模式出现的特定条件，为完善国际产能合作的模式奠定理论基础。

1.5.5 国际产能合作的机制设计研究

根据国际产能合作不同运行模式的差异性和特点，本部分首先系统分析不同运行模式下国际产能合作所面临的问题，并分析产生这些问题的主要原因；之后结合"一带一路"倡议等国际合作新趋势，针对不同运行模式，基于制度理论和机制设计理论，分别从微观和宏观视角设计出新常态下国际产能合作的运行机制，以制度来指导和管理国际产能合作实践活动。

1.5.6 国际产能合作的实施路径研究

结合本书提出的国际产能合作运行模式及运行机制，本部分通过比较和总结近年来国内外关于国际产能合作的成功经验，从国家、产业、企业主体层面多角度、多层次探索国际产能合作的实施路径。此外，本书精心选取中国与中东的国家、产业和企业开展合作的案例进行研究，实证检验理论研究成果，并经逐步反馈完善后以期能够在国内其他区域推广实施。

本书具体研究框架如图1.1所示。

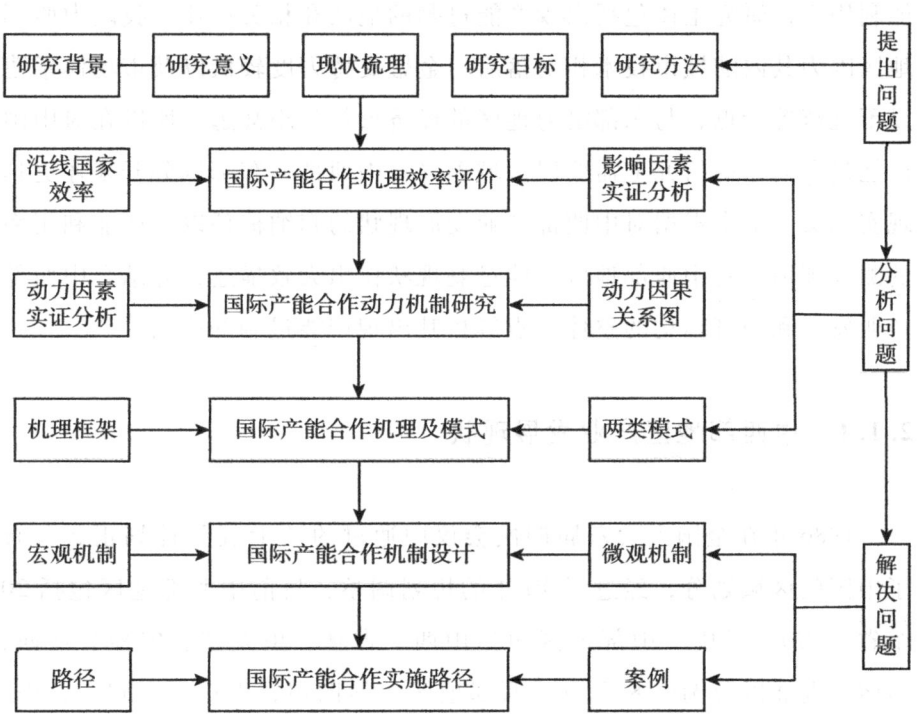

图1.1 本书研究框架

第 2 章 中西部国际产能合作现状

2.1 中西部产能现状分析

现阶段国内外学者研究产能过剩问题所采用的测度标准大多都是产能利用率，研究主体包括出现产能过剩的地区和相关产业。我国中西部地区因为其内陆城市技术相对落后、金融支持力度较低以及市场体系建设不规范等特点，与东部沿海地区的经济形势相距甚远，所以在对中国产能过剩问题的研究上需要以区域差异将中西部与东部区分开来才更具现实意义。本章根据对中西部产业发展现状的归纳梳理以及产能利用率的测算评估，对中西部地区产能过剩现状作出大致描述，并结合中西部产业发展和经济结构的整体特点解析其出现产能过剩的成因。

2.1.1 中西部地区产业发展现状

1986 年在全国人大六届四次会议中通过的"七五"计划正式公布了中国的区域划分，经过了 40 年的规划调整，目前中西部地区包括 20 个省（市）。其中，中部地区包括山西、吉林、黑龙江、安徽、江西、河南、湖北以及湖南 8 个省；西部地区包括四川、重庆、贵州、云南、西藏、甘肃、青海、宁夏、新疆、陕西、广西以及内蒙古 12 个省市。中西部地区内只包含内陆城市，不仅整体上与东部地区的经济规模相距较大,而且在省市之间的格局也不尽相同。以双向投资为例,2015年中部地区的外商投资企业数量占总量之比约为7.04%,投资金额占总量之比为7.7%,西部分别约为4.52%和7.34%,而东部地区则分别达到88.41%和78.09%,其经济实力的差距可见一斑。但经济增速与产业发展环境自2000年西部大开发实行以来有着显著的改善。表2.1采用GDP、规模以上工业企业的工业销售值以及城镇固定资产投资分别描述了中西部地区的经济增长、市场规模和基础设施建设在2001年与2016年的对比,可以明显看出地区整体经济实力与规模有着大幅度的上升。

表2.1 中西部地区整体发展状况

指标	中西部地区(亿元)		增长率(%)
	2001年	2016年	
GDP	45 234.36	346 485.22	665.98
规模以上工业销售值	27 470.58	462 059.15	1 582.01
城镇固定资产投资	291.40	333 424.50	114 321.59

数据来源:历年《中国统计年鉴》及《中国工业经济统计年鉴》,经计算得出

(1) 产业布局

结合表2.2,从三次产业结构来看,中部地区产业结构更显高度化,三次产业总产量更高。西部地区产业结构也更为合理,高附加值的第三产业比重更大,但第一产业比重还需降低。西部地区由于"一带一路"政策扶持以及交通物流逐渐便利,在与沿线国家的经贸合作中发展经济,第三产业比重高于中部地区,但由于耕地范围广阔、城镇化效率不足、农业科技水平较低等原因,西部地区农业比重高于中部省市,而生产总值却相比较低。因此,西部地区应更注重科研创新投入,增加产业技术水平,提升生产效率。而中部地区则需要提升第三产业比重,进一步完善生产要素的合理配置,通过产业间的协调发展充分发挥要素禀赋的经济效益。

表2.2　　2016年中西部地区三次产业结构对比

地区	第一产业		第二产业		第三产业	
	总量（亿元）	比重（%）	总量（亿元）	比重（%）	总量（亿元）	比重（%）
中部	20 949.92	11.0	84 357.12	44.2	85 501.42	44.8
西部	18 497.06	11.9	66 926.53	43.0	70 253.17	45.1

数据来源：历年《中国统计年鉴》，经汇编计算得出

根据图2.1中2016年中西部各省市规模以上工业企业的工业销售产值对比可以看出，中部省市之间产业市场规模相对趋近，而西部省市中甘肃、青海、宁夏与新疆四个省虽然土地面积较大而产业销售值却均未突破万亿元。其主要原因是地理位置远离产业集聚地区、交通设施未完善、对农业经济依存度过高因而产业结构难以升级等。值得注意的是，河南省工业销售产值在中西部位列第一，接近湖南省产值的两倍，其市场发展潜力巨大。

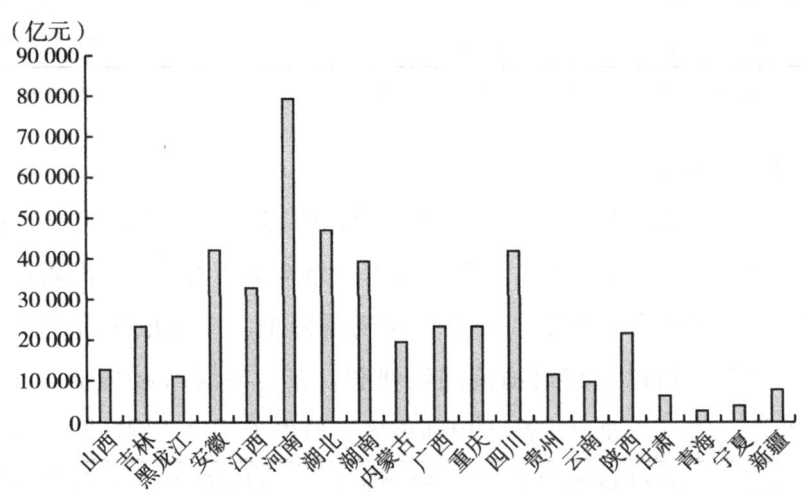

图2.1　2016年中西部地区省市工业销售产值对比

数据来源：历年《中国工业经济统计年鉴》

总体来看，大部分省市经济发展势头良好，而西部地区少数省市需要通过缩减畜牧区面积推进供给侧结构性改革，实现工业化，以高效率

生产发展地区经济。

（2）产业转移承接

改革开放以来，在"沿海区域优先发展战略"的带动下，东部沿海城市凭借着先天的地理优势、充足的外商直接投资以及完善的基础设施建设等优势吸引着大量来自东西部内陆城市的生产要素。资本以及劳动力的匮乏导致中西部地区产业发展受到约束，仅仅依靠开发煤炭、铁矿、石油等自然资源实现经济增长，而东部地区则借助产业集聚所产生的规模经济逐步振兴制造业。

为了改善区域经济发展不平衡的现状，中央政府实施了西部大开发、中部崛起、东北振兴等一系列政策，力求通过产业转移实现经济要素的重新分配，培养新兴工业，最终达到区域经济的协同发展。如表 2.3 所示，截至 2018 年，已出现七大国家级承接产业转移示范区，他们不仅通过生产要素的流动逐渐拉小中西部与东部的经济差距，而且腾出空间有利于东部城市优化产业结构从而提高第三产业比重以及加大整体产业产量。

表 2.3　　　　中西部国家级承接产业转移示范区

华北地区	晋陕豫黄河金三角承接产业转移示范区
华中地区	皖江城市带承接产业转移示范区
	湘南承接产业转移示范区
	湖北荆州承接产业转移示范区
	江西赣南承接产业转移示范区
西南地区	重庆沿江承接产业转移示范区
	广西桂东承接产业转移示范区

得益于较低的进入门槛，大量发展实体经济所需的低成本劳动力开始流入中西部市场，但由于产业支持力度不足、市场需求不足、政府监管效率较低等问题根深蒂固般存在，就业岗位难以容纳转移过来的劳动

力，并且交通设施的落后导致物流与运输成本较高。地方政府急需进一步通过加快城镇化进程扩大市场规模，建设基础设施。

（3）全要素生产效率

本书采取常用的 DEA – Malmquist 方法分别对东部与西部地区从 2002 年至 2014 年的全要素生产进行简要的测算。采用工业生产者出厂价格指数对中西部地区规模以上工业企业的工业总产值进行平减后得到以 2001 年为基期的实际工业总产值，并将其当作工业产出。选取中西部地区规模以上工业企业的固定资产净值，采用分地区固定资产投资价格指数剔除价格因素影响后作为资本投入。最后选取规模以上企业的从业人员平均人数作为劳动投入计算出的中部地区与西部地区的全要素生产率（TFP）的变化情况。具体如图 2.2 所示。

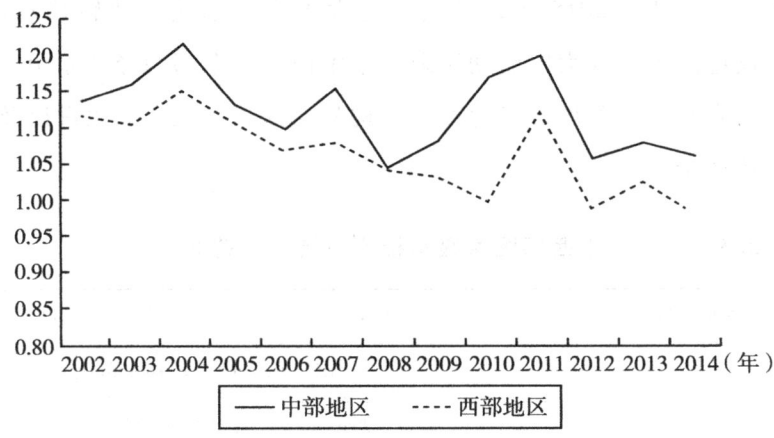

图 2.2　2002—2014 年中部和西部地区全要素生产率趋势与对比

可以看出，中部地区与西部地区生产效率的趋势变化基本一致，从 2002 年至 2014 年整体上呈现下滑的迹象。但是，中部地区充当着内陆交通枢纽的角色，承东接西，贸易投资经济活动较西部地区更为活跃，生产率波动更明显，并且整体上领先于西部地区。产业结构不合理以及企业管理制度不完善而导致的资金利用效率低下、劳动创造力不足等问题是中部地区长期以来经济增长较东部发达地区缓慢的原因。

2.1.2 中西部地区产能利用率测算

（1）测算方法选取

目前国内学者普遍采用产能利用率来衡量地区或行业的产能过剩程度，而产能利用率的测算方法大致可以分为调查统计与经济分析两种方法。调查统计法是通过向行业中选取的企业样本发放调查问卷，然后定期收回问卷从而分析相关企业的生产能力，数据可持续获得，测算结果也十分直观。但由于这种直接测度方法比较耗时耗力，并且各个企业对于自身的财务状况并不一定如实报告，因此并未被学术界广泛采纳。经济分析法主要指通过估算产能规模，然后联系实际产出测算产能利用率的间接测度方法，虽然对于潜在产能的估计方法各有差异，在实践中的意义也有待商榷，但在理论上可信度较高。

经济分析法大概可分为参数估计法与非参数估计法。参数估计法大致包含成本函数法、峰值法、协整法。非参数估计法包含随机前沿生产函数法（SFA）与数据包络分析法（DEA）。本书参照董敏杰（2015）的方法，采用数据包络分析法（DEA）测算中西部地区2001—2015年的产能利用率。选取数据包络分析法的原因主要如下：

①测算过程比较简便。作为非参数方法，计算出生产前沿面作为潜在产能，然后估计偏离生产前沿面的无效率部分。不需要设定函数形式，也降低了检验估计结果的有效性、一致性的要求等。

②数据要求不高。由于不存在诸多函数假设，数据包络法不需要对数据进行量纲化处理，在应对多项投入的产出模型上具有绝对优势。所需要的数据可以都来自宏观层面，更易获取。

③测算结果误差更小。数据包络法测算出的产能利用率不是绝对效率值，而是与生产前沿面作对比的相对效率，因此受极端值的影响较小。并且模型中对决策单元赋予的权重是由数学线性规模决定，不会出现主观判断导致的偏差。

董敏杰进一步根据生产资源严重浪费的中国现状提出了落后产能现象，即企业未充分利用现有资金购置生产能力最高的生产设备而导致产能利用率降低。本书基于中西部地区基础设施普遍落后，大量生产效率低下的设备没有及时被淘汰的现实状况，在产能利用率测算过程中也充分考虑到落后产能问题。

（2）样本数据说明

考虑到中西部产业结构中第二产业占有相当大的比重，并且中国在国际产能合作中转移出去的产能多是以工业产能为主，因此本书的研究主体为中西部城市里规模以上工业企业。参考董敏杰的测量方法，本书选取2001年至2015年中西部城市里规模以上工业企业的面板数据，测量中西部产能利用率时使用的生产函数包含四种变量，具体说明如下：

①实际产出（Y）。本书采用去除价格影响因素后的工业总产值来衡量实际产出，采用各省市工业生产者出厂价格指数，并分别对各省市规模以上企业的工业总产值进行平减，最后得出以2001年为基期的各省市实际产出。

②资本投入（K）。为了不遗失企业中各项数据对固定投入造成影响的因素，本书采用永续盘存法（也叫账面盘存制）进行计算：

$$K_t = K_{t-1}(1 - \delta_t) + I_t/P_t \tag{2.1}$$

式中，K_t、K_{t-1}各自代表了t期与$t-1$期企业的固定资本存量，然后选取2000年固定资产原价与累计折旧的差值当作基期资本存量K_0。δ代表了折旧率，由本期固定资产折旧与上期固定资产原价相比获得。I_t为t期新增投资额，用各省市相邻两年间的固定资产原价差值表示。P_t为投资品价格指数，用各省市的固定资产投资价格指数表示。

③劳动投入（L）。选取各省市规模以上工业企业员工数目作为测量指数。

④中间投入（M）。作为衡量企业生产过程中消耗的非固定资产的产品价值的指标，采用该公式进行计算：

$$M_t = (TV_t - AV_t + T_t)/PPIRM_t \tag{2.2}$$

公式中 M_t、TV_t、AV_t、T_t、$PPIRM_t$ 各自代表 t 期的中间投入、工业总产值、工业增加值、应交增税与原材料购进价格指数。

以上各项数据均来自于各个年份的《中国工业统计年鉴》，其中部分缺失数据通过查阅省市该年份的统计公报获得，例如 2013 年之后的《中国工业统计年鉴》不再统计分地区规模以上工业企业的工业总产值。

（3）产能利用率测算结果

产能利用率指数是衡量地区整体的产能过剩状况和生产效率水平最直接的指标。本书将上诉四种变量的数据处理后作为决策单元（DMU）导入程序软件 MyDEA1.0，考虑到中西部地区基础设施落后且落后产能短期内难以被淘汰的现实状况，选择呈现规模报酬递减现象的 BBC 模型，最终得到的各地区规模以上工业企业产能利用率如表 2.4 所示：

表 2.4　　2001—2015 年中西部省市产能利用率

地区	2001	2003	2005	2007	2009	2011	2013	2015
山西	0.716	0.644	0.603	0.611	0.551	0.567	0.645	0.744
内蒙古	0.770	0.768	0.858	0.906	0.846	0.901	0.933	1.000
吉林	0.719	0.732	0.802	0.874	0.857	0.951	1.000	1.000
黑龙江	0.883	0.775	0.711	0.684	0.640	0.617	0.584	0.552
安徽	0.723	0.739	0.795	0.816	0.816	0.893	0.929	1.000
江西	0.731	0.729	0.736	0.739	0.785	0.826	0.881	0.896
河南	0.732	0.726	0.755	0.797	0.804	0.887	0.935	1.000
湖北	0.738	0.725	0.792	0.834	0.827	0.952	0.959	1.000
湖南	0.735	0.749	0.806	0.801	0.789	0.890	0.947	1.000
广西	0.726	0.752	0.793	0.779	0.782	0.761	0.780	0.888
重庆	0.720	0.750	0.825	0.914	0.897	1.000	0.997	1.000
四川	0.721	0.763	0.863	0.929	0.889	0.983	0.995	1.000

续表

地区	2001	2003	2005	2007	2009	2011	2013	2015
贵州	0.768	0.772	0.774	0.780	0.729	0.754	0.755	0.797
云南	0.909	0.894	0.842	0.816	0.855	0.882	0.864	0.860
陕西	0.727	0.709	0.748	0.767	0.734	0.733	0.755	0.771
甘肃	0.741	0.708	0.648	0.613	0.654	0.620	0.659	0.675
青海	1.000	0.947	1.000	0.918	0.866	0.995	0.968	1.000
宁夏	1.000	0.887	0.847	0.821	0.773	0.694	0.751	0.815
新疆	0.817	0.733	0.644	0.582	0.577	0.502	0.460	0.519

对于产能利用率的评判，国内外学者目前尚未形成一套官方标准。但是按照当前大部分研究成果的辨别尺度，综合来看，产能利用率的正常数值为从79%至83%。产能利用率低于79%被判定为产能过剩，高于90%则看作产能不足。

从中可以看出，在2001年，除了黑龙江、云南、青海、宁夏、新疆以外，其他14个中西部省市都出现了较为严重的产能过剩现象。到2015年，随着中国整体经济开始进入新常态，大多数城市的产能过剩状况已经得到缓解，内蒙古、湖南、四川、安徽、河南、吉林、湖北、青海、重庆等地都开始呈现出产能不足的现象，然而山西、黑龙江、甘肃、新疆四个省市的工业仍然长期处于严重的产能过剩状态。

通过对比发现，中西部地区的产能利用率变化趋势与中国整体经济周期波动具有一致性。以2006年为分水岭，中国于2001年进入世界贸易组织（WTO），开始通过一系列宽松政策鼓励工业产品生产与出口，整体经济呈现上升的趋势，在2006年左右达到顶峰，各省市虽然仍有产能过剩的现象，但产能利用率普遍较高。2008年国际金融危机蔓延到中国，在通货膨胀、失业人口增加、股市撤资等惨淡的经济状态下，各省市产能利用率普遍出现了一次剧烈的下降。中央政府为刺激经济出台的四万亿元投资计划落地后，中西部产能利用率于2011年左右开始回升。以四川省为例，2006年之前，四川省产能利用率持续上升，在2007年增速开始减缓，2008年之后产能利用率出现下降，之后又开始稳回升。

根据各个省市工业总产值占整个中西部地区工业总产值的比重加权计算出了整个中西部地区工业的产能利用率情况，如图2.3所示。

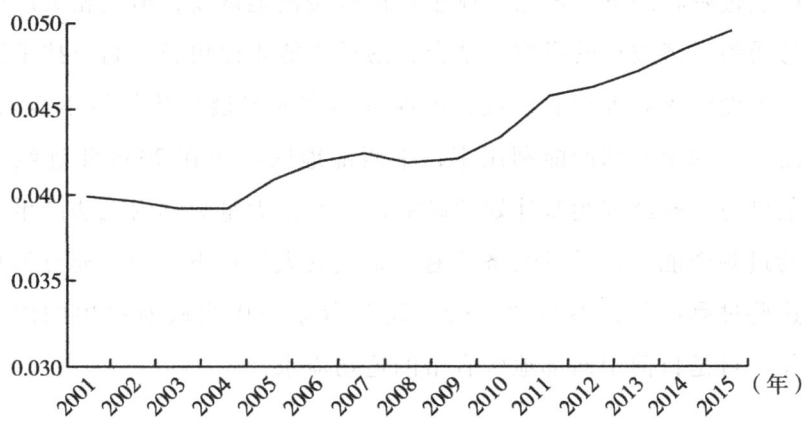

图2.3　2001—2015年中西部地区整体产能利用率趋势

由图2.3可以看出，中西部地区工业整体的产能利用率长期处于严重的产能过剩状态。虽然整体随时间呈现出缓慢上升的态势，但仍遭遇了两次产能利用率下滑，一次是2001年至2003年的缓慢下滑，另一次是2008年的迅速下降。此外在2011年还出现了产能利用率的增速减缓。

从中可以看出，2003年出现的产能过剩状况相对于当时的经济形势而言程度较小，并不影响后续几年产能利用率上升的势头。而2008年经济危机所导致的产能利用率下滑不仅下降速度较快，并且延续时间较长。在中央政府采取四万亿元投资计划后，国内市场需求的上升才使得产能利用率回升，而此期间内形成的新产能并没有被有效投入使用，国内经济陷入一种"虚假的繁荣"。直到2011年，虽然产能利用率受到经济新常态的影响，增速由高速转为中高速保持着持续上升，但中西部产业仍长期陷于产能过剩的状况。

2.1.3 小结

本节探析了中西部地区工业产能过剩的现状，包括产业发展分析和产能利用率测算两个大部分。通过现状分析得知，中西部地区长期处于严重产能过剩状态下，虽然整体正在进行缓慢地恢复，但其相关产业发展容易受到经济波动的影响。结合其落后产能难以更新、高新技术匮乏以及基础设施落后等现实状况，中西部的产业发展形势仍然不容乐观。根据测算出的中西部产能利用率，中西部地区产业在 2008 年连续受到金融危机与政府经济刺激计划的影响，已产生大量短期内无法产生实际价值的过剩产能。在世界经济普遍不景气的大环境下，为了充分消耗与利用这些过剩产能，参与"一带一路"背景下中央政府提出的国际产能合作项目是目前中西部地区省市的迫切需求。

2.2 国际产能合作现状及问题

本节从资本输出、产业输出、产品输出、国别分布四个角度分析国际产能合作现状，在此基础上发现相应的资本输出、产业输出、国别分布存在的总体问题。在总体现状与问题的研究基础上，对国际产能合作失败项目的失败原因及共同问题进行了研究，得出国际社会资本投入不足是项目失败的主要原因之一的结论。

2.2.1 国际产能合作现状

自 2015 年 5 月国务院出台国际产能合作指导意见以来，国际产能合作取得良好成绩。国际产能合作是资本输出与产业输出的结合，主要是指制造业领域的非金融类对外直接投资与对外产业转移。由于国际产

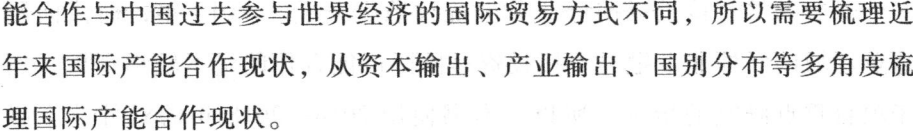

能合作与中国过去参与世界经济的国际贸易方式不同，所以需要梳理近年来国际产能合作现状，从资本输出、产业输出、国别分布等多角度梳理国际产能合作现状。

（1）资本输出现状

本部分首先分析反映国际产能合作资本输出的指标——流向制造业的对外非金融类直接投资的选取过程，阐述2014—2018年该指标的变动情况，然后通过比较该指标与对外非金融类直接投资指标的增长趋势与比例关系这两个角度对国际产能合作的资本输出现状展开分析。

①指标选取。

从对外直接投资角度来看，流向制造业的对外非金融类直接投资额可以近似作为国际产能合作的代理指标之一，通过资本输出规模来反映产业输出规模。对外投资分为对外直接投资与对外间接投资：对外直接投资是指境内企业直接将资金注入境外新设企业或并购企业；对外间接投资是指境内企业通过投资境外企业的证券获得资本收益。两者区别在于是否拥有境外企业的控制权或参与境外企业的经营管理。国际产能合作是产业的输出，不是单纯的证券投资，所以对外直接投资与国际产能合作概念比较接近。对外直接投资分为对外金融类直接投资与对外非金融类直接投资，对外金融类直接投资是指境内企业设立或并购境外金融企业。我国法律规定非金融类境内企业不得设立境外金融类企业。《国务院对确需保留的行政审批项目设定行政许可的决定》第191项为"国内企业在境外开办企业（金融企业除外）"，都明确将境内非金融类企业在境外开办金融企业排除在外，所以合法的金融类对外直接投资由国内金融企业完成。对外非金融类直接投资是指境内企业直接注资新建或并购非金融企业，相对于对外直接投资更接近国际产能合作的内涵。而国际产能合作主要是制造业领域的产业合作，所以流向制造业领域的对外非金融类直接投资属于可得性较佳的能够反映国际产能合作规模的宏观经济指标。国家统计局公布的历年国民经济社会和发展统计公报中对外非金融类直接投资按产业分类统计数据开始于 2014 年，而流向制造业领域的对外非金融类直接投资是国际产能合作的资本输出规模，属于项目重点研究的指标。所以，本书使用 2014—2018 年的对外非金融类直接投资数据。

表 2.5　　　　　国际产能合作的资本输出规模

年份	对外非金融直接投资额（亿美元）	制造业对外投资额（亿美元）	制造业占比（%）	对外非金融类直接投资额增长率（%）	制造业对外投资额增长率（%）
2014	1 028.9	69.6	6.76	14.10	-19.80
2015	1 180.2	143.3	12.14	14.70	105.90
2016	1 701.1	310.6	18.26	44.10	116.70
2017	1 201.0	191.0	15.90	-29.40	-38.40
2018	1 205.0	188.0	15.60	0.30	-1.60

数据来源：2014—2018 年国民经济社会和发展统计公报

如表 2.5 所示，2014 年对外非金融类直接投资额 1 029 亿美元，比上年增长 14.1%。其中，流入制造业领域的对外直接投资额达 69.6 亿美元，占对外非金融类直接投资总投资额的 6.76%，比上年增长 -19.80%。2015 年对外非金融类直接投资额 1 180 亿美元，比上年增长 14.7%。其中，流入制造业领域的对外直接投资额达 143.3 亿美元，占对外非金融类直接投资总投资额的 12.14%，比上年增长 105.9%。2016 年对外非金融类直接投资额 1 701 亿美元，比上年增长 44.1%。其中，流入制造业领域的对外直接投资额达 310.6 亿美元，占对外非金融类直接投资总投资额的 18.26%，比上年增长 116.70%。2017 年对外非金融类直接投资额 1 201 亿美元，比上年下降 29.4%。其中，流入制造业领域的对外直接投资额达 191 亿美元，占对外非金融类直接投资总投资额的 15.90%，比上年增长 -38.40%。2018 年全年对外非金融类直接投资额 1 205 亿美元，比上年增长 0.30%。其中，流入制造业领域的对外直接投资额达 188 亿美元，占对外非金融类直接投资总投资额的 15.60%，比上年增长-1.60%。

（2）增长趋势

如图2.4所示，2014—2018年对外非金融类直接投资与流向制造业的对外非金融类直接投资的总体波动趋势相同，均呈现波动上升趋势，符合国际投资周期理论中对国民经济发展水平提高到一定水平后就会从资本输入转向资本输出阶段的判断。但是，流向制造业的对外非金融类直接投资比不区分产业的总的对外非金融类直接投资波动程度更大，这可能与不同产业之间的正负向产业关联效应的相互抵消有关，使得总量比分量的稳定性更好。

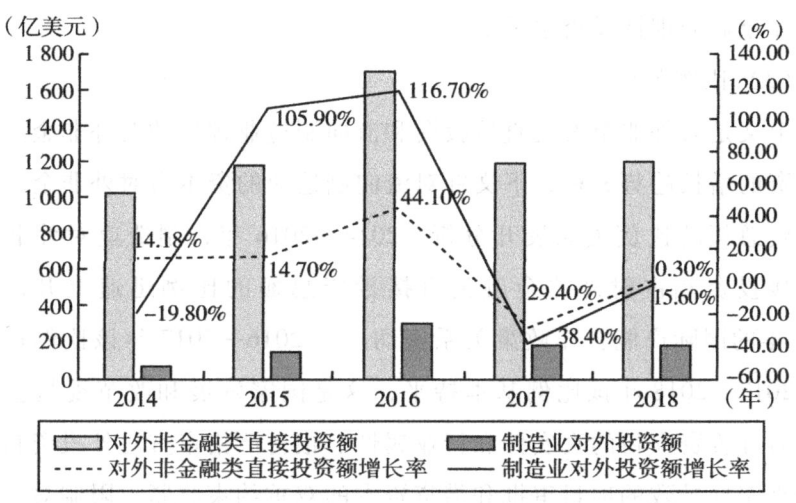

图2.4　2014—2018年对外非金融类直接投资及制造业投资的增长规模及速度

数据来源：国民经济和社会发展统计公报

从具体的波动方向上看，可以分为三个阶段：对外非金融类直接投资与流向制造业的对外非金融类直接投资在2014—2016年逐年提高，在2016—2017年下降，在2017—2018年略微提高。第一阶段2014—2016年两个指标逐年提高的原因是2013年习近平总书记提出的"一带一路"倡议鼓励中国企业扩大对外投资导致对外非金融类直接投资迅速增长。2015年，国务院发布国际产能合作指导意见使得制造业领域的对外非金融类直接投资大增。制造业领域的对外非金融类直接投资增长幅度大于全行业对外非金融类直接投资，这是由于国际产能合作发挥了政策导向作用，制造业的政策红利使得对外投资资本在各产业的比例发生了变动。第二阶段2016—2017年两个指标大幅下降的原因是2017年初国家发现对外投资存在非理性繁荣，部分企业为获得国家优惠政策的支持而对外投资，于是国家开始严格审查对外投资的真实性，限制境内投资者对房地产、娱乐等行业的对外直接投资，对外非金融类直接投资总额回归理性，受总体趋势影响，流向制造业的对外非金融类直接投资也随之下降。第三阶段2017—2018年两指标略微上升，基本稳定，稳定在企业的理性投资水平上。

（3）比例关系

上文是对外非金融类直接投资和流向制造业领域的对外非金融类直接投资的增长趋势分析，下文针对流向制造业的资本占对外非金融类直接投资总额的比例关系展开分析。2014—2016年，制造业对外非金融类直接投资额占对外非金融类直接投资总额的比例迅速上升，这与2015年的国际产能合作政策关系密切。而2016—2017年该比例迅速下降，2017—2018年该比例基本持平，这是国家发展和改革委员会严格审查对外投资项目的真实性和行业属性、银行严格审查对外投资自有资本的真实性导致的项目审批和借贷资本的双重约束收紧。限制对外投资房地产业对建筑施工机器、建材生产等房地产配套产业的对外投资需求降低，导致该比例下降回归理性水平。我国制造业对外非金融类直接投资额占据对外非金融类直接投资总额的比例总体偏低的原因如下：制造业大而不强，缺乏自主研发的核心技术，国际竞争力较差；我国对外非金融类直接投资总额部分资本投入开曼群岛、英属维尔京群岛等避税港开办企业，其目的是降低税负成本，并未投入制造业为代表的实体经济中；制造业项目建设周期长，资金回收周期慢，投资回收时间长短与风险一般成正比，投资损失的风险较大，初始投资额大需要贷款的额度大，而投资风险较大获得相应长期贷款的难度较大，所以制造业对外投资不足；相比之下服务业由于项目建设周期短，资金回收周期短，投资损失的风险较小，初始投资额小需要贷款的额度小，而投资风险较小获得相应中长期贷款的难度较小，所以对外非金融类直接投资大量资本投入服务业中。制造业对外投资不足也说明增长空间大，未来有提高的潜力，需要政府积极引导企业理性地投资海外制造业。

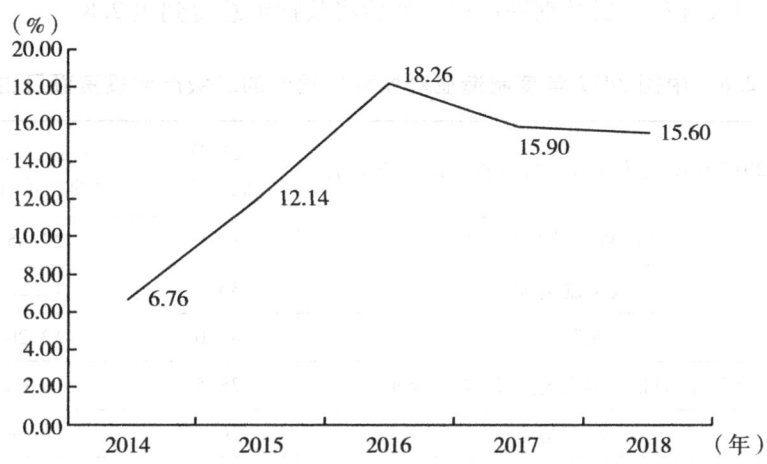

图 2.5　流向制造业的资本占对外非金融类直接投资总额的比例

数据来源：2014—2018 年国民经济和社会发展统计公报

2.2.2　产业输出现状

本部分介绍国际产能合作的重点产业和重点产业园区现状。

（1）重点产业

国际产能合作的指导意见中重点提到了 11 个产业，分别是钢铁及有色金属、建材、铁路、电力、化工、轻纺、汽车、通信、工程机械、航空航天、船舶和海洋工程。根据 2017 年对外直接投资统计公报数据，如表 2.6 所示，2017 年中国制造业对外投资占比最大的前三个二级产业是化工、汽车和其他制造业。为分析国际产能合作的重点产业的现状，如表 2.7 所示，我们把可以查到的二级类别归入指导意见中的重点产业，即把化学原料和化学制品制造业归入化工产业，汽车制造业归入汽车产业，计算机/通信和其他电子设备制造业归入通信产业，铁路/船舶/航空航天和其他运输设备制造业归入铁路、航空航天、船舶和海洋工程产业，专用设备制造业和通用设备制造业归入工程机械产业，非金属矿物制品业归入建材产业，纺织业、服装业、食品制造业、农副产品加工业归入轻纺业，有色金属冶炼和压延加工业和黑色金属冶炼和压延加工业和金属制品业归入有色金属及钢铁产业，然后将数据汇总得到表2.8。

表2.6 中国2017年度制造业对外直接投资的二级产业投资额及占比

中国2017年度制造业对外直接投资的二级类别	投资额（亿美元）	占制造业总投资额的比重（%）
化学原料和化学制品制造业	81.6	27.65
汽车制造业	36.1	12.23
其他制造业	36.0	12.20
计算机/通信和其他电子设备制造业	28.5	9.66
医药制造业	20.6	6.98
铁路/船舶/航空航天和其他运输设备制造业	14.3	4.85
专用设备制造业	11.6	3.93
非金属矿物制品业	11.6	3.93
橡胶和塑料制品业	10.0	3.39
金属制品业	10.0	3.39
纺织业	8.3	2.81
有色金属冶炼和压延加工业	6.1	2.07
通用设备制造业	5.1	1.73
电气机械和器材制造业	3.7	1.25
食品制造业	3.4	1.15
服装制造业	3.1	1.05
农副食品加工业	2.7	0.91
黑色金属冶炼和压延加工业	2.4	0.81

数据来源：2017年度对外直接投资统计公报

表 2.7　制造业二级产业类别对应的重点产业类别

中国 2017 年度制造业对外投资流向的二级类别	对应重点产业
化学原料和化学制品制造业	化工
汽车制造业	汽车
其他制造业	—
计算机/通信和其他电子设备制造业	通信
医药制造业	—
铁路/船舶/航空航天和其他运输设备制造业	铁路、航空、船舶
专用设备制造业	工程机械
非金属矿物制品业	建材
橡胶和塑料制品业	—
金属制品业	钢铁及有色
纺织业	轻纺
有色金属冶炼和压延加工业	钢铁及有色
通用设备制造业	工程机械
电气机械和器材制造业	电力
食品制造业	轻纺
服装制造业	—
农副食品加工业	—
黑色金属冶炼和压延加工业	钢铁及有色

数据来源：根据国际产能合作指导意见整理

表 2.8　重点产业的对外直接投资额及占制造业总额的比例

重点产业	对外直接投资额（亿美元）	占制造业总额的比例（%）
化工	81.6	27.65
汽车	36.1	12.23
通信	28.5	9.66
钢铁及有色	18.5	6.27
轻纺	17.5	5.93

续表

重点产业	对外直接投资额（亿美元）	占制造业总额的比例（%）
工程机械	16.7	5.66
铁路、航空航天、船舶和海洋工程	14.3	4.85
建材	11.6	3.93
电力	3.7	1.25

数据来源：2017年对外直接投资统计公报

如表2.8所示，化工、汽车、通信是国际产能合作重点产业中投资规模前三名的产业，而铁路、航空航天、船舶等交通设备产业、建材、电力产业的国际产能合作投资规模较小，具备较大的发展空间。另外，2017年中国对外国上述11个重点直接投资总额为228.5亿元，占当年制造业直接投资总额295.1亿美元的77.43%，重点产业占据对外投资展业的主体部分，说明国家政策对企业投资流向起到了指导作用，有利于化解部分行业的产能过剩，减少企业对外投资的盲目性，充分发挥亚洲政府主导型市场经济的优势。

（2）产业园区

境外产业园区是国际产能合作的重要平台。产业园区的规模效应能够降低物质成本，而园区优惠政策能够降低制度成本，面对面交流能够降低学习成本，提高隐性知识的传播效率。产业园区优先发展带动地方发展是中国发展经济的重要经验，目前中国企业在世界推广。产业园区的建设模式分为四种：投资国企业主导、东道国企业主导、东道国政府主导、东道国与投资国政府合作主导。从企业开发的角度看，产业园区开发模式可以分为主导产业领先企业开发、专业工业地产商开发两种模式。由于省级境外园区资料难以获取而且代表性不足，项目重点研究信息比较充足且代表性良好的国家级境外经贸合作园区，目前国家审批合格的国家级境外经贸合作园区一共有20个。

如表2.9所示，从地理位置看，这些经贸合作园区大部分分布在发展中国家及"一带一路"沿线国家,东南亚地区有 7 个,非洲有 4 个,俄罗斯有 4 个,中东欧有 2 个,南亚有 1 个,中亚地区有 2 个。可见,东南亚是我国大规模对外产业投资的重点区域。从产业来看,制造业合作是重点,除了位于俄罗斯的 2 个林业为主的园区和俄罗斯、吉尔吉斯斯坦、印度尼西亚的 3 个农业为主的园区、匈牙利的 1 个商贸物流园区之外,其余 14 个园区都是制造业及其配套产业为主的产业园区,占审核合格的国家级境外经贸合作园区的 70%。

表 2.9 国家审核通过的 20 家国家级境外经贸合作园区

序号	合作区名称	境内实施企业名称	主要产业
1	柬埔寨西哈努克港经济特区	江苏太湖柬埔寨国际经济合作区投资有限公司	前期以纺织服装、箱包皮具、木业制品等为主,二期重点引入五金机械、建材家居、精细化工等产业
2	泰国泰中罗勇工业园	华立产业集团有限公司	汽配、机械、建材、家电和电子
3	越南龙江工业园	前江投资管理有限责任公司	电子、冷却设备、医药、橡胶、农产品、纸业、建材、木材、机械装配、玻璃
4	巴基斯坦海尔—鲁巴经济区	海尔集团电器产业有限公司	家电、汽车、纺织、建材、化工
5	赞比亚中国经济贸易合作区	中国有色矿业集团有限公司	设备、钢铁、电气电子、化工、药品、木材和木材产品、棕榈油产业、纸业、纺织业、运输设备、非金属矿物、塑料产业、医疗设备、橡胶产品、皮革产业、化肥、水泥
6	埃及苏伊士经贸合作区	中非泰达投资股份有限公司	建材、石油设备、高低压设备、机械制造
7	尼日利亚莱基自由贸易区(中尼经贸合作区)	中非莱基投资有限公司	重点发展以装备制造、通信产品为主的高端制造业,以交通运输车辆和工程机械为主的产品装配业,以商贸石油仓储物流为主的现代物流业,以旅游、宾馆酒店、商业等为主的城市服务业与房地产业

续表

序号	合作区名称	境内实施企业名称	主要产业
8	俄罗斯乌苏里斯克经贸合作区	康吉国际投资有限公司	机电（家电、电子）、木业、家具、服装、鞋业
9	俄罗斯中俄托木斯克木材工贸合作区	中航林业有限公司	木材加工
10	埃塞俄比亚东方工业园	江苏永元投资有限公司	纺织、皮革、农产品加工、冶金、建材、机电产业、汽车、钢铁
11	中俄（滨海边疆区）农业产业合作区	黑龙江东宁华信经济贸易有限责任公司	农业种植、养殖、加工一体化
12	俄罗斯龙跃林业经贸合作区	黑龙江省牡丹江龙跃经贸有限公司	木材加工、种植、养殖、养蜂
13	匈牙利中欧商贸物流园	山东帝豪国际投资有限公司	物流、仓储、会展、办公
14	吉尔吉斯斯坦亚洲之星农业产业合作区	河南贵友实业集团有限公司	农业规模化种植、畜禽规模化养殖和屠宰加工、冷链物流、国际贸易
15	老挝万象赛色塔综合开发区	云南省海外投资有限公司	农产品加工、清洁能源、纺织品、生物医药、电子产品、总部经济
16	乌兹别克斯坦"鹏盛"工业园	温州市金盛贸易有限公司	建材、服装、手机、食品、家用设备
17	中匈宝思德经贸合作区	烟台新益投资有限公司	化工、轻工、机械制造、物流等
18	中国·印尼经贸合作区	广西农垦集团有限责任公司	汽车装配、机械制造、家用电器、精细化工及新材料等产业
19	中国印尼综合产业园区青山园区	上海鼎信投资（集团）有限公司	钢铁、电力、有色金属、机械
20	中国·印度尼西亚聚龙农业产业合作区	天津聚龙集团	油棕初加工产业、油棕深加工产业、现代机械产业、现代物流产业

数据来源："走出去"公共服务平台及各个园区官网资料

第 2 章 中西部国际产能合作现状

如表 2.10 所示，柬埔寨西哈努克港经济特区中涉及的指导意见提及的重点产业有轻纺、建材、化工和工程机械。泰国泰中罗勇工业园涉及的重点产业有汽车、工程机械。越南龙江工业园涉及的重点产业为建材、工程机械、电力；巴基斯坦海尔—鲁巴经济区涉及的重点产业为汽车、建材、轻纺和化工。赞比亚中国经济贸易合作区涉及的重点产业有钢铁、化工、建材、轻纺和运输设备。埃及苏伊士经贸合作区涉及的重点产业为工程机械和建材。尼日利亚莱基自由贸易区（中尼经贸合作区）涉及的重点产业为通信、汽车和工程机械。俄罗斯乌苏里斯克经贸合作区涉及的重点产业为轻纺和电力。埃塞俄比亚东方工业园涉及的重点产业为轻纺、有色、钢铁和建材。老挝万象赛色塔综合开发区涉及的重点产业为化工和轻纺。乌兹别克斯坦"鹏盛"工业园涉及的重点产业为建材、轻纺和工程设备。中匈宝思德经贸合作区涉及的重点产业为化工、轻纺和工程机械。中国·印尼经贸合作区涉及的重点产业为汽车、工程机械、化工和建材。中国印尼综合产业园区青山园区涉及的重点产业为钢铁、电力、有色和工程机械。

表 2.10　国家级境外经贸合作园区涉及的重点产业

园区	重点产业
柬埔寨西哈努克港经济特区	轻纺、建材、化工、工程机械
泰国泰中罗勇工业园	汽车、工程机械
越南龙江工业园	建材、工程机械、电力
巴基斯坦海尔—鲁巴经济区	汽车、建材、轻纺、化工
赞比亚中国经济贸易合作区	钢铁、化工、建材、轻纺、运输设备
埃及苏伊士经贸合作区	工程机械、建材
尼日利亚莱基自由贸易区（中尼经贸合作区）	通信、汽车、工程机械
俄罗斯乌苏里斯克经贸合作区	轻纺和电力
埃塞俄比亚东方工业园	轻纺、有色、钢铁、建材
老挝万象赛色塔综合开发区	化工、轻纺
乌兹别克斯坦"鹏盛"工业园	建材、轻纺、工程机械
中匈宝思德经贸合作区	化工、轻纺、工程机械

续表

园区	重点产业
中国·印尼经贸合作区	汽车、工程机械、化工、建材。
中国印尼综合产业园区青山园区	钢铁、电力、有色、工程机械

数据来源：作者根据"走出去"公共服务平台资料汇总

表2.11 重点产业在国家级境外经贸合作园区中出现的频数

重点产业	对应的国家级园区数量
化工	6
汽车	4
通信	1
钢铁及有色	3
轻纺	8
工程机械	8
铁路、航空航天、船舶和海洋工程	1
建材	8
电力	3

数据来源：作者根据"走出去"公共服务平台资料汇总

从表2.11可以看出，轻纺、工程机械、建材、化工为主导产业的园区数量最多，集聚效应明显，而通信、铁路、航空航天、船舶制造为主导产业园区数量最少，集聚效应不明显。出现频率较高的4个产业具有资本密集型的要素密集度特征，对技术、零配件、服务商、劳动力素质的配套要求低，在发展中国家发展该类产业的门槛低；而出现频率较低的四个产业具有技术密集型的要素密集度特征，对技术、零配件、服务商、劳动力素质的配套要求高，在发展中国家发展该类产业的门槛高。

2.2.3 国别分布现状

国际产能合作的东道国多为发展中国家，工业化、城市化快速推进，对制造业合作需求旺盛，对中国的优质产能、适宜技术、外汇资本

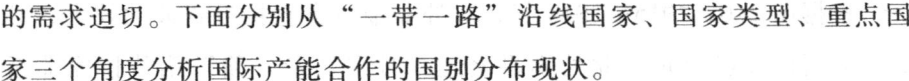

的需求迫切。下面分别从"一带一路"沿线国家、国家类型、重点国家三个角度分析国际产能合作的国别分布现状。

（1）"一带一路"沿线国家

"一带一路"倡议是我国未来一段时间经济发展的重要长期规划，而国际产能合作是"一带一路"倡议落实的重要行动。"一带一路"沿线国家多数为发展中国家，对国际产能合作需求强烈。2015年统计公报开始公布对"一带一路"沿线国家的非金融类直接投资额，并未找到"一带一路"沿线国家的非金融类直接投资额的分行业统计数据，考虑到数据的可得性，本书以"一带一路"沿线国家的非金融类直接投资额作为沿线国家制造业国际产能合作规模的代理指标。

如表2.12所示，2015年我国对"一带一路"沿线国家非金融类直接投资额达148亿美元，增长18.2%。2016年我国对"一带一路"沿线国家非金融类直接投资额为145亿美元，与上年基本持平。2017年我国对"一带一路"沿线非金融类直接投资额为144亿美元。2018年我国对"一带一路"沿线国家非金融类直接投资额为156亿美元，增长8.9%。2015—2018年期间，我国对"一带一路"沿线国家非金融类直接投资额稳定在150亿美元左右。

表2.12　中国对"一带一路"沿线国家非金融类直接投资数据

年份	对外非金融类直接投资（亿美元）	对外非金融类直接投资增长率（%）	"一带一路"沿线国家非金融类直接投资（亿美元）	"一带一路"沿线国家非金融类直接投资增长率（%）	"一带一路"沿线国家非金融类直接投资占非金融类对外直接投资总额的比重（%）
2015	1 180	14.7	148	18.20	12.54
2016	1 701	44.1	145	-2.03	8.52
2017	1 201	-29.4	144	-0.69	11.99
2018	1 205	0.3	156	8.90	12.95

数据来源：2015—2018年国民经济和社会发展统计公报

根据图 2.6，2015—2018 年，对外非金融类直接投资波动较大，其具体分析前文已呈现，此处不再赘述。对"一带一路"沿线国家非金融类直接投资变化较为平缓，稳定在 150 亿美元上下略微浮动，说明我国"一带一路"倡议使得我国企业对沿线国家的投资前景有了稳定的积极的预期。在国家的政策支持和风险保障下，我国企业积极参与并持续推进沿线国家的制造业国际产能合作，保持战略定力，瞄准长远收益，规划长线投资，强化持续合作，将国家利益与企业利益相结合。中国企业对"一带一路"沿线国家的非金融类直接投资占非金融类直接投资总额的比例较低。经计算 2015 年该比例为 12.54%，2016 年该比例为 8.52%，2017 年该比例为 11.99%，2018 年该比例为 12.95%，仍有较大的提升空间。因此，我国政府可以为沿线国家制造业国际产能合作提供更多的政策优惠，推动中国企业到"一带一路"沿线国家开展国际产能合作。

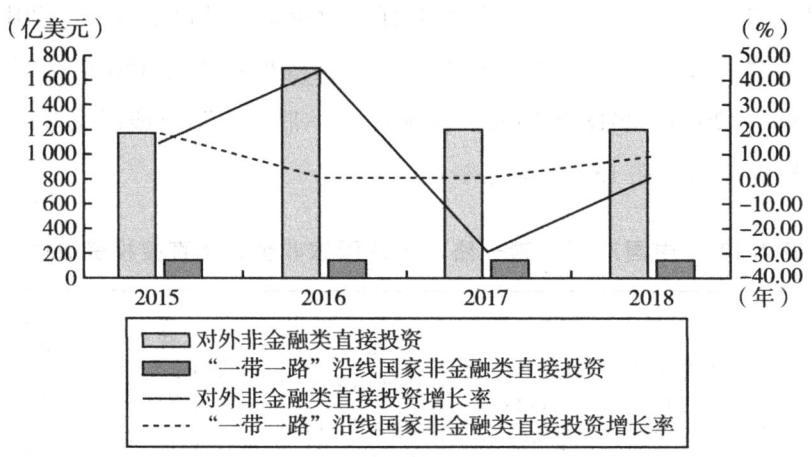

图 2.6　2015—2018 年对外非金融类直接投资总额及对"一带一路"沿线国家的对外非金融类直接投资数据

数据来源：2015—2018 年国民经济和社会发展统计公报

（2）国家类型

以发展程度作为划分标准，世界上的国家可以分为发达国家与发展中国家。发达国家已经完成工业化，而发展中国家正在开展工业化。国际产能合作的主要东道国为发展中国家，同时也在积极开拓发达国家市场。中国与发展中国家的国际产能合作方式主要是进入发展中国家投资设厂或并购企业。中国与发达国家的国际产能合作方式主要是通过第三方市场合作共同开发发展中国家市场。中国与发展中国家的国际产能合作将在国际产能合作缺乏国际社会资本的模式部分介绍，本部分重点介绍中国与发达国家推进的第三方市场合作。第三方市场合作是指中国与发达国家合作开发第三国的制造业市场。

如表 2.13 所示，中国和日本大力推进在轨道交通方面的合作，充分发挥日本积累数十年研究经验的技术创新优势与中国近十年来快速发展的规模化生产优势，中国企业对日本的高端轨道交通技术进行适应发展中国家国情的技术改造，双方企业合作建设泰国曼谷的城市轨道项目。法国是世界上最先进的核电技术拥有国家之一，中国曾经积极引进法国核电技术，与法国开展核电技术合作。目前中国核电技术稳定性和安全性居世界前列，而中国外汇资本输出为建设成本极高的核电站建设提供了资金保障。中国与法国合作参与英国欣克利角 C 核电站项目，造价 189 亿英镑，建成后将供应英国 7% 的电力。中国与韩国积极推进石油化工、钢铁等产业合作。2016 年 6 月，中国机械工业建设集团与韩国现代建设株式会社签署厄瓜多尔太平洋炼油厂项目 JV 协议。中国中巴新能环钢铁公司与韩国浦项制铁签署巴西马拉尼昂州钢铁项目合作备忘录。德国的高端制造业发达，中国与德国积极推进电力、铁路等领域的合作。2017 年 6 月，中国三峡集团与德国福伊特集团签署巴西伊利亚电站机组改造项目协议；中欧班列的维护工作由中国铁路总公司和德国铁路公司合作完成；中国中车集团计划与德国西门子公司合作开发全球高铁市场。西班牙与很多国家存在历史联系，其金融机构的风险管理能力强，对全球市场的营销网络覆盖能力强，中国积极推进与西班牙在建筑、能源、通信、金融等领域的第三方市场合作。中国三峡集团同西班牙 ACS 集团合资共同开发刚果（金）大英加水电站项目；山东电力建设集团公司同西班牙 SENER 公司在摩洛哥合作建设光热发电站；中石化和西班牙合资公司在科威特建立阿祖尔炼油厂；中国企业和西班牙企业在迪拜建立了光热发电厂。中国还与英国、比利时、意大利、俄罗斯等国家也签署了第三方市场合作的协议并逐步落实。

表 2.13　　中国与发达国家的第三方市场合作

合作国家	重点合作领域	代表合作项目
日本	轨道交通	泰国曼谷的城市轨道
法国	核电	英国欣克利角 C 核电站
韩国	石油化工、钢铁	厄瓜多尔太平洋炼油厂项目、巴西马拉尼昂州钢铁项目
德国	电力、铁路	中欧班列、巴西伊利亚电站机组改造、中车与西门子合作
西班牙	建筑、能源、通信、金融	刚果（金）大英加水电站、摩洛哥发电站、阿祖尔炼油厂、迪拜发电厂

数据来源：作者根据网络资料整理。

（3）重点国家

从重点国家来看，由于国际产能合作的主要东道国为"一带一路"沿线国家，因此项目重点筛选"一带一路"沿线国家中的国际产能合作重点国家。评估重点合作国家的方法有贸易依赖度、产业互补性、双向投资等指标，为简化分析，项目采取中国对他国制造业领域资本输出规模来粗略分析重点合作国家，计划通过流向制造业的对外直接投资数据来粗略估计国际产能合作规模并确定重点国家。由于分行业统计数据的缺失，本书在假定制造业投资占总投资的比例相对稳定的条件下，以 2017 年度对外直接投资统计公报中中国对"一带一路"沿线国家的对外直接投资数据作为流向制造业的对外直接投资数据的代理指标。但是由于年度流量波动性大，部分年份流量数据为负值（境外企业向境内关联企业反向投资额大于境内企业对境外关联企业投资额），为平滑年度波动和考虑到存量对流量波动的稳定器作用和流量对存量的路径依赖

(沉没成本使得投资者持续投资),这里采用中国对各国对外直接投资存量数据,如表 2.14 所示的数据。

表 2.14 中国 2017 年底对"一带一路"沿线国家直接投资存量数据

国家（地区）	2017 年底对外直接投资存量（万美元）	占沿线国家投资总额比例（%）
新加坡	4 456 809	28.8658
俄罗斯	1 387 160	8.9843
印度尼西亚	1 053 880	6.8257
哈萨克斯坦	756 145	4.8974
老挝	665 495	4.3103
巴基斯坦	571 584	3.7020
缅甸	552 453	3.5781
柬埔寨	544 873	3.5290
阿拉伯联合酋长国	537 283	3.4799
泰国	535 847	3.4706
越南	496 536	3.2160
马来西亚	491 470	3.1831
印度	474 733	3.0747
以色列	414 869	2.6870
伊朗	362 350	2.3469
蒙古国	362 280	2.3464
沙特阿拉伯	203 827	1.3201
塔吉克斯坦	161 609	1.0467
土耳其	130 135	0.8429
吉尔吉斯斯坦	129 938	0.8416
卡塔尔	110 549	0.7160
乌兹别克斯坦	94 607	0.6127
科威特	93 623	0.6064
埃及	83 484	0.5407

续表 1

国家（地区）	2017 年底对外直接投资存量（万美元）	占沿线国家投资总额比例（%）
菲律宾	81 960	0.5308
斯里兰卡	72 835	0.4717
也门	61 255	0.3967
格鲁吉亚	56 817	0.3680
白俄罗斯	54 841	0.3552
伊拉克	41 437	0.2684
波兰	40 552	0.2626
阿富汗	40 364	0.2614
土库曼斯坦	34 272	0.2220
孟加拉	32 907	0.2131
匈牙利	32 786	0.2123
罗马尼亚	31 007	0.2008
保加利亚	25 046	0.1622
尼泊尔	22 762	0.1474
文莱	22 067	0.1429
东帝汶	17 417	0.1128
塞尔维亚	17 002	0.1101
捷克	16 490	0.1068
阿曼	9 904	0.0641
斯洛伐克	8 345	0.0540
巴林	7 437	0.0482
马尔代夫	6 743	0.0437
约旦	6 440	0.0417
乌克兰	6 265	0.0406
黑山	3 945	0.0256
克罗地亚	3 908	0.0253
亚美尼亚	2 996	0.0194

续表2

国家（地区）	2017年底对外直接投资存量（万美元）	占沿线国家投资总额比例（%）
阿塞拜疆	2 799	0.0181
斯洛文尼亚	2 725	0.0176
立陶宛	1 713	0.0111
叙利亚	1 031	0.0067
阿尔巴尼亚	478	0.0031
波黑	434	0.0028
摩尔多瓦	387	0.0025
爱沙尼亚	362	0.0023
马其顿	203	0.0013
黎巴嫩	201	0.0013
拉脱维亚	102	0.0007
巴勒斯坦	4	0.0001

注：百分比取四位是因为某些国家的比例差别很小，取两位数则比例相同。
数据来源：根据2017年对外直接投资统计公报汇总计算得出

经过计算排序，如表2.15所示，发现：

- 中国对新加坡、俄罗斯、印度尼西亚的直接投资存量在100亿美元以上，是中国对外直接投资存量最多的3个国家，3国合计占总额的44.68%。
- 中国对哈萨克斯坦、老挝、巴基斯坦、缅甸、柬埔寨、阿拉伯联合酋长国、泰国、越南、马来西亚、印度、以色列、伊朗、蒙古、沙特阿拉伯、塔吉克斯坦、土耳其、吉尔吉斯斯坦、卡塔尔等18国的直接投资存量在10亿美元以上100亿美元以下，是中国对外直接投资存量第4名到21名，18国合计占总额的48.59%。
- 中国对乌兹别克斯坦、科威特、埃及、菲律宾、斯里兰卡、也门、格鲁吉亚、白俄罗斯、伊拉克、波兰、阿富汗、土库曼斯坦、孟加拉、匈牙利、罗马尼亚、保加利亚、尼泊尔、文莱、东帝汶、塞尔维亚、捷克等 11 国的直接投资存量在 1 亿美元以上，是中国对外直接投资存量第 22 名到 42 名，11 国合计占总额的 6.31%。

表 2.15　对"一带一路"沿线的国际产能合作重点
国家的投资规模的数量级划分

排名	投资存量规模（亿美元）	重点国家名称	国家个数	占沿线国家总额的比例（%）
第 1—3 名	100 以上	新加坡、俄罗斯、印度尼西亚	3	44.68
第 4—21 名	10—100	哈萨克斯坦、老挝、巴基斯坦、缅甸、柬埔寨、阿拉伯联合酋长国、泰国、越南、马来西亚、印度、以色列、伊朗、蒙古、沙特阿拉伯、塔吉克斯坦、土耳其、吉尔吉斯斯坦、卡塔尔	18	48.59
第 22—42 名	1—10	乌兹别克斯坦、科威特、埃及、菲律宾、斯里兰卡、也门、格鲁吉亚、白俄罗斯、伊拉克、波兰、阿富汗、土库曼斯坦、孟加拉、匈牙利、罗马尼亚、保加利亚、尼泊尔、文莱、东帝汶、塞尔维亚、捷克等	11	6.31

数据来源：根据 2017 年对外直接投资统计公报数据计算得出

中国对投资规模排名前 3 名的国家的直接投资总和占总投资额的 44.68%，中国对投资规模排名前 21 名的国家的直接投资总和占总投资额的 93.26%，投资规模排名前 42 名的国家的投资总和占总投资额的 99.57%。因此，项目以中国对外投资前 42 名国家作为国际产能合作的重点国家。分布在东南亚的有：新加坡、印度尼西亚、老挝、缅甸、柬埔寨、泰国、越南、马来西亚、菲律宾、文莱、东帝汶 11 国，占"一带一路"沿线国家总投资额的 57.65%。在中东的有阿拉伯联合酋长国、以色列、伊朗、沙特阿拉伯、土耳其、卡塔尔、科威特、埃及、伊拉克、也门 10 国，占"一带一路"沿线国家总投资额的 13.47%。在中东欧的有波兰、匈牙利、罗马尼亚、保加利亚、塞尔维亚、捷克6国，占"一带一路"沿线国家总投资额的1.05%。独联体国家有俄罗斯、格鲁吉亚、白俄罗斯3国，占"一带一路"沿线国家总投资额的9.71%。南亚国家有尼泊尔、印度、斯里兰卡、孟加拉、巴基斯坦6国，占"一带一路"沿线国家总投资额的7.61%。东亚有蒙古，占"一带一路"沿线国家总投资额的2.35%。中亚有哈萨克斯坦、吉尔吉斯斯坦、塔吉克斯坦、土库曼斯坦、乌兹别克斯坦5国，占"一带一路"沿线国家总投资额的7.62%。从上述数据可见，东南亚是国际产能合作重点国家密集分布的地区，中东和独联体国家位列其后，中亚、南亚、东亚次之，中东欧占比较低、潜力巨大。

2.2.4 产品输出现状

产能合作的形式主要包括对外直接投资、对外工程承包、技术援助、装备出口等。根据商务部2018年1月中旬更新的统计数据，我国2017年非金融类对外直接投资1 200.8亿美元，其中流向制造业的资金为191.2亿美元。现阶段，国际产能合作的项目大致包含钢铁、工程机械、电力、轻纺、铁路、化工、航空航天、船舶和海洋工程等工业行业，大多归属于装备制造业。根据联合国1950年负责制订通过的国际贸易标准分类（Standard International Trade Classification，SITC），中国国际产能合作中涉及的贸易产品主要归属于第6类"主要按材料分类的制成品"以及第7类"机械和运输设备"。

由于没有统计公报或年鉴单独针对个别省市的国际产能合作情况，本书从"一带一路"沿线国家方面的数据分析产能合作现状。本书采用联合国商品贸易统计数据库UN Comtrade中国2017年与64个"一带一路"沿线国家的贸易数据来分析产能合作现状（"一带一路"共涉及65个国家和地区，但是对于埃及西亚半岛地区的相关数据，UN Comtrade没有单独统计）。出于数据实时性要求的考虑，在做数据选择时，选取国际贸易标准分类中最新的第四次修订分类（STIC Rev.4）下的第 6 类与第 7 类贸易产品。

如图 2.7 所示，2017 年，中国与 64 个"一带一路"沿线国家出口的贸易产品总额达 4 082.65 亿美元。从区域分布来看，东盟十国是沿线国家中与中国进行国际产能合作的主力所在，44.59% 的贸易出口集聚于东盟地区，并且在 15 个出口额超过 100 亿美元的国家中（总值占比约 80.95%），有 6 个国家来自东盟。除了来自南亚地区的印度外，出口额排名前五的国家几乎都来自东盟。这主要得益于较为相近的地理位置、经济结构间较强的互补性以及此前产业合作中已建立完善的运行模式。因此，东盟地区目前是我国开展"一带一路"背景下国际产能合作的重点区域。

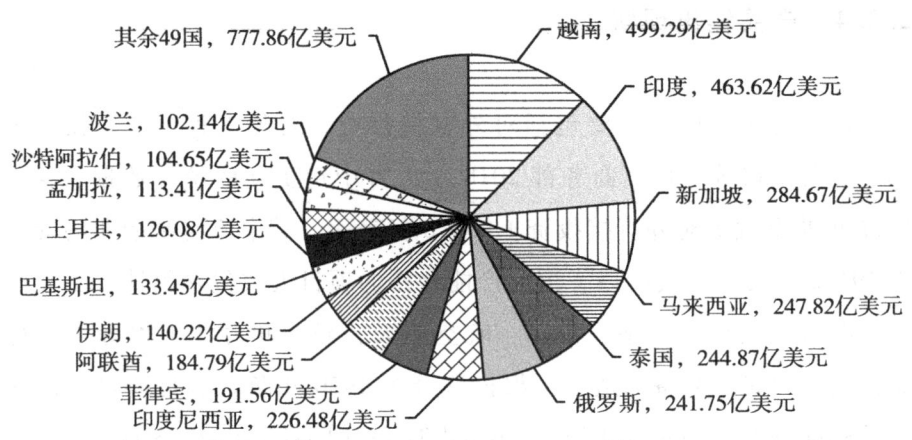

图 2.7　2017 年中国国际产能合作项目对 64 个"一带一路"沿线国家的贸易出口额

数据来源：历年 UN Comtrade SITC Rev.4 版

从东道国来看，沿线国家中共有 8 个发达国家，分别是新加坡、斯洛伐克、捷克、以色列、立陶宛、斯洛文尼亚、爱沙尼亚、塞浦路斯，而出口额超过 100 亿美元的发达国家仅有新加坡，说明中国主要与发展中国家开展国际产能合作，而沿线国家中发达国家的合作意愿相对较弱。2017 年越南与中国的国际产能合作的贸易产值为 499.29 亿美元，在总产值中占比达到 12.62%，位列沿线国家中的第一。这说明越南对我国产能合作项目中的各项产业产品的需求量非常大，越南与我国进行长期的国际产能合作的意愿也十分积极。越南作为邻近中国的发展中大国，基础设施建设、运输设备建造以及金属材料加工等市场需求十分旺盛，合作潜力有待进一步开发。

本书从 64 个沿线国家中，选取了中国 2017 年对其贸易出口数额超过 100 亿美元的 15 个国家当作沿线国家的代表，统计了 2007—2017 年中国对沿线国家的工业出口额增长率以及占比的变化情况，如表 2.16 所示。

表 2.16　2007—2017 年国际产能合作出口额及对"一带一路"沿线国家占比

年份	总出口额（亿美元）	增长率（%）	对沿线出口额（亿美元）	增长率（%）	沿线占比（%）
2007	7 973.67	—	1 337.96	—	16.8
2008	9 357.20	17.4	1 707.46	27.7	18.2
2009	7 752.01	-17.2	1 411.15	-17.4	18.2
2010	10 293.39	32.8	1 843.49	30.6	17.9
2011	12 213.44	18.6	2 306.66	25.1	18.9
2012	12 985.47	6.3	2 515.91	9.1	19.4
2013	14 003.19	7.8	2 792.97	11.0	20.0
2014	14 722.54	5.1	3 181.10	13.7	21.6
2015	14 517.27	-1.3	3 177.44	-0.1	21.9
2016	13 368.55	-7.9	3 038.01	-4.4	22.7
2017	14 527.80	8.7	3 304.79	8.8	22.7

数据来源：历年 UN Comtrade SITC Rev.4 版，经汇编计算得出

根据 UN Comtrade 的数据来看，我国国际产能合作相关产业的产品对世界的总出口额从 2007 年的 7 973.67 亿美元增长至 2017 年的 14 527.8 亿美元，虽然在 2008 年与 2015 年出现了小幅下降，但整体来看 10 年间

出口额几乎翻了一番。另外，中国对"一带一路"沿线国家的产品出口额也配合着这样的上升趋势，而且除了 2009 年以外，这十年里我国对沿线国家的出口额增长率都高于对世界总出口额的增长率，对沿线国家的出口额占比也在逐渐上升。这意味着在"一带一路"的政策背景下，我国政府越来越重视企业对"一带一路"沿线国家的商品贸易，并且沿线国家参与国际产能合作的积极性以及对中国开展产能合作的贡献度都明显高于世界其他国家。因此，我国在开展国际产能合作项目时，应将合作意愿最为积极、贡献度增长最快的"一带一路"沿线国家作为当前主要发展目标以及进一步开拓国际市场的基础。

2.2.5 国际产能合作的问题

本部分分别从资本输出角度、产业输出角度、国别分布角度、失败项目角度总结国际产能合作现存的主要问题。

（1）资本输出的问题

从资本输出角度看，流向制造业的对外非金融类直接投资额过低，2017 在 190 亿美元左右的规模，占比较小，2017 年占对外非金融类直接投资总额的 15%，流向制造业的对外非金融类直接投资额年增长率波动较大还有部分年份负增长。投资规模难以支撑国际产能合作的战略落地，应该与金融企业密切合作，以财务杠杆撬动更多的资本参与国际产能合作。扩大制造业对外非金融类投资比重，提高对全球供应链和全球生产网络的控制能力。积极引导企业理性科学投资，稳定制造业对外非金融类直接投资的增长趋势和平均速度。

（2）产业输出的问题

从产业投资规模角度来看，重点产业内部发展不平衡，铁路、航空航天、船舶投资规模占对外制造业总投资的 4.85%，建材投资规模占对外制造业总投资的 3.93%，电力投资规模占对外制造业总投资的 1.25%，这五种产业发展不足。从产业园区来看（国家审核通过的 20

家国家级境外经贸园区），发展通信、铁路、航天、船舶产业的园区较少，这几类产业的集聚效应不足。应该加大对铁路、航空航天、船舶、建材、电力产业的投资规模，在更多的产业园区发展通信、铁路、航天、船舶等产业，发挥其集聚效应。综合来看，铁路、航空航天、船舶等交通设备制造业存在投资不足与集聚不足的双重约束，严重制约该类产业的国际合作。

（3）国别分布的问题

从"一带一路"沿线国家来看，流入沿线国家的对外非金融类直接投资占比较低，2018年占12%左右，还有提升的空间。从国家类型看，东道国多为发展中国家，第三方市场合作国多为发达国家，对发达国家市场开拓不足。中国企业在部分产业具备世界领先水平，这些企业能够进入发达国家市场。从重点国家的分布来看，中国对中东欧国家的直接投资占比较低，中东欧国家工业基础好，劳动力素质高，靠近欧洲市场，享受欧盟优惠政策，合作潜力巨大。

（4）国际产能合作失败项目的共同问题

总结国际产能合作失败项目的经验教训可以为提出国际产能合作高效模式提供思路。在国际产能合作总体现状与问题研究的基础上总结失败项目的失败原因及共同问题成为国际产能合作研究的迫切需求，可以为后文的模式构建提供思路。

中国企业缺少与当地民众和社会组织的沟通导致严重的经济损失。2014年，中国企业承建缅甸密松大坝，由于当地自然保护组织、河流保护组织、环境保护组织的反对，当地社会组织以破坏生态环境、破坏克钦族两水环山的民族象征、影响下游水稻和渔业生产、淹没历史古迹为由发动群众向缅甸民主政府请愿游行示威，最终项目中止，中方承受巨大损失。柬埔寨柴阿润水电站项目由于当地社会组织以淹没濒危动物的栖息地为理由发动几百名群众向政府请愿，柬埔寨首相2015年宣布在其任期内不会开工，中方的前期投入几乎全部损失。2014年开工的尼加拉瓜运河工程，由于当地社会组织以破坏自然保护区和海洋生物生存环境、破坏沿海社区的完整性为由开展的抗议活动影响被多次延迟施工，中方企业的贷款成本和还款压力迅速提升。

忽视第三部门及漠视国际社会资本导致多起以企业、政府为参与主体的国际产能合作项目失败。本书涉及的失败项目包括但不局限于2015年国际产能合作指导意见出台之后的项目。因为理论和概念的产生一般是滞后于实践的，"国际产能合作"概念虽然是在2014年提出，但是中国制造业的小规模对外转移在此之前就存在了。从国家分布上看，失败的国际产能合作项目大多分布在"一带一路"沿线国家，特别是在缅甸、柬埔寨等经济上不发达、政治上转型的国家失败项目较多。从行业上看，电力、基建、铁路、有色金属及钢铁等产业的失败项目较多。

环保、文化、人权、民主化进程、民族主义、民粹主义都是非政府组织用来阻碍中国国际产能合作的理由。本书总结的国际产能合作失败项目的共同问题就是以政府、企业为参与主体，缺乏非政府组织的参与，社会资本投资不足、社会成本高企、交易成本较高、社会风险较大。但以企业和政府作为参与主体的国际产能合作模式并没有完全过时，而是需要适当改进。应该与注重国际社会资本积累的模式实现合理嵌套，把物质资本、人力资本与社会资本的投资相结合，促进政府、企业与第三部门共同参与，降低国际产能合作的社会成本、交易成本和社会风险，提高项目成功率和国际产能合作效率。因此，本部分构建的关注国际社会资本积累的国际产能合作模式的共同特点就是以政府、企业、非政府组织、民众等参与主体多元化，加大社会资本的投入，降低社会成本，降低交易成本，降低社会风险。

中国政府主导型市场经济环境成长起来的中国企业擅长与东道国政府的交往，中国政府也十分注重与东道国政府的政策沟通，但都忽视了与当地社会组织和民众的沟通。国际产能合作中的第三部门缺位问题严重，国际社会资本投资不足，当地社会组织和民众对中国企业缺乏信任，造成的社会成本提升和社会风险扩大，降低了国际产能合作绩效。

对此问题的解决需要通过因地制宜地开展社会资本的投资，积累以信任、互惠规范、国际社会网络为特征的国际社会资本，构建国际产能合作高效模式。

2.2.6 小结

本节在从资本输出、产业输出、产品输出、国别分布四个角度分析国际产能合作现状的基础上，提出资本输出、产业输出、国别分布的三类问题：流向制造业的资本输出不足；产业输出不平衡，对电力、建材、铁路、航空航天、船舶等产业投资不足，在国家级园区层面铁路、航空航天、船舶、通信等产业集聚效应不明显，对"一带一路"沿线国家的直接投资不足，对中东欧国家国际产能合作力度不足。在国际产能合作总体现状与问题梳理的基础上，深入研究了国际产能合作失败项目的共同问题，发现国际社会资本积累不足是项目失败的主要原因之一。

第3章 国际产能合作效率研究

3.1 "一带一路"背景下中国国际产能合作效率评价

3.1.1 DEA 介绍

本书运用的效率评价方法是国内外文献中常用的测算效率的非参数方法之一,数据包络分析法(Data Envelopment Analysis,DEA)。它最初是由著名运筹学家 Charnes、Cooper 和 Rhodes(1978)提出的,是一种利用了凸分析和线性规划工具,对多个具有多投入和多产出情况的同类型决策单元(Decision Making Unit,DUM)的相对效率进行评价,并得出其相对应的效率值的分析方法。

相较于其他效率测算方式,数据包络分析法(DEA)的优点在于:

首先,DEA 方法在处理多个投入和多个产出的决策单位的效率问题上具有相对优势。一般效率的测算方法是产出和投入的比,这种适用于测算只有单一的投入和单一的产出的效率大小。本书涉及的国际产能合作效率测算,会采纳2个及2个以上的投入指标产出指标,显然 DEA 方法更合适。另外,DEA 方法中输入和输出指标之间的生产函数表达式无须明确给出,所以 DEA 方法也广泛被应用于测算生产关系较为复杂的决策单元的效率。

其次,DEA 方法对决策单元输入输出指标数据所带的单位并没有要求，即对 DUM 某一指标一组数据的单位进行换算，其最终结果也没受到影响，但前提是同一类指标的数据其所选单位要相同，不同的指标之间单位则不要求一致。此外，DEA 方法对数据的类型也没有要求，输入输出数据既可以为比例数据，也可以为非比例数据，因为 DEA 能同时处理这两种类型的数据。

最后，DEA 方法客观性较强。DEA 模型中的权重是由决策单元的输入输出的实际数据通过数学规划决定的，无须人为事前设定，因而较为客观。而像德尔菲法这类需提前预设权重的评价方法，易受专家的经验和主观意识偏差的影响，造成评价结果与实际存在偏差。同时，运用 DEA 对国际产能合作效率进行评价时并不直接对输入输出数据进行综合，因而也无须对投入产出指标进行无量纲处理。

不过使用数据包络分析法测算国际产能合作的效率也存在一些缺陷，运用数据包络分析法得到的效率值，不是绝对的效率值，而是一种相对有效的结果，也就是说最后 DEA 有效的国家同中国开展的国际产能合作并不一定完美无缺的。同时部分"一带一路"沿线国家数据缺失，未被收录，评价结可能与现实存在偏差。此外，数据包络分析法涉及的生产函数的边界是确定性的，易受干扰项影响。

3.1.2 评价模型

数据包络分析法（DEA）自 1978 年被 Charnes、Coope 和 Rhodesr 提出后，不少专家学者在此基础上进行拓展研究，到目前已累计提出 300 多种模型，其中 CCR 和 BCC 模型最为经典，后来的模型都是在两种模型基础之上演化而来。

（1）CCR 模型

CCR 模型是最早被提出来的，是由三位创始者英文名字的缩写字母组合命名。它是在基于规模报酬不变（Constant Return to Scale，CRS）的假设下，通过数学的线性规划及一系列等价变化，对决策单元的效率进行求解，得到的值是综合技术效率（Technical Efficiency，TE），也称为技术效率，用于判断决策单元是否达到技术有效；同时，在这个模型中，决策单元的规模不变所以对此结果并没有产生多大波澜。换句话说，当运用 CCR 模型测算出某决策单元为技术有效时，则表明它同时规模有效。在引入对偶理论，加入松弛变量等变形以后，其模型为：

$$\begin{cases} \min[\theta - \varepsilon(\hat{e}'\bar{s} + e^T S^+)] \\ \text{s.t.} \sum_{j=1}^n \lambda_j x_j + s^- = \theta x_0 \\ \sum_{j=1}^n \lambda_j y_j - s^+ = y_0 \\ \lambda_j \geq 0, j = 1,2,\cdots,n \\ s^- \geq 0, s^+ \geq 0 \end{cases} \quad (3.1)$$

式中，$\lambda_j(j = 1,2,\cdots,n)$ 为规划决策变量；$s^-(s_1,s_2,\cdots,s_m)^T$、$S^+(S_1,S_2,\cdots,S_s)^T$ 为松弛变量向量；$\theta(0 \leq \theta \leq 1)$ 为规划目标值，在本书中表示中国与第 j 个国家的产能合作效率值，当 $\theta = 1$ 时，表明该国与我国产能合作效率达到相对有效，当 $\theta < 1$ 时，表明该国与我国产能合作效率相对无效。

（2）BCC 模型

在现实的生产过程中，尤其是在不完全竞争市场，规模往往会随外界条件的改变而发生改变，Banker、Chames 和 Cooper 三位学者也发现了这个问题，并针对这个问题进行进一步研究，最后在前者 CCR 模型的基础上进行演化，提出了规模报酬可变（Variable Returns to Scale，VRS）的 BCC 模型。BCC 模型突破了 CCR 模型假设条件中存在的局限，是对数据包络方法进一步深入和完善。该模型在假设规模报酬可变条件下，对决策单元进行计算，同时可以将技术效率（TE）进行分解，得到纯技术效率（Pure Technical Efficiency，TPE）和规模效率（Scale Efficiency，SE），也就是说，TE = TPE · SE。BCC 模型中加入了凸性约束条件，避免锥性条件，其投入导向型模型为：

$$\begin{cases} \min[\theta - \varepsilon(\hat{e}^t \bar{s} + e^T S^+)] \\ s.t. \sum_{j=1}^{n} \lambda_j x_j + s^- = \theta x_0 \\ \sum_{j=1}^{n} \lambda_j y_j - s^+ = y_0 \\ \sum_{j=1}^{n} \lambda_j = 1 \\ s^- \geq 0, s^+ \geq 0, \lambda j \geq 0, j = 1,2,\cdots,n \end{cases} \quad (3.2)$$

若 $\theta<1$，则表明该决策单元 DUM 相对无效，在本书中表示该国与我国的产能合作效率相对无效或弱有效，也表示其纯技术效率没有达到有效或者规模效率没有达到有效，或者两者都没有；$\theta=1$，$s^+ = s^- \neq 0$，则表明该决策单元 DUM 有效，在本书中表示该国与我国的产能合作效率相对有效。

（3）超效率 DEA 模型

传统的 CCR 和 BCC 模型测算结果存在一个缺陷，即可能会出现测算结果中多个决策单元的效率都等于1，即都为有效的现象，那么我们就无法对效率都为1的决策单元进行排序比较等进一步分析的操作，也就无法进一步区分这些决策单元之间存在的差异。所以，安德森和彼得森（Andersen 和 Peterson，1993），弥补了这一缺陷，使效率值可以大于1，提出了超效率 DEA 模型（Super - efficiency Data Envelopment Analysis, SE - DEA）。SE - DEA 模型是由 CCR 和 BCC 模型衍生而来，所以超效率模型中变量的含义同上，需要注意的差异是在测算第 j 个决策单元的效率时，须将第 j 个决策单元的投入和产出要素与除 J_0 个决策单元后其他决策单元的投入产出的线性组合做比较，其线性规划模型如下：

$$\begin{cases} \min[\theta - \varepsilon(\hat{e}^t \bar{s} + e^T S^+)] \\ s.t. \sum_{\substack{j=1 \\ j \neq j_0}}^{n} \lambda_j x_j + s^- = \theta x_0 \\ \sum_{\substack{j=1 \\ j \neq j_0}}^{n} \lambda_j y_j - s^+ = y_{j0} \\ s^- \geq 0, s^+ \geq 0, \lambda j \geq 0, j = 1,2,\cdots,n \end{cases} \quad (3.3)$$

3.1.3 评价指标体系的建立与数据的选取

（1）评价指标的选取原则

数据包络分析法属于非参数估计方法，利用 DEA 方法评价国际产能合作效率，无须明确函数表达式，但是必须要确定投入指标和产出指标。另外，如果指标选取不当，其得出的效率值也会偏离实际，不具有现实的参考价值，所以指标的选取至关重要，指标选取的好坏直接关系整个评价体系的质量。受人的随意性和主观性影响，同一方向的研究问题，在不同文献中，指标的设定都大相径庭，因此在设定评价指标时，必须有一套行之有效的原则体系，以确保评价过程和结果的有效性、客观性。同时，还要结合本书的研究问题的背景，所以本书在对国际产能合作效率评价的输入输出指标选取和构建的过程中应遵循以下原则：

第一，目的性原则。指标构建要紧紧围绕我们所要研究的问题，不可随意选择，不可偏离主题，要选择与研究问题相关的关键性指标，能够涵盖和表达本书的研究意图，否则最终得出结果和研究目的背道而驰。所以，在指标构建的一开始就要牢记本书的研究目的，避免偏题，本书的指标构建应紧紧围绕国际产能合作效率这一目标。

第二，整体性原则。输入和输出指标的设定要尽可能全面综合地反映被研究的问题，以免遗漏重要的信息。所以在输入输出的指标选择上尽可能从多种视角进行考量，但同时也要注意避免因小失大，忽略关键性指标的分量。从整体性原则出发，国际产能合作效率评价指标设置，投入指标主要由资本和劳动力投入要素构成，产出指标根据国际产能合作的特点选择两国产能合作产生的经济效应和社会效应。

第三，精简性原则。从整体性原则角度考虑，一般认为指标越多，研究对象被考量的范围越广，指标的客观性和准确性越强。然而，过犹不及，指标增多，相应的工作量和难度也加大，尤其是本书选取了 53 个研究国家，每个指标所需的数据收集、整理和计算的工作量都不小，且有些指标的数据存在缺失。除此之外，指标如果分得过细，指标与指标重叠的可能性加大，模型自相关性加重，影响研究结论。所以，在运用 DEA 方法设定输入输出指标时，要结合精简性和整体性，尽量选择能反映国际产能合作本质特性的指标，避免共线性。

第四，可获得性原则。在选择国际产能合作效率评价的输入输出指标时，大部分指标数据为国外的数据，国外的数据相对国内数据收集难度较高，所以指标选择要考虑到数据的可获得性。最好能在世界银行、WTO 等国际组织的官方数据库中能够获取到，以保证数据的规范和有效性。

同时，DEA 模型自身对指标选取的要求也要纳入考虑：首先，非负性，由于 DEA 软件和计算方法的限制，要求指标数据全部要是非负数。其次，选取的投入指标和产出指标在生产函数上要具有一定的联系。最后，指标选取个数要得当。如果选取的指标过多，模型测算结果容易多为有效，结果相同，难以进行区分，影响结论；而指标选取过少，就无法全面考量研究的问题。一般认为，决策单元数目是输入输出指标数目总数的 2 倍及以上为佳，以保证 DEA 方法的评价功能。

（2）评价指标体系

本书借鉴国际产能合作已有研究以及对外投资和国际产业转移有关文献（金波，2011；黄小娟，2014；田泽等，2016），综合考虑国际产能合作特点和 DEA 模型自身要求，以目的性、整体性、精简性、可获得性等为原则，构建国际产能合作效率评价指标体系。通过阅读大量文献，我们发现投入指标通常包涵资本和劳动力两大要素，所以本书选取我国对东道国的 OFDI 存量、东道国劳动力总数作为投入指标；同时，考虑到劳动力的质量，本书又加入了东道国的劳动力市场效率指数作为投入指标。国际产能合作的成果主要体现在促进"一带一路"沿线国家经济总量、基础设施，以及与中国的双边贸易额提高等经济和社会效应方面。因此，本书选取的产出指标为反映经济效应的东道国 GDP、中国与东道国双边贸易额，反映社会效应的东道国基础设施发展指数。

投入、产出指标具体内容及数据来源如表 3.1 所示。

表 3.1　国际产能合作效率投入指标和产出指标

指标类型	指标名称	符号	单位	数据来源
投入指标	中国对东道国 OFDI 存量	X_1	百万美元	2007—2015 年《中国对外直接投资统计公报》
	东道国劳动力人口总数	X_2	千人	世界银行
	东道国劳动力市场效率指数	X_3	—	世界经济论坛的《全球竞争力报告》
产出指标	东道国 GDP	Y_1	百万美元（2010 年不变价）	世界银行
	双边贸易额	Y_2	百万美元	UN Comtrade
	东道国基础设施发展指数	Y_3	—	世界经济论坛的《全球竞争力报告》

（3）样本数据的选取

由于商务部公布的《2016 年度对外直接投资公告》，未公布 2016 年全部统计数据，且世界银行部分指标某些年份数据缺失严重，因此，本书选取的考察期为 2007 年至 2015 年。同时，某些国家未纳入全球竞争力报告或某些年份数据缺失，所以本书选取"一带一路"沿线 53 个国家。同时，本书将根据现有一些关于"一带一路"的研究（孙乾坤，2017；田泽、许冬梅，2016）和沿线国家对中国"一带一路"倡议的回应及其政策意向，从地域上将这一地带（53 个国家）划分为六个区域，由于东亚只有蒙古一个国家，所以从地域相近上，将其和中亚划分在一起，其他国家及其区域所属见表 3.4。

3.1.3　国际产能合作效率实证结果与分析

（1）评价指标的描述性统计

在利用 DEA 测算中国同"一带一路"沿线国家产能合作效率之

前，首先对效率评价体系的投入产出指标进行描述性统计，一方面排除异值，另一方面大致掌握我国与"一带一路"国家在产能合作时的总体投入情况以及得到的产出情况，对各国 OFDI 存量、劳动力情况以及同各国双边贸易额、经济总量、基础设施的最大值、最小值、平均值和标准差有初步的了解，以便下文的分析。投入、产出描述性统计结果分别如表 3.2、表 3.3 所示。

从表 3.2 投入指标的描述性统计中我们可以发现，2007—2015 年，我国对"一带一路"沿线不同国家的对外投资存量差异较大，且随着我国对"一带一路"投资总量的逐年增加，最大值和最小值的差值越来越大。各国劳动力人口数加起来总量涨幅不大，但是标准差一直较大，说明不同国家间劳动力投入区别明显。"一带一路"沿线国家的劳动力市场效率指数最大值和最小值之间差别较小，但是"一带一路"整体的劳动力市场效率指数呈下降趋势。

表 3.3 产出指标的描述性统计中可知，"一带一路"沿线不同国家间的 GDP 差异较大，最大值约是最小值的 500 倍，说明不同国家经济水平差距明显。中国同"一带一路"不同国家的双边贸易额标准差也较大，说明中国与"一带一路"各国的贸易往来差异较大。双边贸易额的平均值从 2007 年一直上升到 2014 年，2015 年略下降，说明贸易总额总体上呈上升趋势。"一带一路"沿线国家的基础设施发展指数差异虽较小，但是还是存在区别，且从平均值可以发现，基础设施发展指数逐年递增，说明"一带一路"沿线国家的基础设施越来越完善。

（2）综合技术效率分析

本书使用的软件是 mydea1.0。首先，选择软件中的 CCR 模型选中对"一带一路"沿线 53 个国家的产能合作的投入产出要素进行测算，假设生产要素可由各国自由调整，所以选取投入导向模型，CCR 模型得到的是综合技术效率。综合技术效率是指在当前的经济、技术水平下，中国在一国的产能合作方面投入一定的情况下，实现产出最大化的能力，反映了资源配置能力和资源使用率。本书运用 mydea1.0 测算出的

表3.2 投入指标的描述性统计

投入指标	OFDI存量				劳动力人口总数				劳动市场效率指数			
年份	最小值	最大值	平均值	标准差	最小值	最大值	平均值	标准差	最小值	最大值	平均值	标准差
2007	0.20	1 443.93	167.49	330.33	181.87	468 073.27	21 585.41	66 249.54	3.26	5.71	4.40	0.44
2008	0.20	3 334.77	256.48	576.95	184.88	469 008.24	21 794.61	66 446.24	3.33	5.91	4.44	0.49
2009	0.20	4 857.32	338.47	779.80	188.02	469 841.13	22 044.93	66 635.43	3.37	5.92	4.43	0.48
2010	0.20	6 069.10	464.40	972.37	191.24	470 578.02	22 274.03	66 807.66	3.19	5.86	4.38	0.50
2011	0.20	10 602.69	681.60	1 605.33	194.21	473 606.54	22 564.94	67 294.30	3.06	5.80	4.35	0.51
2012	0.26	12 383.33	940.38	2 043.80	196.61	476 562.39	22 810.04	67 750.22	3.00	5.77	4.29	0.52
2013	0.32	14 750.70	1 208.08	2 514.66	198.62	484 178.80	23 136.25	68 800.57	3.01	5.69	4.19	0.52
2014	0.32	20 639.95	1 541.37	3 327.87	200.51	491 547.28	23 460.73	69 826.26	3.15	5.71	4.19	0.52
2015	0.32	31 984.91	1 961.15	4 877.26	203.93	500 844.10	23 834.98	71 119.50	3.15	5.80	4.18	0.52

第 3 章 国际产能合作效率研究

表 3.3 产出指标的描述性统计

产出指标	GDP				双边贸易额			基础设施发展指数			
年份	最小值	最大值	平均值	标准差	最小值	最大值	平均值	标准差	最小值	最大值	平均值	标准差
2007	4 004.66	1 504 069.78	181 311.98	297 033.26	51.44	48 218.47	8 756.77	13 431.87	1.90	6.39	3.57	0.97
2008	4 281.89	1 583 002.66	188 410.52	309 677.18	73.88	56 908.61	11 015.80	16 167.43	1.98	6.35	3.73	0.98
2009	4 039.67	1 502 464.75	186 942.66	308 462.46	49.22	51 962.63	9 162.18	13 723.60	1.81	6.26	3.95	0.96
2010	4 139.19	1 656 617.07	197 657.70	330 975.30	55.19	74 232.21	12 586.47	18 855.67	1.87	6.33	4.04	0.91
2011	4 272.82	1 766 589.34	207 900.30	351 119.52	71.33	90 022.69	16 251.68	24 107.96	1.81	6.50	4.05	0.93
2012	4 156.44	1 862 981.30	215 076.17	366 992.06	70.01	94 830.64	17 294.21	25 673.33	1.93	6.41	4.09	0.89
2013	4 303.95	1 981 953.27	223 111.20	383 623.12	102.53	106 083.78	18 581.23	27 276.72	2.15	6.54	4.15	0.92
2014	4 380.72	2 130 703.23	231 713.72	402 073.55	140.00	102 005.63	19 728.41	28 563.68	2.15	6.49	4.14	0.88
2015	4 529.79	2 301 373.68	239 675.87	419 418.14	113.71	9 7257.72	17 934.25	26 778.29	2.16	6.50	4.15	0.87

"一带一路"沿线各国 2007—2015 年国际产能合作综合技术效率的具体结果如表 3.4 所示。

表 3.4 "一带一路"沿线国家 2007—2015 年国际产能合作综合技术效率

区域	国家	2007年	2008年	2009年	2010年	2011年	2012年	2013年	2014年	2015年
东、中亚	哈萨克斯坦	0.501	0.547	0.561	0.590	0.634	0.653	0.679	0.669	0.664
	吉尔吉斯斯坦	0.457	0.464	0.447	0.483	0.471	0.518	0.551	0.553	0.579
	蒙古国	0.577	0.348	0.446	0.472	0.504	0.532	0.533	0.529	0.554
	塔吉克斯坦	0.495	0.483	0.471	0.512	0.458	0.495	0.487	0.517	0.544
东南亚	文莱	1.000	1.000	0.948	0.964	0.984	1.000	1.000	1.000	0.983
	柬埔寨	0.445	0.492	0.447	0.490	0.488	0.520	0.498	0.538	0.545
	印度尼西亚	0.555	0.682	0.683	0.777	0.867	0.885	0.955	0.924	0.906
	马来西亚	1.000	1.000	0.910	0.967	1.000	1.000	1.000	0.984	0.977
	菲律宾	1.000	0.891	0.643	0.666	0.675	0.704	0.724	0.721	0.732
	新加坡	1.000	0.991	0.921	0.994	0.981	0.980	1.000	1.000	1.000
	泰国	0.781	0.808	0.834	0.800	0.885	0.857	0.885	0.888	0.873
	越南	0.498	0.508	0.582	0.618	0.602	0.684	0.724	0.862	1.000
西亚	巴林	1.000	0.975	0.974	0.977	0.982	0.907	0.984	0.917	0.927
	塞浦路斯	1.000	1.000	0.980	1.000	0.903	0.865	0.874	0.840	0.842
	埃及	0.868	0.894	0.874	0.899	0.887	0.838	0.783	0.811	0.802
	希腊	1.000	1.000	1.000	1.000	1.000	0.970	0.994	0.985	0.982
	伊朗	0.930	1.000	0.917	0.928	0.994	1.000	1.000	1.000	0.962
	以色列	0.881	0.890	0.917	0.931	0.975	0.968	1.000	0.996	0.976
	约旦	0.832	0.894	0.834	0.829	0.825	0.846	0.815	0.797	0.839
	科威特	1.000	1.000	0.934	0.940	0.985	1.000	1.000	0.978	0.988
	黎巴嫩	0.607	0.638	0.538	0.576	0.544	0.599	0.630	0.634	0.606
	阿曼	0.893	1.000	0.931	0.987	0.997	1.000	0.993	1.000	0.959

续表1

区域	国家	2007年	2008年	2009年	2010年	2011年	2012年	2013年	2014年	2015年
西亚	卡塔尔	1.000	0.969	1.000	1.000	1.000	1.000	1.000	1.000	1.000
	沙特阿拉伯	0.976	0.993	0.947	0.953	1.000	1.000	1.000	1.000	1.000
	土耳其	1.000	1.000	0.925	0.984	0.950	0.955	1.000	1.000	1.000
	阿联酋	1.000	1.000	1.000	0.966	0.924	0.951	0.989	1.000	0.985
南亚	孟加拉	0.422	0.474	0.417	0.443	0.458	0.493	0.529	0.561	0.625
	印度	1.000	1.000	1.000	1.000	1.000	1.000	1.000	1.000	1.000
	尼泊尔	0.399	0.427	0.383	0.394	0.366	0.400	0.429	0.417	0.422
	巴基斯坦	0.582	0.645	0.590	0.587	0.548	0.570	0.564	0.589	0.603
	斯里兰卡	0.702	0.749	0.724	0.805	0.853	0.857	0.921	0.930	0.882
中东欧	阿尔巴尼亚	0.487	0.620	0.636	0.694	0.645	0.627	0.703	0.719	0.710
	波黑	0.431	0.436	0.608	0.624	0.675	0.708	0.611	0.733	0.736
	保加利亚	0.500	0.507	0.654	0.632	0.655	0.707	0.749	0.738	0.714
	克罗地亚	0.728	0.823	0.945	0.967	0.926	0.942	0.972	0.951	0.936
	捷克	0.687	0.701	0.779	0.823	0.867	0.857	0.851	0.810	0.800
	爱沙尼亚	0.821	0.844	0.856	0.816	0.791	0.803	0.829	0.839	0.849
	匈牙利	0.710	0.715	0.762	0.798	0.794	0.806	0.843	0.835	0.789
	拉脱维亚	0.780	0.833	0.893	0.875	0.867	0.902	0.971	0.960	0.884
	立陶宛	0.465	0.787	0.813	0.842	0.881	0.871	0.876	0.863	0.853
	马其顿	0.828	0.848	0.948	1.000	1.000	0.926	0.747	0.779	0.816
	黑山	0.676	0.738	0.936	0.976	1.000	1.000	1.000	1.000	0.987
	波兰	0.644	0.662	0.688	0.720	0.732	0.781	0.818	0.828	0.829
	罗马尼亚	0.473	0.473	0.604	0.623	0.608	0.635	0.684	0.662	0.674
	塞尔维亚	0.510	0.545	0.680	0.732	0.736	0.705	0.823	0.813	0.802
	斯洛伐克	0.633	0.681	0.712	0.757	0.813	0.770	0.844	0.862	0.838
	斯洛文尼亚	0.872	0.931	0.931	0.972	0.969	0.993	1.000	0.978	0.969
独联体	亚美尼亚	0.545	0.610	0.647	0.689	0.678	0.731	0.731	0.692	0.686
	阿塞拜疆	0.613	0.620	0.595	0.608	0.638	0.666	0.694	0.700	0.697

续表2

区域	国家	2007年	2008年	2009年	2010年	2011年	2012年	2013年	2014年	2015年
独联体	格鲁吉亚	0.534	0.580	0.629	0.665	0.741	0.747	0.764	0.732	0.731
	摩尔多瓦	0.621	0.647	0.653	0.698	0.735	0.732	0.733	0.742	0.765
	俄罗斯	1.000	1.000	0.938	0.974	1.000	1.000	0.996	1.000	0.983
	乌克兰	0.595	0.663	0.650	0.699	0.760	0.783	0.795	0.726	0.713
	总体均值	0.689	0.708	0.704	0.733	0.745	0.759	0.775	0.776	0.779

根据表3.4，我国与"一带一路"沿线国家国际产能合作效率不高。综合技术效率值为1，说明这一年该国的产能合作效率有效，投入的资源得到完全利用，完全转化为产出，但2007—2015年，53个国家中，国际产能合作综合技术效率值等于1的国家数目分别只有是13个、11个、4个、5个、8个、10个、12个、11个、6个，达到有效的国家数目最少的是在2009年，只有4个，这可能与2008年的金融危机有关。经济危机导致各国经济衰退，与中国的产能合作力度减弱。2015年综合技术效率值等于1的国家分别为新加坡、越南、卡塔尔、沙特阿拉伯、土耳其和印度，也只占样本数据的11%，其他国家综合效率值均小于1。综合技术效率小于1，说明其他国家与我国的产能合作无效，中国与当地国家在产能合作的投入资源并没有被充分利用。其次，各国综合技术效率值分布不均，综合技术效率数值从0.3到1都有，说明中国与不同国家的产能合作效率差异大。最后，从整体的变化趋势来看，2007年到2015年，我国与"一带一路"沿线国家产能合作整体效率呈现上升趋势，且国别差异逐渐缩小。我国与沿线国际产能合作效率均值由2007年的0.689上升到2015年的0.779，有36个国家2015年综合技术效率值大于等于2007年，约占总体的68%。同时，每年的综合技术效率最低值由0.399上升到0.422，综合技术效率整体的标准差下降，表明同我国开展国际产能合作的不同国家间的综合技术效率差异逐渐缩小。这可能是由于近年来中国"丝绸之路""海上丝绸之路"等一系列

倡议的提出，再加上中国近年来国力的崛起、经济地位的提升，和国际产能合作战略的实施，使得中国与"一带一路"国家投资、贸易来往增加，提高了其国际产能合作的效率。

从区域分布上看，西亚、中东欧、南亚、东南亚、中亚和独联体之间综合技术效率分布差异显著。以 2014 年为例，在 14 个样本国家中，西亚地区综合技术效率值等于 1 的国家有 6 个，占 75%，在 6 个区域中西亚达到技术有效的国家比例最高，说明我国同西亚地区开展产能合作投入的资源利用最为有效。其次是东南亚、南亚、中东欧、独联体、中亚。中亚最低，2007—2015 年没有达到 DEA 有效的国家。

综上，我们可以发现"一带一路"沿线 53 个国家之间的产能合作综合技术效率的存在差距，效率值从高到低分别西亚、东南亚、南亚、中东欧、独联体、中亚，其中部分国家的产能合作综合技术效率提升空间较大。

（3）纯技术效率分析

本书采用 mydea1.0 的 BCC 模型对"一带一路"沿线国家的国际产能合作纯技术效率进行测算，选取的也是投入导向模型。纯技术效率，是指在不考虑规模效率的情况下，在产能合作的产出一定下，中国在一国的产能合作实现最小化投入的能力。根据收集到的各国产能合作指标所需数据，本书测算出的"一带一路"沿线 53 国从 2007—2015 年的产能合作纯技术效率的具体结果如表 3.5 所示。

表 3.5 "一带一路"沿线国家 2007—2015 年国际产能合作纯技术效率

区域	国家	2007 年	2008 年	2009 年	2010 年	2011 年	2012 年	2013 年	2014 年	2015 年
东、中亚	哈萨克斯坦	0.682	0.704	0.704	0.724	0.730	0.734	0.755	0.737	0.727
	吉尔吉斯斯坦	0.782	0.828	0.779	0.751	0.785	0.835	0.849	0.842	0.876
	蒙古国	0.838	0.805	0.786	0.802	0.826	0.852	0.850	0.862	0.871
	塔吉克斯坦	0.785	0.754	0.763	0.771	0.734	0.758	0.785	0.754	0.728

续表 1

区域	国家	2007年	2008年	2009年	2010年	2011年	2012年	2013年	2014年	2015年
东南亚	文莱	1.000	1.000	0.971	0.992	0.994	1.000	1.000	1.000	1.000
	柬埔寨	0.703	0.729	0.719	0.709	0.690	0.693	0.711	0.732	0.748
	印度尼西亚	0.724	0.792	0.792	0.837	0.941	0.910	0.958	0.939	0.906
	马来西亚	1.000	1.000	0.914	0.971	1.000	1.000	1.000	0.988	0.981
	菲律宾	1.000	0.913	0.838	0.833	0.822	0.827	0.837	0.860	0.883
	新加坡	1.000	1.000	0.921	1.000	1.000	0.981	1.000	1.000	1.000
	泰国	0.782	0.808	0.834	0.812	0.901	0.873	0.896	0.894	0.905
	越南	0.698	0.671	0.658	0.694	0.721	0.770	0.842	0.930	1.000
西亚	巴林	1.000	1.000	1.000	1.000	1.000	0.915	1.000	0.918	0.933
	塞浦路斯	1.000	1.000	0.980	1.000	0.939	0.916	0.917	0.905	0.916
	埃及	1.000	0.968	0.942	0.988	1.000	1.000	0.973	0.951	0.952
	希腊	1.000	1.000	1.000	1.000	1.000	1.000	0.994	0.986	0.983
	伊朗	0.984	1.000	0.977	0.976	1.000	1.000	1.000	1.000	0.964
	以色列	0.888	0.893	1.000	1.000	1.000	0.970	1.000	0.997	0.979
	约旦	0.901	0.944	0.929	0.920	0.913	0.911	0.907	0.896	0.909
	科威特	1.000	1.000	0.972	0.942	0.996	1.000	1.000	1.000	1.000
	黎巴嫩	1.000	1.000	0.953	0.959	0.949	0.953	1.000	0.972	0.951
	阿曼	0.924	1.000	0.932	1.000	0.999	1.000	1.000	1.000	0.966
	卡塔尔	1.000	0.969	1.000	1.000	1.000	1.000	1.000	1.000	1.000
	沙特阿拉伯	1.000	0.998	0.955	0.976	1.000	1.000	1.000	1.000	1.000
	土耳其	1.000	1.000	0.963	0.995	0.974	0.966	1.000	1.000	1.000
	阿联酋	1.000	1.000	1.000	0.969	0.924	0.954	1.000	1.000	1.000
南亚	孟加拉	0.833	0.857	0.836	0.828	0.850	0.866	0.889	0.886	0.907
	印度	1.000	1.000	1.000	1.000	1.000	1.000	1.000	1.000	1.000
	尼泊尔	0.928	0.928	0.936	0.931	0.891	0.911	0.872	0.837	0.828
	巴基斯坦	0.790	0.852	0.868	0.865	0.820	0.867	0.873	0.898	0.908
	斯里兰卡	0.879	0.877	0.858	0.885	0.926	0.951	1.000	0.991	0.979

续表 2

区域	国家	2007年	2008年	2009年	2010年	2011年	2012年	2013年	2014年	2015年
中东欧	阿尔巴尼亚	0.892	0.883	0.824	0.826	0.836	0.847	0.900	0.913	0.917
	波黑	0.868	0.887	0.839	0.841	0.865	0.863	0.877	1.000	0.982
	保加利亚	0.803	0.789	0.827	0.763	0.766	0.806	0.835	0.832	0.803
	克罗地亚	0.835	0.894	0.971	0.981	0.950	0.966	0.988	0.984	0.970
	捷克	0.759	0.751	0.779	0.839	0.875	0.870	0.864	0.830	0.818
	爱沙尼亚	0.882	0.878	0.872	0.851	0.825	0.839	0.853	0.861	0.862
	匈牙利	0.827	0.802	0.809	0.828	0.844	0.857	0.870	0.870	0.861
	拉脱维亚	0.855	0.867	0.905	0.897	0.884	0.907	1.000	0.975	0.918
	立陶宛	0.827	0.843	0.855	0.874	0.903	0.892	0.892	0.884	0.878
	马其顿	1.000	1.000	1.000	1.000	1.000	0.966	0.920	0.951	0.981
	黑山	0.994	0.993	0.994	0.996	1.000	1.000	1.000	1.000	1.000
	波兰	0.786	0.772	0.764	0.784	0.790	0.839	0.848	0.858	0.858
	罗马尼亚	0.818	0.786	0.781	0.818	0.835	0.842	0.834	0.815	0.827
	塞尔维亚	0.858	0.894	0.906	0.893	0.877	0.876	0.937	0.935	0.913
	斯洛伐克	0.792	0.795	0.782	0.831	0.890	0.856	0.923	0.934	0.912
	斯洛文尼亚	0.938	0.956	0.935	0.982	0.969	0.996	1.000	0.989	0.976
独联体	亚美尼亚	0.840	0.840	0.845	0.836	0.832	0.876	0.856	0.831	0.817
	阿塞拜疆	0.731	0.694	0.712	0.698	0.723	0.740	0.762	0.765	0.744
	格鲁吉亚	0.703	0.709	0.745	0.760	0.795	0.806	0.823	0.803	0.808
	摩尔多瓦	0.860	0.875	0.883	0.908	0.922	0.936	0.906	0.914	0.961
	俄罗斯	1.000	1.000	1.000	1.000	1.000	1.000	1.000	1.000	1.000
	乌克兰	0.775	0.765	0.760	0.784	0.790	0.831	0.835	0.790	0.803
	均值	0.882	0.886	0.879	0.889	0.896	0.902	0.918	0.915	0.913

从纯技术效率整体上看，整体的纯技术效率逐年递增，但大部分国家还是处于纯技术效率无效状态（纯技术效率小于 1），如 2015 年，纯技术效率达到有效的国家数目只有 11 个。纯技术效率在一定程度上反

映了企业的技术和经营管理状况，大部分国际的纯技术效率小于1，这说明在不考虑规模因素的情况下，由于在"一带一路"沿线国家投资的企业在经营决策上存在偏差或其他原因导致投入没有最小化，存在投资虚耗，或者开展的合作规模没有达到理想状态，使得现有边际效率值未能达到最大。如2015年"一带一路"沿线国家整体的纯技术效率均值为0.913，没有达到1，表明投入中约一成的资源没有得到有效的利用。从整体的变化趋势来看，2007年以来，纯技术效率的均值处于上升趋势，从2007年的0.882上升到2015年的0.913。纯技术效率值的上升，说明在"一带一路"沿线国家投资开展产能合作的企业的经营决策能力和对当地市场环境的适应能力在逐步提升，对投入的资源的规划和利用能力增强，尤其是俄罗斯和印度，这两个国家纯技术效率在考察期内一直都为有效。但是也存在较多国家的纯技术效率没有达到有效，如哈萨克斯坦、印度尼西亚、泰国、阿尔巴尼亚、保加利亚、罗马尼亚等26个国家在考察期内一次也没有达到纯技术效率有效，这表明了在这26个国家投资的企业的决策能力还有待提高。

从区域上看，西亚、东南亚、南亚的纯技术效率较高，中亚、独联体国家的纯技术效率值比较低。以2015年为例，西亚地区的纯技术效率均值最高，为0.968，且有5个国家的纯技术效率值为1，其次是东南亚（均值为0.928）、南亚（均值为0.924）、中东欧（均值为0.905）、独联体（均值为0.855），最后是中亚（均值为0.800），尤其是中亚地区在2007年到2015年没有1个达到纯技术效率有效的国家，这间接表明我国在中亚国家开展的产能合作，与中亚当地市场环境存在不兼容的地方，投入的资源没有达到最佳的产出，资源的配置不合理，在这些地区投资的我国企业应及时反应，调整经营。同时，当地政府也应出台一些政策规定，帮助改善投资环境，两国齐心协力谋求共同发展。西亚、东南亚这两个地区的纯技术效率值整体均值较高，但像这两个地区的文莱、科威特、阿联酋这三个国家，在2015年纯技术效率是有效，技术效率无效，表明在当前的技术水平上，投入的资本、劳动力等要素是得到有效使用的，中国与这几个国家的技术效率无效是由规模因素导致的，因此要对投入要素的规模进行改进。

（4）规模效率分析

通过综合技术效率比纯技术效率计算可以获得相应的规模效率。规模效率反映的是在现有的管理水平之下，中国与该国产能合作的生产规模与最佳生产规模偏离程度。如果规模效率值为1，表明该国当前产能合作规模处于最佳的状态；但如果规模效率值小于1，说明当前的生产规模高于或低于最佳生产规模。本书还列出了"一带一路"沿线53个国家每年产能合作的规模效益情况。规模效益反映的是规模效率的调整方向。规模效益不变，说明不需要调整规模；规模效益递增说明增加投入量可以使产出有较高增加；规模递减说明再增加投入，产出增加的效率不高，没有必要再增加投入。具体结果如表3.6、表3.7所示。

表3.6 "一带一路"沿线国家2007—2015年国际产能合作规模效率

区域	国家	2007年	2008年	2009年	2010年	2011年	2012年	2013年	2014年	2015年
东、中亚	哈萨克斯坦	0.735	0.777	0.797	0.815	0.869	0.889	0.899	0.908	0.913
	吉尔吉斯斯坦	0.585	0.561	0.573	0.643	0.600	0.620	0.649	0.656	0.660
	蒙古国	0.688	0.432	0.567	0.589	0.610	0.624	0.628	0.614	0.636
	塔吉克斯坦	0.631	0.641	0.617	0.665	0.624	0.653	0.620	0.685	0.747
东南亚	文莱	1.000	1.000	0.976	0.972	0.990	1.000	1.000	1.000	0.983
	柬埔寨	0.634	0.675	0.621	0.691	0.707	0.750	0.701	0.734	0.729
	印度尼西亚	0.765	0.861	0.862	0.928	0.921	0.973	0.996	0.984	0.999
	马来西亚	1.000	1.000	0.995	0.996	1.000	1.000	1.000	0.995	0.997
	菲律宾	1.000	0.976	0.767	0.800	0.821	0.851	0.865	0.838	0.829
	新加坡	1.000	0.991	1.000	0.994	0.981	1.000	1.000	1.000	1.000
	泰国	1.000	0.999	1.000	0.985	0.982	0.981	0.988	0.993	0.965
	越南	0.714	0.758	0.884	0.891	0.834	0.888	0.860	0.927	1.000

续表 1

区域	国家	2007年	2008年	2009年	2010年	2011年	2012年	2013年	2014年	2015年
西亚	巴林	1.000	0.975	0.974	0.977	0.982	0.991	0.984	1.000	0.993
	塞浦路斯	1.000	1.000	1.000	1.000	0.961	0.944	0.953	0.928	0.919
	埃及	0.868	0.924	0.928	0.910	0.887	0.838	0.805	0.853	0.843
	希腊	1.000	1.000	1.000	1.000	1.000	0.970	1.000	0.999	0.999
	伊朗	0.945	1.000	0.938	0.951	0.994	1.000	1.000	1.000	0.997
	以色列	0.992	0.996	0.917	0.931	0.975	0.998	1.000	0.999	0.996
	约旦	0.924	0.946	0.898	0.901	0.904	0.929	0.898	0.889	0.923
	科威特	1.000	1.000	0.961	0.998	0.989	1.000	1.000	0.978	0.988
	黎巴嫩	0.607	0.638	0.564	0.600	0.573	0.628	0.630	0.652	0.637
	阿曼	0.966	1.000	0.999	0.987	0.999	1.000	0.993	1.000	0.993
	卡塔尔	1.000	1.000	1.000	1.000	1.000	1.000	1.000	1.000	1.000
	沙特阿拉伯	0.976	0.996	0.991	0.977	1.000	1.000	1.000	1.000	1.000
	土耳其	1.000	1.000	0.961	0.989	0.976	0.988	1.000	1.000	1.000
	阿联酋	1.000	1.000	1.000	0.997	1.000	0.997	0.989	1.000	0.985
南亚	孟加拉	0.507	0.553	0.499	0.535	0.539	0.569	0.595	0.634	0.689
	印度	1.000	1.000	1.000	1.000	1.000	1.000	1.000	1.000	1.000
	尼泊尔	0.429	0.460	0.410	0.423	0.411	0.439	0.492	0.498	0.509
	巴基斯坦	0.736	0.757	0.679	0.679	0.667	0.658	0.646	0.655	0.664
	斯里兰卡	0.798	0.854	0.843	0.910	0.922	0.901	0.921	0.938	0.900
中东欧	阿尔巴尼亚	0.546	0.702	0.771	0.840	0.772	0.740	0.781	0.788	0.774
	波黑	0.497	0.492	0.724	0.742	0.780	0.820	0.696	0.733	0.749
	保加利亚	0.622	0.642	0.791	0.828	0.854	0.877	0.898	0.887	0.889
	克罗地亚	0.871	0.921	0.973	0.986	0.974	0.976	0.984	0.966	0.965
	捷克	0.905	0.934	0.999	0.980	0.992	0.986	0.986	0.976	0.977
	爱沙尼亚	0.931	0.961	0.982	0.959	0.959	0.957	0.972	0.974	0.984
	匈牙利	0.858	0.891	0.941	0.965	0.941	0.941	0.970	0.960	0.917
	拉脱维亚	0.912	0.960	0.987	0.975	0.981	0.994	0.971	0.985	0.963

续表2

区域	国家	2007年	2008年	2009年	2010年	2011年	2012年	2013年	2014年	2015年
中东欧	立陶宛	0.562	0.933	0.951	0.963	0.976	0.977	0.983	0.975	0.972
	马其顿	0.828	0.848	0.948	1.000	1.000	0.959	0.812	0.819	0.832
	黑山	0.680	0.744	0.942	0.980	1.000	1.000	1.000	1.000	0.987
	波兰	0.819	0.858	0.900	0.918	0.926	0.931	0.965	0.964	0.967
	罗马尼亚	0.579	0.602	0.773	0.761	0.729	0.754	0.820	0.812	0.814
	塞尔维亚	0.594	0.610	0.750	0.820	0.840	0.805	0.878	0.870	0.879
	斯洛伐克	0.799	0.856	0.911	0.911	0.914	0.900	0.914	0.923	0.919
	斯洛文尼亚	0.930	0.974	0.995	0.989	1.000	0.997	1.000	0.989	0.993
独联体	亚美尼亚	0.649	0.727	0.766	0.824	0.816	0.834	0.854	0.833	0.840
	阿塞拜疆	0.839	0.894	0.836	0.870	0.883	0.901	0.911	0.915	0.936
	格鲁吉亚	0.759	0.819	0.843	0.875	0.932	0.927	0.928	0.911	0.904
	摩尔多瓦	0.722	0.739	0.739	0.768	0.797	0.782	0.808	0.811	0.796
	俄罗斯	1.000	1.000	0.938	0.974	1.000	1.000	0.996	1.000	0.983
	乌克兰	0.767	0.866	0.855	0.891	0.962	0.942	0.952	0.919	0.887
	均值	0.815	0.844	0.859	0.878	0.882	0.888	0.890	0.894	0.895

表3.7 "一带一路"沿线国家2007—2015年国际产能合作规模效益

区域	国家	2007年	2008年	2009年	2010年	2011年	2012年	2013年	2014年	2015年
东、中亚	哈萨克斯坦	irs	irs	irs	irs	irs	irs	irs	irs	irs
	吉尔吉斯斯坦	irs	irs	irs	irs	irs	irs	irs	irs	irs
	蒙古国	irs	irs	irs	irs	irs	irs	irs	irs	irs
	塔吉克斯坦	irs	irs	irs	irs	irs	irs	irs	irs	irs
东南亚	文莱	—	—	irs	irs	irs	—	—	—	irs
	柬埔寨	irs	irs	irs	irs	irs	irs	irs	irs	irs
	印度尼西亚	irs	irs	irs	irs	irs	irs	irs	irs	irs
	马来西亚	—	—	drs	drs	—	—	—	drs	drs

续表 1

区域	国家	2007年	2008年	2009年	2010年	2011年	2012年	2013年	2014年	2015年
东南亚	菲律宾	—	irs	irs	irs	irs	irs	irs	irs	irs
	新加坡	—	drs	drs	drs	drs	irs	—	—	—
	泰国	irs	irs	irs	irs	irs	irs	irs	irs	irs
	越南	irs	irs	irs	irs	irs	irs	irs	irs	—
西亚	巴林	—	drs	drs	drs	drs	drs	drs	drs	irs
	塞浦路斯	—	—	drs	—	irs	irs	irs	irs	irs
	埃及	irs	irs	irs	irs	irs	irs	irs	irs	irs
	希腊	—	—	—	—	—	drs	irs	irs	irs
	伊朗	irs	irs	irs	irs	irs	—	—	—	drs
	以色列	drs	drs	drs	drs	drs	irs	—	drs	drs
	约旦	irs	irs	irs	irs	irs	irs	irs	irs	irs
	科威特	—	—	irs	irs	irs	—	—	irs	irs
	黎巴嫩	irs	irs	irs	irs	irs	irs	irs	irs	irs
	阿曼	irs	—	irs	drs	irs	—	drs	—	irs
	卡塔尔	—	drs	—	—	—	—	—	—	—
	沙特阿拉伯	drs	drs	drs	drs	—	—	—	—	—
	土耳其	—	—	irs	irs	drs	drs	—	—	—
	阿联酋	—	—	—	irs	irs	drs	drs	—	drs
南亚	孟加拉	irs	irs	irs	irs	irs	irs	irs	irs	irs
	印度	—	—	—	—	—	—	—	—	—
	尼泊尔	irs	irs	irs	irs	irs	irs	irs	irs	irs
	巴基斯坦	irs	irs	irs	irs	irs	irs	irs	irs	irs
	斯里兰卡	irs	irs	irs	irs	irs	irs	irs	irs	irs
中东欧	阿尔巴尼亚	irs	irs	irs	irs	irs	irs	irs	irs	irs
	波黑	irs	irs	irs	irs	irs	irs	irs	irs	irs
	保加利亚	irs	irs	irs	irs	irs	irs	irs	irs	irs
	克罗地亚	irs	irs	irs	irs	irs	irs	irs	irs	irs

续表2

区域	国家	2007年	2008年	2009年	2010年	2011年	2012年	2013年	2014年	2015年
中东欧	捷克	irs	irs	irs	drs	drs	irs	irs	irs	irs
	爱沙尼亚	irs	irs	irs	irs	irs	irs	irs	irs	irs
	匈牙利	irs	irs	irs	irs	irs	irs	irs	irs	irs
	拉脱维亚	irs	irs	irs	irs	irs	irs	drs	drs	irs
	立陶宛	irs	irs	irs	irs	irs	irs	irs	irs	irs
	马其顿	irs	irs	irs	—	—	irs	irs	irs	irs
	黑山	irs	irs	irs	irs	—	—	—	—	irs
	波兰	irs	irs	irs	irs	irs	irs	irs	irs	irs
	罗马尼亚	irs	irs	irs	irs	irs	irs	irs	irs	irs
	塞尔维亚	irs	irs	irs	irs	irs	irs	irs	irs	irs
	斯洛伐克	irs	irs	irs	irs	irs	irs	irs	irs	irs
	斯洛文尼亚	irs	irs	irs	irs	irs	drs	—	irs	irs
独联体	亚美尼亚	irs	irs	irs	irs	irs	irs	irs	irs	irs
	阿塞拜疆	irs	irs	irs	irs	irs	irs	irs	irs	irs
	格鲁吉亚	irs	irs	irs	irs	irs	irs	irs	irs	irs
	摩尔多瓦	irs	irs	irs	irs	irs	irs	irs	irs	irs
	俄罗斯	—	—	drs	drs	—	—	drs	—	drs
	乌克兰	irs	irs	irs	irs	irs	irs	irs	irs	irs

注：irs 表示规模效益递增，drs 表示规模效益递减，—表示规模效益不变。

根据表3.6和表3.7，我们可以发现，我国与"一带一路"沿线国家产能合作规模并未全部达到最优状态，大部分国家产能合作的规模效益呈递增状态。2007—2015年，规模效率值达到1的数目分别只有14个、12个、7个、5个、10个、11个、13个、12个、6个，2010年的数目最少。2007年到2015年，中国与"一带一路"沿线国际产能合作规模效率均值均小于1，说明我国与"一带一路"沿线国家产能合作规模未达到理想状态，实际生产过程消耗的资源和投资者的投入之间存在较大差距，形成投入冗余。整个考察期过程中，只有卡塔尔和印度这两个国家的规模效率一直维持有效状态，达到最佳生产规模，其他国家的规模效率都处于波动状态。新加坡、文莱、希腊、沙特阿拉伯等国部分年份的规模效率达到1，说明投资规模相对有效，而还有剩下一部分国家，如吉尔吉斯斯坦、黎巴嫩、摩尔多瓦等国规模效率值在考察期内一直没有达到过1，需要及时改进投入的资源配比。从总体均值变化趋势来看，中国与"一带一路"沿线国家产能合作规模效率保持稳定增长，规模效率均值都在0.8以上，在2015年达到0.895。从区域上看，西亚、东南亚的规模效率较佳，以2015年为例，西亚地区的规模效率均值最高为0.948，接下来依次是东南亚0.938，中东欧0.911，独联体0.891，中亚0.739。

表3.7反映的是规模效率的改善方向。从总体来看，处于规模效益不变或递增的国家较多，2007—2015年53个国家中规模效益不变的国家分别有11个、4个、5个、8个、10个、12个、11个、6个，每年约占总体的10%，而规模递增的国家分别有38个、37个、42个、40个、40个、38个、36个、43个，每年约有八成的国家可以扩大投资规模，这表明中国同这些国家开展产能合作具有一定的潜力与发展空间。从表3.5和表3.6发现，中亚地区的规模效率最低，但表3.7显示2007年到2015年期间中亚一直处于规模效益递增阶段，说明对中亚地区生产规模不佳，对资本和劳动力的利用率不高，造成规模效率的无效。针对哈萨克斯坦、柬埔寨、印度尼西亚这些呈现规模递增状态的国家，应当改进投入资本和劳动力的配比，扩大生产规模；同时，中亚地区的国家应改善投资环境，以确保吸引更多的投资，而对于与阿联酋、俄罗斯考察期的多数年份呈现规模效益递减，说明近几年中国企业对这些国家的投资过猛，应当控制投入要素，减小生产规模，优化产能合作产业的结构。

（5）超效率结果分析

通过前面的分析，可以发现CCR模型和BCC模型可以得出国际产能合作的效率，但是这两种模型无法对效率值相同的国家进一步排序，得其排名并进行比较分析,尤其是在 DEA 有效的国家较多的情况下。因此,我们运用 mydea1.0 软件中提供的超效率模型重新计算,得到超效率模型技术效率值(简称超效率值),效率值可以大于 1,弥补了不足(如表 3.8)。

表 3.8 "一带一路"沿线国家 2007—2015 年国际产能合作超效率值及排名

区域	国家	2007年	2008年	2009年	2010年	2011年	2012年	2013年	2014年	2015年
东、中亚	哈萨克斯坦	0.501(42)	0.547(42)	0.561(46)	0.590(45)	0.634(43)	0.653(43)	0.679(44)	0.669(44)	0.664(45)
	吉尔吉斯斯坦	0.457(49)	0.464(50)	0.447(49)	0.483(50)	0.471(50)	0.518(50)	0.551(48)	0.553(49)	0.579(49)
	蒙古国	0.577(37)	0.348(53)	0.446(51)	0.472(51)	0.504(48)	0.532(48)	0.533(49)	0.529(51)	0.554(50)
	塔吉克斯坦	0.495(45)	0.483(47)	0.471(48)	0.512(48)	0.458(51)	0.495(51)	0.487(52)	0.517(52)	0.544(52)
东南亚	文莱	1.206(6)	1.006(11)	0.948(7)	0.964(16)	0.984(12)	1.021(6)	1.002(12)	1.029(7)	0.983(10)
	柬埔寨	0.445(50)	0.492(46)	0.447(49)	0.490(49)	0.488(49)	0.520(49)	0.498(51)	0.538(50)	0.545(51)
	印度尼西亚	0.555(38)	0.682(31)	0.683(32)	0.777(30)	0.867(24)	0.885(21)	0.955(20)	0.924(20)	0.906(20)
	马来西亚	1.020(12)	1.008(10)	0.910(20)	0.967(13)	1.113(2)	1.012(8)	1.063(2)	0.984(14)	0.977(13)
	菲律宾	1.550(3)	0.891(19)	0.643(38)	0.666(38)	0.675(38)	0.704(40)	0.724(39)	0.721(40)	0.732(37)
	新加坡	1.326(5)	0.991(13)	0.921(17)	0.994(6)	0.981(14)	0.980(12)	1.055(4)	1.034(3)	1.007(5)
	泰国	0.781(23)	0.808(25)	0.834(24)	0.800(28)	0.885(22)	0.857(24)	0.885(22)	0.888(22)	0.873(23)
	越南	0.498(44)	0.508(44)	0.582(45)	0.618(43)	0.602(45)	0.684(41)	0.724(39)	0.862(24)	1.001(6)

续表1

区域	国家	2007年	2008年	2009年	2010年	2011年	2012年	2013年	2014年	2015年
西亚	巴林	1.032(9)	0.975(14)	0.974(6)	0.977(9)	0.982(13)	0.907(19)	0.984(17)	0.917(21)	0.927(19)
	塞浦路斯	1.03(10)	1.013(9)	0.98(5)	1.009(3)	0.903(20)	0.865(23)	0.874(24)	0.840(26)	0.842(26)
	埃及	0.868(19)	0.894(17)	0.874(22)	0.899(21)	0.887(21)	0.838(28)	0.783(33)	0.811(31)	0.802(31)
	希腊	3.590(1)	1.047(5)	1.056(1)	1.003(4)	1.048(4)	0.97(13)	0.994(14)	0.985(13)	0.982(12)
	伊朗	0.930(15)	1.179(3)	0.917(18)	0.928(20)	0.994(10)	1.021(6)	1.013(8)	1.020(8)	0.962(16)
	以色列	0.881(17)	0.890(20)	0.917(18)	0.931(19)	0.975(15)	0.968(14)	1.074(1)	0.996(12)	0.976(14)
	约旦	0.832(20)	0.894(17)	0.834(24)	0.829(24)	0.825(28)	0.846(27)	0.815(31)	0.797(33)	0.839(27)
	科威特	2.149(2)	1.353(1)	0.934(13)	0.940(18)	0.985(11)	1.040(4)	1.010(9)	0.978(15)	0.988(7)
	黎巴嫩	0.607(34)	0.638(37)	0.538(47)	0.576(47)	0.544(47)	0.599(46)	0.630(45)	0.634(46)	0.606(47)
	阿曼	0.893(16)	1.290(2)	0.931(14)	0.987(7)	0.997(9)	1.133(1)	0.993(15)	1.103(1)	0.959(17)
	卡塔尔	1.025(11)	0.969(15)	1.007(4)	1.024(1)	1.020(7)	1.005(9)	1.017(6)	1.015(9)	1.008(4)
	沙特阿拉伯	0.976(14)	0.993(12)	0.947(9)	0.953(17)	1.073(3)	1.076(2)	1.015(7)	1.005(11)	1.023(3)
	土耳其	1.420(4)	1.044(7)	0.925(16)	0.984(8)	0.950(17)	0.955(15)	1.063(2)	1.012(10)	1.070(1)
	阿联酋	1.052(8)	1.020(8)	1.030(3)	0.966(15)	0.924(19)	0.951(16)	0.989(16)	1.031(5)	0.985(9)

续表2

区域	国家	2007年	2008年	2009年	2010年	2011年	2012年	2013年	2014年	2015年
南亚	孟加拉	0.422(52)	0.474(48)	0.417(52)	0.443(52)	0.458(51)	0.493(52)	0.529(50)	0.561(48)	0.625(46)
	印度	1.182(7)	1.125(4)	1.052(2)	1.010(2)	1.120(1)	1.027(5)	1.010(9)	1.031(5)	1.032(2)
	尼泊尔	0.399(53)	0.427(52)	0.383(53)	0.394(53)	0.366(53)	0.400(53)	0.429(53)	0.417(53)	0.422(53)
	巴基斯坦	0.582(36)	0.645(36)	0.590(44)	0.587(46)	0.548(46)	0.570(47)	0.564(47)	0.589(47)	0.603(48)
	斯里兰卡	0.702(27)	0.749(27)	0.724(29)	0.805(27)	0.853(27)	0.857(24)	0.921(21)	0.930(19)	0.882(22)
中东欧	阿尔巴尼亚	0.487(46)	0.620(38)	0.636(39)	0.694(36)	0.645(41)	0.627(45)	0.703(41)	0.719(41)	0.710(41)
	波黑	0.431(51)	0.436(51)	0.608(41)	0.624(41)	0.675(38)	0.708(37)	0.611(46)	0.733(37)	0.736(36)
	保加利亚	0.500(43)	0.507(45)	0.654(34)	0.632(40)	0.655(40)	0.707(38)	0.749(35)	0.738(36)	0.714(39)
	克罗地亚	0.728(25)	0.823(24)	0.945(10)	0.967(13)	0.926(18)	0.942(17)	0.972(18)	0.951(18)	0.936(18)
	捷克	0.687(28)	0.701(30)	0.779(27)	0.823(25)	0.867(24)	0.857(24)	0.851(25)	0.810(32)	0.800(33)
	爱沙尼亚	0.821(22)	0.844(22)	0.856(23)	0.816(26)	0.791(31)	0.803(30)	0.829(28)	0.839(27)	0.849(25)
	匈牙利	0.710(26)	0.715(29)	0.762(28)	0.798(29)	0.794(30)	0.806(29)	0.843(27)	0.835(28)	0.789(34)
	拉脱维亚	0.780(24)	0.833(23)	0.893(21)	0.875(22)	0.867(24)	0.902(20)	0.971(19)	0.960(17)	0.884(21)
	立陶宛	0.465(48)	0.787(26)	0.813(26)	0.842(23)	0.881(23)	0.871(22)	0.876(23)	0.863(23)	0.853(24)

续表3

区域	国家	2007年	2008年	2009年	2010年	2011年	2012年	2013年	2014年	2015年
中东欧	马其顿	0.828 (21)	0.848 (21)	0.948 (7)	1.003 (4)	1.038 (6)	0.926 (18)	0.747 (36)	0.779 (34)	0.816 (30)
	黑山	0.676 (29)	0.738 (28)	0.936 (12)	0.976 (10)	1.014 (8)	1.003 (10)	1.008 (11)	1.032 (4)	0.987 (8)
	波兰	0.644 (30)	0.662 (34)	0.688 (31)	0.720 (33)	0.732 (36)	0.781 (32)	0.818 (30)	0.828 (29)	0.829 (29)
	罗马尼亚	0.473 (47)	0.473 (49)	0.604 (42)	0.623 (42)	0.608 (44)	0.635 (44)	0.684 (43)	0.662 (45)	0.674 (44)
	塞尔维亚	0.51 (41)	0.545 (43)	0.680 (33)	0.732 (32)	0.736 (34)	0.705 (39)	0.823 (29)	0.813 (30)	0.802 (31)
	斯洛伐克	0.633 (31)	0.681 (32)	0.712 (30)	0.757 (31)	0.813 (29)	0.77 (33)	0.844 (26)	0.862 (24)	0.838 (28)
	斯洛文尼亚	0.872 (18)	0.931 (16)	0.931 (14)	0.972 (12)	0.969 (16)	0.993 (11)	1.020 (5)	0.978 (15)	0.969 (15)
独联体	亚美尼亚	0.545 (39)	0.610 (40)	0.647 (37)	0.689 (37)	0.678 (37)	0.731 (36)	0.731 (38)	0.692 (43)	0.686 (43)
	阿塞拜疆	0.613 (33)	0.620 (38)	0.595 (43)	0.608 (44)	0.638 (42)	0.666 (42)	0.694 (42)	0.700 (42)	0.697 (42)
	格鲁吉亚	0.534 (40)	0.580 (41)	0.629 (40)	0.665 (39)	0.741 (33)	0.747 (34)	0.764 (34)	0.732 (38)	0.731 (38)
	摩尔多瓦	0.621 (32)	0.647 (35)	0.653 (35)	0.698 (35)	0.735 (35)	0.732 (35)	0.733 (37)	0.742 (35)	0.765 (35)
	俄罗斯	1.006 (13)	1.045 (6)	0.938 (11)	0.974 (11)	1.045 (5)	1.045 (3)	0.996 (13)	1.052 (2)	0.983 (10)
	乌克兰	0.595 (35)	0.663 (33)	0.650 (36)	0.699 (34)	0.760 (32)	0.783 (31)	0.795 (32)	0.726 (39)	0.713 (40)
	均值	0.833	0.777	0.764	0.788	0.806	0.814	0.829	0.830	0.824

注：括号内为各国超效率值在当年的排名。

结合表 3.4 和表 3.8 可以看出超效率模型能够对传统 DEA 方法计算出来效率值为 1 的值进一步精确计算，使得 53 个国家的产能合作效率排名得以进一步区分。表 3.8 显示，2007 年至 2015 年，中国与"一带一路"沿线国家产能合作效率排名最高的国家分别为：希腊、科威特、希腊、卡塔尔、印度、阿曼、以色列、阿曼、土耳其。可以很明显看出，与中国产能合作效率较高的国家集中在西亚地区，除了印度，其他都属于西亚地区，且 2015 年当年，产能合作效率排名前 5 的国家分别是土耳其、印度、沙特阿拉伯、卡塔尔、新加坡，西亚国家占 3 个。2007 年到 2015 年，产能合作效率排名最低的国家分别为尼泊尔、蒙古国、尼泊尔、尼泊尔、尼泊尔、尼泊尔、尼泊尔、尼泊尔、尼泊尔。中国与尼泊尔的产能合作效率一直较低，这可能与尼泊尔当地的经济水平低有关，而 2015 年效率排名后 5 的国家分别为尼泊尔、塔吉克斯坦、柬埔寨、蒙古国、吉尔吉斯斯坦。从整体的变化趋势来看，2007 年到 2015 年，我国与"一带一路"沿线国家产能合作整体效率呈现先下降后上升趋势，产能合作超效率整体均值由 2007 年的 0.833 下降到 2009 年的 0.764 再上升到 2015 年的 0.824。

3.2 "一带一路"背景下中国国际产能合作效率的影响因素分析

3.2.1 国际产能合作效率影响因素分析框架

（1）两阶段法

效率影响因素的两阶段法，是指在国际产能合作效率测算及其影响因素分析中，一般分为两个阶段。第一阶段，确定投入、产出指标，并运用 DEA 法，得到中国同各国产能合作的相对效率值。第二阶段，归纳分析国际产能合作的影响因素，并利用 Tobit 回归模型，进行影响因素回归分析。通过两阶段法，可找出除投入指标、产出指标之外对产能合作效率值产生影响的因素及其影响程度。与其他评价方法相比，效率影响因素的两阶段评价方法有很多优点：评价比较客观、应用广泛，并且 Tobit 模型得到的参数是无偏一致的，更趋于正态分布。

（2）Tobit 回归模型介绍

Tobit 模型是美国经济学家詹姆斯·托宾（James Tobin，1971）在 Probit 模型基础上的拓展应用，又被称为截取回归模型（Censored Regression Model）。该模型可以有效地解决数据截断的问题，当遇到被解释变量受限的情况，使用普通最小二乘法，会导致参数估计严重有偏且不一致，从而不能满足回归分析对观测数据和因变量的要求。但是，Tobit 模型是基于极大似然法，考察的是模型整体的显著性，可以确保参数估计的准确性，因而在处理此类问题上具有优势。本书利用超效率 DEA 模型测算的超效率作为因变量，数值都大于 0，有一端受限，满足 Tobit 使用条件，且田泽（2016）等学者也有广泛应用超效率 DEA – TOBIT 两阶段法，所以 TOBIT 适用于本书的研究。Tobit 回归模型一般形式如下：

$$Y_i = \begin{cases} \beta^T X_i + \varepsilon_i, & \beta^T X_i + \varepsilon_i > 0 \\ 0, & \beta^T X_i + \varepsilon_i \leq 0 \end{cases} \quad (3.4)$$

其中，X_i 是（k+1）维的解释变量向量，β^T 是（k+1）维的未知参数向量，$e \sim N(0, \sigma^2)$。当自变量 X_i 取实际观测值，因变量 Y_i 只能以受限制的方式被观测到：当 $Y_i > 0$ 时，"无限制"观测值均取实际的观测值；当 $Y_i \leq 0$ 时，"受限"观测值均截取为 0。

3.2.2 国际产能合作效率的影响因素

在综合现有关国际产能合作效率影响因素研究的文献基础上，结合中国与"一带一路"沿线国家产能合作发展状况和特点，本书将影响中国与"一带一路"沿线国家产能合作效率的因素归纳为经济方面、政治方面、资源禀赋和基础设施四点。

(1) 经济方面因素

国际产能合作是在中国经济发展较好时寻求经济转型的情况下提出的，所以国与国之间的产能合作在某种程度上是受到经济刺激的。尤其在经济全球化的现今，一国经济要想快速健康发展，离不开整个世界，国与国之间的交流必不可少。所以本书将产能合作效率的经济因素以经济对外开放度和经济稳定性来衡量。经济对外开放度，即对外依赖度，能够间接反映外资进入该国的难易程度。国际产能合作对象往往偏向于与经济开放度高的国家。但也有理论认为，越是开放的国家，越容易受到外来的冲击，对政府的要求更高。本书采用进出口贸易额占 GDP 比重来衡量经济开放程度。其次，稳定的宏观经济是产能合作开展的必要条件。我国与别国开展产能合作时，一般会就地取材，使用当地的劳动力和原材料，如果当地经济不稳定，物价上涨会增加生产成本，即使销售收入增加，也存在收益的不确定性，从而产生国际产能合作的风险。本书采用价格变动率作为东道国宏观经济稳定性的代理变量。

(2) 政治方面因素

经济对政治有影响，政治反过来也会影响经济。当一个国家的政治制度较为开明且高效，政局稳定，那么在这种政治环境下，该国的经济也会得到平稳发展，也较能吸引投资，国际产能合作效率也能得到较大提高。相反，如中国在某国开展产能合作，但当地发生内部动乱、罢工、宗教冲突、官员腐败、政治不稳定现象等，那么产能合作往往会受到影响，甚至停工，大大增加了潜在的生产交易成本，国际产能合作效率大大降低，不利于与其开展国际产能合作。因此，本书采用世界治理指标中的政权稳定性作为衡量东道国政治环境的指标。

(3) 资源禀赋因素

根据资源禀赋理论，两国之间资源禀赋差距越大，越容易产生商机，越吸引外来投资商投资，也更有可能开展产能合作，其中人力资源禀赋和自然资源禀赋为主导因素。由小规模技术理论可知发达国家最初向发展中国家大量投资的原因之一就是发展中国家低廉的劳动力成本。当前中国国内劳动力成本及原材料的价格与过去相比涨幅都很大，所以中国企业也开始与劳动力成本较低的国家开展产能合作。同时，人力是生产投入不可或缺的要素，劳动力成本在一定程度上影响国际产能合作效率。本书用东道国的人均国民收入表示。"一带一路"沿线国家如吉尔吉斯斯坦、蒙古国等国矿产资源丰富，可与中国形成资源互补，获取满足国内经济发展需要。同时如果当地的自然资源丰富，可有效减少产能合作的生产成本和材料运输的时间成本，大大提高产能合作的效率。该指标用东道国燃料出口占商品出口的百分比来衡量。

（4）基础设施因素

交通、通信、水电等基础设施对当地经济发展的促进作用显而易见，中国现在正努力开展高铁外交，并帮助"一带一路"基础设施落后的国家建造基础设施，交通的重要性可见一斑。基础设施建设是国际产能合作的主要合作项目，同时，良好的基础设施可以减少运输成本和时间成本，提高产能合作效率。但是不同国家主要交通方式不同。如阿联酋，受土壤沙化限制，根本没建造铁路，但其交通基础设施完善程度在世界上名列前茅。东南亚和西亚有众多的国土面积小但经济发展较好的国家，主要的运输方式是海洋运输。所以不受地理位置限制的航空是较好的衡量交通的指标，各国均有，且航空运输货运量一般是与当地经济发展程度有关，因此本书以航空货运量作为交通的基础设施指标。良好的通信设施可以方便两国间的交流，及时了解、应对产能合作时遇到的问题，促进产能合作的良好展开，本书以每百人移动电话租用量作为通信基础设施指标。

3.2.3 国际产能合作效率的影响因素实证结果及分析

（1）模型建立及数据处理

根据上文的分析，以"一带一路"沿线各国的经济要素、资源禀赋要素、基础设施要素和政治要素作为解释变量，以中国与"一带一路"沿线国家2007—2015年的超效率效率作为被解释变量，通过建立受限面板 Tobit 回归模型分析每个因素对国际产能合作效率的影响，回归方程如下：

$$SEDEA = \beta_0 + \beta_1 Lnopen + \beta_2 LnInfl + \beta_3 Lnpolicy + \beta_4 Lnpgni + \beta_5 Lnreso + \beta_6 Lntraffic + \beta_7 Lnmobile + \varepsilon \quad (3.5)$$

SEDEA 为超效率值，β_0 为常数项，β_1、β_2、β_3、β_4、β_5、β_6、β_7 为自变量的估计参数，ε 为残差项，其他变量含义及数据来源见表3.9。

表3.9　　　　　　　　　变量含义

变量	变量解释	数据来源
Lnopen	经济开放程度：进出口贸易额占 GDP 比重，取对数	世界银行数据库
LnInfl	价格变动率：按东道国 GDP 隐含价格平减指数年增长率衡量的通货膨胀，取对数	世界银行数据库
Lnpolicy	政权稳定性：政治排名，取对数	世界治理指标
Lnpgni	劳动力成本：人均国民收入，取对数	世界银行数据库
Lnreso	自然资源丰富程度：东道国燃料出口占商品出口的百分比，取对数	UN Comtrade
Lntraffic	交通基础设施：航空运输量，取对数	世界银行数据库
Lnmobile	通信基础设施：每百人移动蜂窝式无线通信系统的电话租用，取对数	世界银行数据库

由于前面利用 DEA 方法测算国际产能合作的效率时，选取的范围是2007—2015年，所以，其影响因素分析的考察期也是选取2007—2015年。

本书采用取自然对数的方法对数据进行规范化处理。但由于通货膨胀率、航空运输量这两个指标数据存在值为0或负值的情况，无法取对数，影响数据选择。为此，本书借鉴王动和王国印（2011）对存在0或负值的数据转化方法，对通货膨胀率和航空运输量进行处理，其方法如下：

$$LnInfl = Ln(1 + Infl), \quad if\ Infl \geqslant 0$$
$$LnInfl = Ln(1 + |Infl|), \quad if\ Infl < 0$$
(3.6)

另外，对于个别解释变量的数据在数据库部分年份不齐全问题，为了不减少样本量，通过参考已有的研究方法，用线性插值法补齐。

（2）描述性统计

在对国际产能合作的影响因素进行 Tobit 回归之前，本书先对国际产能合作影响因素的 7 个代理变量的原始数据进行描述性统计，先了解 53 个国家原始数据的总体情况，有利于后面的回归分析。

表 3.10　　　国际产能合作影响因素的描述性统计

影响因素	观测值	最小值	最大值	平均值	标准偏差
open	477	27.60	441.60	103.2062	54.04174
Infl	477	-27.21	39.18	5.5102	8.11108
policy	477	0.47	99.04	43.3318	26.65761
reso	477	0.08	97.91	30.8370	30.52644
pgni	477	370.00	82 750.00	12 689.3920	14 462.73469
traffic	477	0.00	16 556.21	760.7462	2 008.22993
moblie	477	12.60	218.43	110.5868	35.46230

从表 3.10 中可以发现，劳动力成本（pgni）和航空运输量（traffic）这两个变量的标准偏差非常大，劳动力成本的最大值是最小值的 200 倍，说明"一带一路"沿线这 53 个国家的当地的劳动力成本差异非常明显，这可能与各国的经济水平和劳动力素质有关。而航空运输量最小值为 0，说明有些国家交通设施非常不完善；而有些国家航空运输量达到 760，交通基础设施非常完善，该变量差异较大。对外开放程度（open）、政治稳定性（policy）、通信基础设施（mobile）的标准偏差相对较大，说明这 53 个国家的在对外贸易依赖程度、政治稳定性、通信基础设施建设上存在差异。价格变动率（Infl）的偏差较小，均值为 5.51，最大值和最

小值都比较靠近 0，可能对国际产能合作效率的影响较小。

（3）Tobit 回归及分析

利用软件 Eviews8.0 软件对面板数据进行 Tobit 回归分析，得到结果见表 3.11。

表 3.11 国际产能合作效率影响因素的 Tobit 回归结果

因素	变量	整体	中亚	东南亚	西亚	南亚	中东欧	独联体
经济	Lnopen	-0.061** (-2.354)	-0.086 (-1.432)	-0.001 (-0.003)	-0.219*** (-3.544)	-0.144 (-1.171)	0.006 (0.14)	-0.162* (-1.836)
经济	LnInfl	-0.019** (-2.48)	-0.012 (-1.071)	-0.008 (-0.529)	0.009 (0.593)	-0.001 (-0.035)	-0.051*** (-4.642)	0.004 (0.555)
政治	Lnpolicy	0.072*** (4.836)	-0.027 (-1.271)	0.005 (0.126)	0.154*** (4.302)	0.063*** (2.939)	0.087 (2.225)	-0.011 (-0.534)
资源禀赋	Lnreso	0.020** (2.504)	0.006 (0.269)	0.057*** (2.653)	0.001 (0.058)	0.084*** (5.823)	-0.027 (-1.376)	-0.049*** (-3.73)
资源禀赋	Lnpgni	0.021** (2.566)	-0.019 (-1.074)	0.067*** (3.912)	-0.014 (-0.541)	0.062*** (3.463)	0.025 (2.533)	0.007 (0.523)
基础设施	Lntraffic	0.037*** (10.378)	0.033*** (2.76)	0.036** (2.018)	0.006 (0.412)	0.085*** (11.34)	-0.029 (-2.723)	0.023*** (3.395)
基础设施	Lnmobile	0.065** (2.26)	0.053** (2.36)	0.057 (1)	-0.003 (-0.039)	-0.004 (-0.141)	0.233 (3.775)	0.161*** (4.265)
—	C	0.184 (1.236)	0.876** (2.229)	-0.399 (-1.237)	1.531*** (3.455)	0.093 (0.238)	-0.772 (-2.901)	0.754 (1.484)
	N	477	36	72	126	45	144	54
	Log likelihood	87.397	64.686	42.113	-8.722	50.023	117.711	70.021

注：括号内为 Z 值，"***""**""*"分别表示在 1%、5%、10% 水平下的显著。

①经济因素对国际产能合作效率的影响有限。从整体上看，经济因素对国际产能合作效率有显著的负作用。首先，对外开放程度与"一带一路"沿线国家整体产能合作效率呈负相关，且显著，主要集中在西亚和独联体地区的国家。一般一个国家的开放程度越高，越有利于招

商引资，但过大的开放程度会对国家的政治稳定性带来影响。开放度越高，对东道国的管理国家能力要求也越高，如果政府管理不当会带来相应的无序管理惩罚效应，且开放度越高，进入市场的跨国企业也越多，竞争也越激烈，所以过大开放程度不利于开展国际产能合作。其次，经济稳定性对"一带一路"沿线国家整体合作效率和各地区合作效率呈负相关，但只对中东欧国家显著，其他国家不显著。一国物价变动剧烈通货膨胀过高会影响该国的经济，从而为国际产能合作带来收益风险，但适当的通货膨胀有利于经济发展，对当地原材料价格等的影响程度较小。从上文的描述性统计可知，各国间价格变动率的标准差较小，各国的经济较为稳定，所以经济稳定性对国际产能合作效率影响有限。

②政治状况对国际产能合作效率有显著影响。政治稳定性与"一带一路"沿线国家整体呈正相关，且显著，但对各区域显著程度不同，对西亚和南亚的产能合作效率分别在显著水平5%和10%上呈显著正相关，对东南亚、中东亚和中东欧正相关，但不显著。这可能与西亚和南亚近年来政治局势较为动荡有关，如民族宗教矛盾突出、地区冲突加剧、恐怖袭击增多等，导致投资的政治风险偏高等。例如，埃及2017年发生就发生多起恐怖袭击事件。2017年4月9日埃及发生教堂爆炸袭击事件，造成至少45人死亡，政治的不稳定导致投资的不稳定。而东南亚和中东欧、独联体地区政治局势相对较为稳定，对产能合作效率的影响较小。

③资源禀赋因素对不同区域的国际产能合作效率影响程度不同。自然资源对"一带一路"沿线国家整体影响呈显著正相关，但各区域影响程度各异。其中，与南亚、东南亚的产能合作效率呈正相关，且影响程度显著，而与中亚和西亚国际产能合作效率呈不显著的正相关，与独联体和中东欧呈负相关。南亚、东南亚地区国家矿产资源丰富，且与我国资源互补，有利于就地取材，降低产能合作投入成本，相对而言，独联体、中东欧资源优势较弱，对效率提升作用较小。劳动力成本与整体合作效率呈正相关，尤其是对东南亚和南亚影响程度显著，但对其他区

域影响不显著。劳动力成本在某种程度上也反映了劳动力素质，我国提出的国际产能合作是不同于过去的劳动密集型的产业转移，而是优势产业的转移，对人员技术含量要求提高，所以劳动力成本就会较高。

④基础设施因素对国际产能合作效率有影响。交通基础设施对沿线国家整体呈正相关，其中，中亚、东南亚、南亚和独联体产能合作效率的影响显著正相关，对中东欧呈负相关，但不显著。通信设施对整体国际产能合作呈正相关，在中亚和独联体的作用尤其显著。基础设施越完善，其交通等成本越低，越有利于开展国际产能合作，中亚、东南亚、南亚和独联体国家等原先国内基础设施不完善的国家开始意识到基础设施的对经济发展的重要性，开始加大对基础设施重视和财政投入，而我们国家恰好在基础设施建设具有一定优势，尤其是近年来的高铁"走出去"现象，说明我国与这些国家在高铁、电力、移动通信等方面合作潜力较大，对产能合作效率提升作用明显。但是中东欧等发达国家，基础设施完善，基建合作可能性小，对产能合作效率的提升作用就不显著了。

第 4 章 国际产能合作动力机制研究

4.1 中西部地区国际产能合作动力因素分析

本部分先根据现实情况总结整理了开展国际产能合作的动力因素，主要选取了产能利用率、对外开放程度、研发投入、金融支持、政府支持五个核心变量，最后通过系统广义矩估计法（即系统 GMM）进行实证分析，确定所选取的动力因素的有效性，为下文继续探究国际产能合作的动力机制做铺垫。

4.1.1 中西部地区国际产能合作动力因素

系统动力是国际产能合作系统的重要组成，也是开展产能合作具体项目与促进系统升级的关键。动力因素既包括宏观层面下的东道国市场潜能、政府政策支持等，也包括微观层面下企业的资产投资决策、技术研发等。

目前，国内针对国际产能合作动因的研究较少，其中袁丽梅（2016）较全面地从国家层面与企业层面对我国国际产能合作项目的动力因素进行定性分析。她指出，国际产能合作作为一种对外经贸合作的新形式，不仅能使国内经济保持中高速增长，提高产业结构中高附加值产业的占比，还能协助落后国家发展基础设施建设，提升大国形象。同时，本国企业也能抓住机遇通过提升生产技术与产品质量，增加在国际市场中的竞争力。

本书出于对产能合作动因做定量分析的考虑，在研究的动力因素中选取可测度的指标，最终决定从三个层面分析我国进行国际产能合作的动力因素。

（1）企业层面

第一，企业化解过剩产能的需要。国际产能合作政策是在我国多数产业面临产能过剩的局面下提出的，尤其是多数省份中传统制造业的产能过剩现象最为突出。借助"一带一路"倡议平台在短期内转移并化解过剩产能是进行国际产能合作最首要的动因。伴随我国城镇化、工业化进程的加快，国内资源密集型产业取得过度发展，甚至出现了大量僵尸企业，不仅生产效益低下，而且财务运行困难，仅靠重复生产中低端产品以及政府补贴和银行续贷维持运营。最终造成的现象便是我国钢铁、水泥、玻璃等中低端产能严重过剩，而类似于集成电路芯片这样的高技术性、高附加值、低资源消耗的高端产能却严重不足，需要通过进口来弥补。因此，我国制造业企业需要通过国际产能合作脱离过剩产能的"泥潭"，将盘活的资金投入到高端产业发展中去。

第二，企业实现技术升级的需要。改革开放之后，中国制造业企业通过从发达的工业化国家引进和学习技术，逐步提高生产效率，也发展出了一定的研发能力和产业配套能力。虽然整体工业仍处于全球价值链中端，但通信、高铁、新型能源等产业领域处于国际技术顶端。中国企业经济进入"新常态"后，提倡以创新为驱动力的供给侧结构性改革，而创新则主要来自于技术升级，为了将资金从产品生产转移到技术研发中去，中国经济增速也由高速放缓为中高速。中国作为后发的工业化国家，企业的主导产业已逐步由资源密集型产业与劳动密集型产业成功过渡到资本和技术密集型产业。为了进一步向知识密集型产业转型，企业就需要通过国际产能合作项目在国际市场中研习先进技术，实现技术升级。

第三，企业的对外开放程度。对于企业而言，参与产能合作不仅需要良好的产业基础，可以持续供应东道国的市场需求，还需要有长期涉足国际市场所积累的海外经验，适应专业转移与出口贸易的相关流程。图 4.1 记录了中西部规模以上工业企业 2003 年至 2016 年各年份总体的进出口总额，数据来源为历年《中国统计年鉴》。

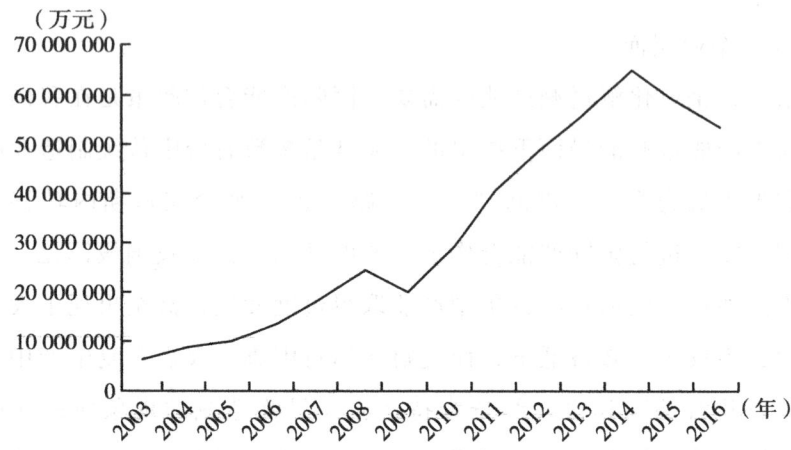

图 4.1　2003—2016 年中西部进出口出口额

可以看出，除 2007 年与 2012 年受国际市场波动与国内增速减缓的影响外，中西部地区的对外开放程度整体呈现出上升的趋势，14 年间进出口总额上升了 5 倍。与东部沿海地区的企业相同，中西部地区企业尽管受限于落后的基础设施以及高额的运输成本，也在积极寻求国际市场发展，并且对外商投资与国外先进产品进口打开大门。对外开放程度的提高引入了更多来自国外的竞争者，加大了国内市场的竞争，同时也引入了更多的产业合作机会与国际市场需求，有利于国内企业大规模深层次地融入国际市场，带动中西部地区企业对"一带一路"沿线国家的对外投资与出口贸易。

（2）市场层面

第一，劳动力成本上升。中国目前已发展成为经济发达国家，主导产业也逐步实现了从农业到制造业的转化，正在逐步向服务业演化，而伴随着的也有劳动力成本的上升，参与国际贸易时的低价劳动力优势已经不复存在。在中低端产品产能过剩的状况下，劳动力成本上升不仅导致劳动力供给大量集聚于过剩产能产业无法解放出来，还会导致劳动力供给降低，企业在国际市场中竞争力下降。国际产能合作通过将过剩产能转移到国外市场，充分利用东道国劳动力的资源优势来运用与化解过剩产能，同时创造大量新岗位，将国内劳动力派遣到产能合作的海外工作中，或参与国内企业高端产品的研发。

第二，金融市场支持。64个"一带一路"沿线国家中仅有8个发达国家，另外56个国家都是发展中国家。国际产能合作项目中铁路、通信等基础设施建设以及船舶、工程机械、化工等工业部门发展都是针对发展中国家输出，并且这些产业都需要投入大量资金。然而，发展中国家大多存在金融体系不完善与经济结构脆弱的问题，资金短缺无法满足产能合作的融资需求。中国在世界排名第一的外汇储备量以及金融市场中银团贷款、出口信贷、境外债券等灵活的境外融资服务可以为产能合作提供足够的金融支持。以2010年与2014年我国海外投资行业对比，在2010年，海外并购以能源为主，行业金额占比高达66%，而到了2014年能源占比下降到11%，金融服务占比则从2010年的7%上升到10%。

（3）政府层面

政府支持。国际产能合作项目以市场寻求型产能合作为主，提倡企业主导，而政府的资金与政策支持对国际产能合作起到重要的推动作用。以中哈产能合作为例，中国企业在哈萨克斯坦进行国际产能合作的过程中，中国政府担任交流与协调的角色。首先，中哈两国政府间达成多项协议，保障产能合作的开展。期间展开11轮产能与投资对话，内容从早期洽谈合作内容发展到落实签证的高效率、编制产能合作规划文件等细节层面，并制定了中哈产能合作早期项目清单，签署了《关于加强产能与投资合作的框架协议》《丝绸之路经济带建设与光明之路新经济政策对接合作规划》等文件。另外，国家发展和改革委员会与地方政府间建立合作机制，明确各自职责。目前，发展改革委已经与山东、辽宁、江苏等18个省份分别签署合作协议，确定了各省重点推进企业与项目，并给予金融、税收等政策支持。

4.1.2 中西部地区国际产能合作动力因素实证分析

根据前文的理论分析，国际产能合作的系统动力主要从企业层面、市场层面以及政府层面，总共涉及产能利用率、研发投入、对外开放程度、金融支持、政府支持等五个核心变量。本书在前述分析的基础上，对中西部地区19个城市2003—2016年的面板数据进行实证分析，实证选取的各动力因素对国际产能合作是否具有推动作用。

（1）指标选取与实证方法

样本选取了中西部地区除西藏以外的所有19个省市，因为西藏自治区数据缺失较多，按照已有文献的处理方法剔除了西藏自治区。全部国有工业企业和年主营业务收入500万元人民币以上的非国有工业企业统称为规模以上工业企业，因为规模以上工业企业的统计口径要远远大于大中型工业企业，为了回归分析得出结论的稳定性，选择中西部地区19个省市规模以上工业企业的相关数据。

数据来源于中西部地区19个省市2003年到2016年的地方年鉴和统计公报以及《中国工业经济统计年鉴》和《中国统计年鉴》。衡量国际产能合作机制内各动力因素的具体指标说明如下：

①被解释变量。对外直接投资（OFDI）：国际产能合作的主要形式包括对外直接投资、出口贸易、技术合作等。由于国际产能合作2014年底正式运行，缺少各省市参与国际产能合作的相关数据，本书结合中西部地区的生产状况与对外开放程度，选取19个省市对15个年出口额超过100亿美元的"一带一路"国家的非金融类对外直接投资额作为中西部地区国际产能合作的衡量指标。

②解释变量。

- 产能利用率（CU）：采用前文中通过数据包络法（DEA）计算得到的数据结果来衡量。
- 对外开放程度（OPEN）：以各省市各年份对规模以上工业企业

的出口交货值来衡量。

- 研发投入（RD）：各省市科研项目研发经费，反映各省市企业的科技投入强度和技术密集度。
- 金融支持（FIN）：衡量各省市金融市场的发展程度与融资效率，用各省市在上证所与深交所成交的证券交易额之和表示。
- 政府支持（GOV）：各省市地方政府的财政支出。

针对本书的研究对象，要对建立模型的方式开展假设性检验，重点是以模型参数为主，验证其在全部的截面、时序方面的参数相同与否。具体到面板数据来看，主要是对以下三类模型进行估计：一是齐性参数类；二是变截距类，对该模型进行类型细分则为固定效应模型（Fixed Effect Model，FE）、随机效应模型（Random Effect Model，RE）两类；三是变系数类，这种模型运用较少。具体到本书，齐性参数、变截距两类模型是主要分析工具，以 Hausman 检验结果，将固定效应、随机效应模型结合 GMM 进行分析，最终确定运用哪种模型。本书综合参考面板数据模型中的残差相关性以及对比回归结果的有效性，选择使用系统广义矩估计法（SYS–GMM）。

③模型构建。本书以面板数据（Panel Data）开展国际产能合作各动力因素的分析，着重对各动力因素变量的影响展开探讨，广义矩估计是本书的主要分析工具；根据霍斯曼检验的结果，本书应用随机效应模型。变量定义如表 4.1。

表 4.1　　变量定义表

变量	变量符号	变量定义
动力因素变量	CU	产能利用率
	OPEN	对外开放程度
	RD	研发投入
控制变量	FIN	金融支持
	GOV	政府支持
被解释变量	OFDI	对外直接投资

本书研究重点包括：各层面的动力因素对中西部开展国际产能合作的推动作用，各个变量对对外直接投资的相关作用。基于此，本书选择数据时，应该按照不同省市、总体层面开展相关汇总分析。由于国际产能合作受较多方面制约，具体到探究过程中，应统筹分析各个方面所形成的相关影响，这种情况下，必须建立控制变量。在选择过程中，首先要按照产业转移理论开展系统探究，其次是数据信息能否方便获得。综合考虑已有理论以及中西部经济发展实际，本书确定两个控制变量：一是金融支持（FIN），能够体现某个省市金融市场的发展程度和融资效率。二是政府支持（GOV），这个指标可以反映出地方政府对本地企业"走出去"的支持力度，表现为激励政策的执行以及发放各项福利津贴。

由于出口贸易额和对外直接投资额作为衡量地区外贸经济的指标，存在非常明显的多重共线性，对于出口贸易整体水平以及对外开放程度的影响仅做分析参考，本书不作细致研究。关于对外工程承包这一国际产能合作形式，受制于数据难以获取、指标难以权衡等困难，本书不选择将其作为研究对象。我国与沿线国家的汇率难以获取，并且人民币汇率和对外直接投资之间的关联性不明显。综合而言，本书不考虑人民币汇率对 FDI 的影响以及各动力因素对出口贸易额和对外工程承包额的影响，并且为了消除异方差，本书对所有变量取对数。

综合考察各动力因素推动国际产能合作的计量模型设置如下：

$$LNOFDI_{it} = \beta_0 + \beta_1 LNCU_{it} + \beta_2 LNOPEN_{it} + \beta_3 LNRD_{it} + \beta_4 LNFIN_{it} + \beta_5 LNGOV_{it} \tag{4.1}$$

（2）基本假设

就各动力因素对中西部地区开展国际产能合作产生相关影响的情况，做出以下假设：

假设 1：产能利用率（CU）与对外直接投资额（OFDI）总规模之间是正向关联，中低端产能的过剩造成中西部地区产业结构难以升级转型，通过制定相关政策，参与国际产能合作，可化解过剩产能，提升产能利用率。即在中西部地区范围内，提升产能利用率的需求能够有效促进国际产能合作的开展。

假设2：对外开放程度（OPEN）、研发投入（RD）、金融支持（FIN）、政府支持（GOV）对对外直接投资（OFDI）有正向推动作用。中西部地区工业企业的进出口状况、对产品的生产效率和转化升级的基础条件直接影响企业能否参与国际产能合作，各省市的市场经济状态和政府政策也影响着企业的对外直接投资额。

（3）实证分析

在进行回归检验前，为了减少共线性，对各自变量的方差膨胀因子（VIF）进行检验，发现各 VIF 均小于 10。因此，变量间不存在严重共线性。为了控制异方差对回归结果的影响，在模型估计时，全部采用聚类稳健标准差得到 z 值或 t 值，消除异方差的干扰，从而保证结论的可靠性。Hausman 统计量服从卡方分布，并且不能拒绝模型为随机效应模型的原假设，因此采用随机效应模型进行估计。

其中 OFDI 主要按照各个年度汇率，全部换算为人民币，再除以 2003 年固定资产价格指数（依据国家统计年鉴物价消费指数计算）之后的计算结果；GOV 主要是把 2004 年 GDP 指数作为基准（依据国家统计年鉴物价消费指数计算），核算地方政府财政支出后取对数分析。实证结果如表 4.2 所示。

表 4.2　　　　　　　　　模型实证结果

	模型		模型
LNCU	1.086 *** (3.57)	LNOPEN	1.033 *** (12.62)
LNRD	0.344 ** (1.99)	LNGOV	2.158 *** (2.75)
LNFIN	0.435 *** (3.95)	Sargan 检验	0.265
Hausman 检验	0.56	AR（2）	0.167

注："***""**""*"分别代表1%、5%和10%显著性水平下通过检验；
　　（　）内为 z 统计量。

通过回归结果可知，Sargan 统计量伴随概率大于 0.1，证明模型中选取的工具变量是有效的，但遗憾的是 AR（2）统计量的伴随概率小于 0.1，无法有效地拒绝随机干扰无二阶自相关的原假设。所有动力因素变量都能够在显著性水平下通过检验，但 CU 并不能够很明显地影响 OFDI；推动国际产能合作进行的动力因素中企业的对外开放程度、研发投入以及金融市场的融资效率非常突出，政府支持相对突出，但是弱于金融支持；劳动力成本变量与对外直接投资额的关联性不强。

通过回归分析发现：

第一，在得到的回归结果中，结论不仅印证了原定假设，而且回归结果都相当显著。在选取的动力因素变量中，研发投入（RD）对国际产能合作的影响最为明显，说明其推动作用最大；相反，产能利用率（CU）的相关作用相对不够明显，说明我国开展的国际产能合作中的产业转移的主要目的不是提升产能利用率，即产业转移并非资源寻求型转移，而可能是市场导向型转移，且在之后的动力机制构建中也会选择剔除劳动力成本因素。

第二，对外开放程度（OPEN）的系数为正且显著，但系数数值较低。可能是因为中西部企业的对外开放程度促进了企业的自主创新，而自主创新能力对对外直接投资的影响是多方面的。对外开放程度高，一方面必然导致国内市场竞争加剧，企业通过寻求产业升级稳固在国内的市场地位，对外投资受到压制；另一方面，对外开放程度的加深促使溢出的外国技术知识带动本国企业参与对外直接投资。

第三，在控制变量中，金融支持（FIN）的系数显著为正，说明金融市场结构的完善程度与高效的融资效率的确是促进开展中西部国际产能合作的推动力，尤其是东道国的企业分公司在外资融资力度不足以及国别风险的困难下，国内如亚洲基础投资建设银行、国家开发银行以及中国进出口银行等金融机构的融资支持可以有效缓解企业在东道国的资金困难，促进产能合作的进行。

第四，研发投入（RD）的影响系数显著为正，研发投入就是研发项目经费，直接反映的是企业对于技术创新的投入，不仅关系到企业参与国际产能合作的产业基础，也反映了企业通过国际产能合作提升生产效率，实现产业升级的需求，因此研发投入（RD）与对外直接投资（OFDI）具有显著的正向关联作用。

4.1.3 小结

本节结合中西部地区的产品特征和经济现状选取出五个主要的动力因素并进行实证分析。根据模型的回归结果可见，所有变量都在显著性水平下通过检验，但产能利用率相比较而言推动国际产能合作开展的有效性较低，但产能利用率是动力机制中核心的关键要素，因此，在之后的研究中，仍保留产能利用率变量。

4.2 中西部地区国际产能合作动力机制构建

在分析国际产能合作系统中的关键动力因素之后，本节旨在运用系统动力学的相关理论和方法，将国际产能合作作为系统探究其特征，分别从开放性、非线性以及远离平衡态三方面引入。将国际产能合作系统中各要素间存在的因果关系图绘制出来，然后定性分析系统中具有代表性的反馈回路，进而科学地构建中国中西部地区的国际产能合作动力机制，分析动力机制的运行原理。

4.2.1 中西部地区国际产能合作系统特征

本书运用系统动力学的理论方法研究中西部国际产能合作的动力机制，不仅从微观的动力因素层面着手，也通过宏观的系统结构层面，对国际产能合作展开全面分析。系统动力学是以系统论为基础，吸收了控制论、信息论、协同论的理论精华发展起来的科学。作为基础理论的系统论对系统的阐释为：一个由相互区别、相互作用的各部分有机地联结一起，为共同的目的而执行某种功能的集合体。基于该理论，本书研究的国际产能合作系统可以定义为：一个在"一带一路"背景下拥有产业结构互补性的中国与各个沿线国家自愿地联合在一起，为实现合作共赢而通过对外直接投资、对外工程承包、产品贸易等方式进行产能合作的利益共同体。为了进一步证实系统动力学适用于国际产能合作研究，本书结合协同论分析了国际产能合作系统具有的以下三个特征：

（1）开放性

一个开放的系统一直维持着与外界的物质交换、信息交换以及能量交换。国际产能合作系统与一切社会、经济、生态系统一样，都是拥有自组织耗散结构特征的开放系统，具体表现为作为系统核心的中国向东道国进行产能输出，而完全孤立或与外界绝对隔绝的经济系统只会逐渐走向衰落甚至消亡。

中国推动国际产能合作，鼓励国内企业走出中国市场发展海外优势，将资金、设备以及技术带入国际市场。在经济全球化的大背景下，中国开展的国际产能合作充分证明了开放经济与贸易自由化对经济增长积极的带动作用。基于开放包容、合作共赢等原则，国际产能合作系统的中国企业在向东道国运输优势产能时需要以东道国的市场需求和经济结构为主，同时，东道国的政治波动、经济波动等因素也会影响国际产能合作系统的运作。此外，国际产能合作系统外的部分国家仍受制于金融危机的波动，在经济复苏后出现了贸易保护主义抬头和反全球化浪潮。因此，一些国外舆论将国际产能合作误读为"倾销落后产能"。而这些都是开放的国际产能合作系统需要面对的问题。

（2）非线性

系统的非线性特征描述的是系统本身立体网络式的结构机制以及系统内部各要素之间复杂的相互作用，是一系列不稳定状态的集合。国际产能合作系统内部存在企业、政府、融资机构以及东道国环境等子系统，各子系统内存在着多个特定的、对整个系统产生影响的要素，各要素的运作是通过相互之间交叉传递信息以及接收反馈信息实现的，而不仅仅是简单的线性因果关系。

例如，在国际产能合作系统中，当国内企业通过对外直接投资的方式带动出口贸易，向东道国输出我国相对过剩的优势产能时，通过新开拓出的国外市场需求实现企业内部的产业技术水平升级与提高管理水平。集约化的发展带来当前资本与人力下产业产值水平的上升，即产能利率的上升。产能利用率的上升引发企业投资回报率的上升，刺激企业新一轮的固定资产投资，并且产能利用率上升也会实现产业结构的升级转型，从而带来就业率的改善。企业内部劳动投入与固定资本的增加直接带来产业增加值的上升，从而引发新一轮的对外直接投资。该子系统内部出现良性循环，各经济要素之间通过信息的反馈进行相互影响、相互作用。

（3）远离平衡态

综上所述，国际产能合作系统是一个复杂的开放系统，不仅系统内部各要素通过信息的传递与反馈保持着非线性作用，而且整个系统也与外界其他社会经济系统进行生产要素的交换。在对系统的效应进行测度时还存在着由于难以测量的随机干扰而带来的偏差，这些偏差就叫"涨落"。涨落在系统与外界发生物质交换、信息交换与能量交换时出现，并因为系统内部的非线性作用被放大，各部分长期存在无法相互匹配的差异，最终系统保持着这种动态的不平衡状态，即远离平衡态。而这种内在的不稳定性也是引发国际产能合作并促进其升级发展的必要条件。

国际产能合作的一大动因是消耗与转移国内堆积已久的过剩产能，而过剩产能的形成不仅是由于中国市场经济体制不完善、产业结构僵化，还源于地方政府的不正当干预，国企过度追求 GDP 考核竞争，投资大量低生产效率设备，多余的产能长期无法被市场需求消耗。这是中国进行产能合作的产业背景，也反映了国际产能合作系统远离平衡态的特征。

4.2.2 因果关系图绘制

因果关系图（CLD）是普遍地用于构思系统模型初始阶段的工具，便于直观地描述模型结构。为了直观地表现系统内各要素间的因果关系，因果关系图采用带有箭头和符号的因果链（Link）连接具有因果关系的两个变量，从而构成一条条反馈回路。箭尾处的是原因变量，箭头指向的是结果变量，箭头旁边有正号"+"或负号"-"，正号表示动力（正因果关系），结果变量会随着原因变量的增加而增加，减少而减少；负号表示阻力（负因果关系），结果变量会随着原因变量的增加而减少，减少而增加。

若干条因果链构成一条闭合的反馈回路。闭合回路中每个变量既是原因变量也是结果变量。反馈回路有着正或负的极性，表现出变量的增加或减少通过整条回路对变量自身的反馈作用。在正极性的反馈回路中存在着"滚雪球"效应，某变量的增加以良性循环的方式使该变量得到进一步的增加，而相反，某变量的减少会以恶性循环的方式使该变量出现进一步的减少；在负极性的反馈回路中存在"自调节"的特性，每个变量都有一个恒定的目标值，一旦某变量的状态值发生增加或减少使得状态值与目标值出现偏差，回路内部会出现反方向的增加或减少来消解这种偏差，最终保持稳定。反馈回路的极性由因果链的累积效应决定，如果反馈回路中包含偶数个负因果链，则极性为正；如果反馈回路中包含奇数个负的反馈回路，则极性为负。

若干条反馈回路组合成因果关系图。因果关系图中的变量设为可以升降、增减或上下的量，采用名词或名词短语表示，而不是动词。根据上一节分析的国际产能合作动力因素，在考虑中西部的现实经济状况下，采用 Vensim Dss 软件绘制因果关系图，描述国际产能合作系统中各动力因素间的相互作用，如图 4.2 所示。

目前开展国际产能合作主要包括对外直接投资、出口贸易以及对外

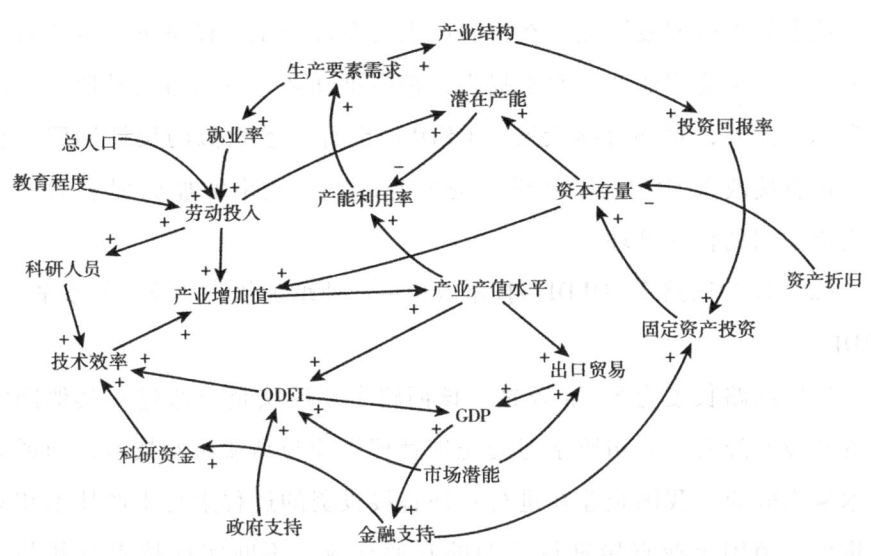

图 4.2　中西部国际产能合作动力机制因果关系图

工程承包三种形式，而考虑到中部大多数城市的装备制造业较发达，而西部地区仍在开展工业化进程，本书主要选取对外直接投与出口贸易作为产能合作方式。东道国的经济形势、合作意愿、产业结构等因素合并为变量"市场潜能"。

4.2.3　反馈回路分析

图 4.2 中所示的因果关系图共包含 11 条闭合反馈回路，现挑选其中因果关系较为复杂，具有代表性的几个主要回路进行定性分析。

（1）反馈回路 1：出口贸易→GDP→金融支持→科研资金→技术效率→产业增加值→产业产值水平→出口贸易

反馈回路长度为 7，为正反馈。主要反映国际产能合作系统中出口贸易形式的产能合作通过技术效率的提升来推动产业产值水平的上升以及金融支持力度这一动力因素的增加对产能合作的推动作用。对外贸易的出口额提高，能够直接带来 GDP 的上升。在经济形势良好以及政策引导的状态下，国内金融机构的融资能力得到提升，企业也能加大投入提升技术效率的研发资金。在原有的人力资源与生产设备下，生产效率的上升促进企业产业产值水平提高，最终推动新一轮出口贸易形式的产能合作。另外，对外直接投资（OFDI）也有一条相似的反馈回路，也是通过直接改善 GDP，使科研经费上升，生产效率增加而促进对外直接投资增加的良性循环。

（2）反馈回路2：OFDI→技术效率→产业增加值→产业产值水平→OFDI

反馈回路长度为5，正反馈。该回路主要反映企业通过在其他国家投资开设并经营分公司所学习的先进管理经验与高端研发技术，即逆向技术溢出效应。我国企业在进行对外直接投资的过程中与生产技术相对先进的东道国企业直接进行长期的互通交流，不断实现技术革新与升级，提升管理水平，积累大量科技型人才，利于钢铁、船舶、基础设施等领域的技术研发，促进我国进一步的对外开放。

（3）反馈回路3：产能利用率→生产要素需求→产业结构→投资回报率→固定资产投资→资本存量→产业增加值→产业产值水平→产能利用率

反馈回路长度为8，为正反馈。主要反映产业结构升级促进资本存量的增加以及资本存量水平对产业产值的影响关系。产能利用率作为前文中分析的核心变量，由于在实证分析中与国际产能合作的关联并不显著，本书的处理方法是延长反馈回路的长度，使产能利用率最终到达产能合作项目的影响效应较低。产能利用率的上升会使企业的生产状况由产能过剩逐渐转向产能不足，激发更多购置生产要素的需求，生产要素价格随之上涨，高产能利用率的企业充分运用劳动力与生产设备，产业结构也因此实现以中低端产业向高端产业的升级，主导产业转型为高附加值、高效率以及高利润的工业或服务业。生产效率与销售利润的上升提高了产品与服务的投资回报率，拓宽了企业的融资渠道，使企业得到更多的固定资产投资。

（4）反馈回路4：产能利用率→生产要素需求→就业率→劳动投入→

科研人员→技术效率→产业增加值→产业产值水平→产能利用率

反馈回路长度为 8，为正反馈。主要反映就业率对科研人员数量的影响以及技术效率对产能利用率的影响。随着生产要素需求的上升，国内劳动力市场的就业率也逐渐增长，国际产能合作产生了更多的岗位，科研人员留在国内参与产品研发，或被派遣到国外分公司负责产品出口与工程管理。高科技人才的培养与高生产效率技术的引进都从供给侧对产业产值有着正向的推动作用。

（5）反馈回路 5：OFDI→GDP→金融支持→固定资产投资→资本存量→产业增加值→产业产值水平→OFDI

反馈回路长度为 7，为正反馈。主要反映金融支持力度的提高对固定资产投资的推动作用以及对对外直接投资的影响作用。GDP 的增加会改善对金融形势的前景，加上政府政策的支撑，参与国际产能合作的企业可以通过金融渠道获得大量的资金支持。除了将资金运用于技术研发外，企业也会在高回报率的状态下用于建造和购置固定资产。企业再生产规模的扩大也会推动国际产能合作中对外直接投资的进行。

总之，国际产能合作系统中，各变量之间的相互关系通过因果链体现出来，彼此间相互影响，进行状态演变。其中有些要素发生作用的次数较多，频繁影响着其他要素，根据这个特点提炼出推动国际产能合作升级发展的关键因素主要有产能利用率、GDP、固定资产投资、产业产值水平、金融支持等。国际产能合作系统必须重视这些关键要素对系统运行的推动作用，促进系统动力持续增强。

4.2.4 原因树与结果树分析

原因树（Causes Tree）和结果树（Uses Tree）是 Vensim Dss 软件中的主要结构分析工具，某一变量的变化会通过单独作用或与其他变量的协同作用引起其他变量变化，并且变化的效应在反馈回路中进行传递，最终作用于该变量本身。因此，通过对系统内各关键变量进行原因树与结果树分析，可以明确系统内各要素间的具体关系。

（1）原因树分析

①"产能利用率"原因树。如图4.3所示的"产能利用率"原因树可以看出，"产能利用率"主要受变量"产业产值水平"与"潜在产能"的影响。"产业产值水平"作为状态变量，其速度变量为"产业增加值"，受"技术效率""资本存量""劳动投入"的影响。而"产能"作为衡量人力资源与生产设备利用最大化的指标，只受"劳动投入"与"资本投入"的影响。

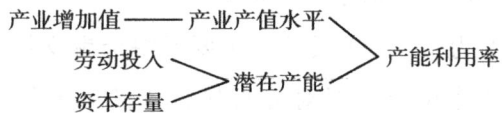

图4.3　"产能利用率"原因树

②"技术效率"原因树。从"技术效率"原因树（图4.4）可以看出，企业生产技术效率的上升是中国开展国际产能合作的重要动因，并且联系"产能利用率"原因树可以看出，产能利用率是否改善取决于变量"技术效率"。"科研人员""科研资金"和"OFDI"与"技术效率"密切相关，共同影响企业的生产技术与管理水平。其中，"OFDI"主要受"东道国市场潜能"和"产业产值水平"影响。

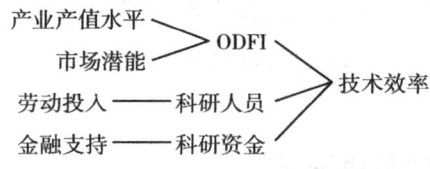

图4.4　"技术效率"原因树

③"资本存量"原因树。从"资本存量"原因树（图4.5）可以看出，"资本存量"由速率变量"固定资产投资"直接决定，代表着企业参与国际产能合作的产业基础。"固定资产投资"受"金融支持"与"投资回报率"的影响，其中"投资回报率"取决于"产业结构"，

"金融支持"受"政策支持"与"GDP"的共同作用。

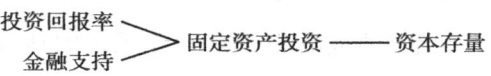

图 4.5 "资本存量"原因树

（2）结果树分析

①"产业产值水平"结果树。从"产业产值水平"结果树（图 4.6）可以看出，"产业产值水平"变量对国际产能合作的开展具有重要的推动作用，通过影响"OFDI"和"出口贸易"来改变"GDP"变量，并且通过提升"产能利用率"促进最终"产业结构"的转型。一旦增加资本投入与劳动投入或提高技术效率，产业产值水平的上升都会直接影响到这三个变量。

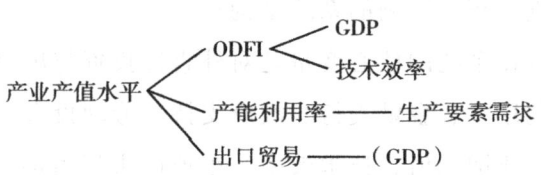

图 4.6 "产业产值水平"结果树

②"劳动投入"结果树。从"劳动投入"结果树（图 4.7）可以看出，"劳动投入"变量从三个方面影响着"产能利用率"：一是通过增加"科研人员"提高"技术效率"，间接改善"产业增加值"；二是与"资本存量"相同，直接影响"产业增加值"，这两种方式都是以改变"产业产值水平"的方式改变"产能利用率"；三是通过增加"潜在产能"降低"产能利用率"。

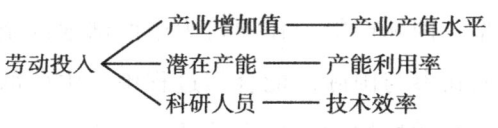

图 4.7 "劳动投入"结果树

基于前文对国际产能合作系统内各动力因素及其之间相互关系的大致分析，依据中西部地区产业现状与国际产能合作现状的现实情况，紧密联系实际，科学构建中西部国际产能合作系统的动力机制模型，详细分析该系统的动力机制。

4.2.5 动力机制模型构建依据

（1）理论依据

本书采用的是系统动力学理论与方法，对中西部国际产能合作动力机制进行研究。相较于传统研究方法，系统动力学更适用于分析国际产能合作这一类复杂的、系统的创新活动。前文刻画了产能合作系统中合作效应的循环作用，形成了连接核心变量与其他变量的反馈回路，从而呈现出相互促进、相互影响的系统结构。

国际产能合作系统的核心变量是对外直接投资与出口贸易，动力因素变量有产能利用率、金融支持、政府支持、劳动投入、资本存量、产业产值水平、产业增加值、技术效率、东道国市场潜能、GDP、产业结构等。通过对国际产能合作系统进行反馈回路分析，发现某些变量频繁作用于其他变量，处于系统的中心位置，该要素即为国际产能合作系统的关键要素，包括对外直接投资、出口贸易、产能利用率、技术效率、产业产值水平、劳动投入、资本存量，这些变量是系统的主要组成部分。东道国市场潜能是系统的外部动力，与系统内部动力因素一起产生协同作用，驱动着系统的发展。

（2）现实依据

中西部地区省市正处于中低端产能过剩时期，生产效率难以改善，产业结构难以转型。国际产能合作项目为中西部地区企业的发展提供了良好的机遇。然而在参与国际产能合作过程中，中西部地区企业由于地方政府掌控过严，金融机构融资效率较低，企业自身难以淘汰低端生产设备带来的低生产效率，科研人才难以从东部沿海发达地区引入，部分企业对外开放程度较低缺乏海外经验等原因,在一定程度上阻碍了中西部地区企业参与国际产能合作。因此,需要建立科学的动力机制来明确并增强产能合作的动力,调动企业向"一带一路"沿线国家进行投资建设的积极性,打破国内制造业企业重复堆积过剩产能的僵局,解决产业结构升级缓慢的问题,最终实现中国产业供给侧结构性改革的目标。

4.2.6 中西部地区国际产能合作动力机制模型

本书构建国际产能合作系统动力学模型所基于的基本假设归纳如下。

假设1:仅考虑系统的正常发展,忽略非正常因素发生后带来的变化;

假设2:模型主要研究国际产能合作系统内部的动力因素之间的相互影响,不研究外部环境中的变化;

假设3:国际产能合作方式主要选取对外直接投资与出口贸易,不考虑对外工程承包;

假设4:假定中西部地区参与国际产能合作的企业都是规模以上工业企业。

国际产能合作动力系统是一个开放、非线性、远离平衡态的系统,系统动力学方法可以有效地表现出该系统的三个特征。本节分析了国际产能合作系统的各个动力因素,结合前几节对各动力因素间相互作用的分析,确定了国际产能合作系统的关键要素,包括核心要素与主要的动力因素。在此基础上整合部分指标,最终保留因果关系显著并且符合经济逻辑的因果链,建立以系统流图展示的国际产能合作动力机制模型。模型结果如图4.8所示。

国际产能合作的动力机制中的主要要素已经在图4.2中作出了具体阐释。在核心的动力因素中,产能利用率作为衡量产能过剩程度的指标,是政府提出国际产能合作项目的主要动因,即缓解过剩产能压力、

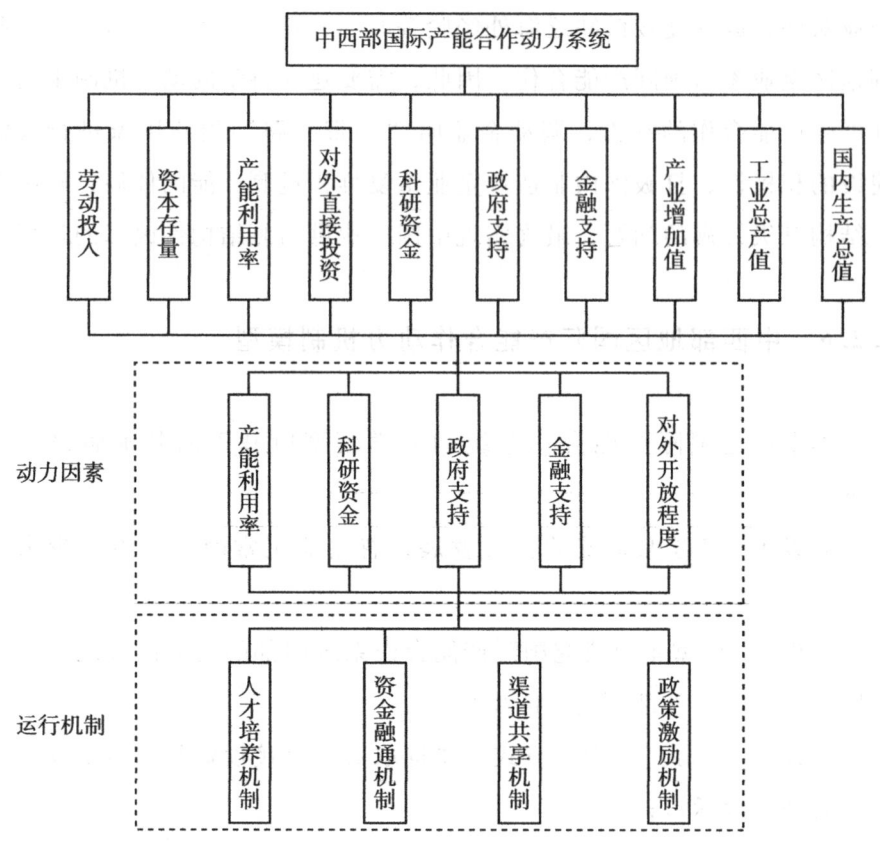

图 4.8 国际产能合作动力机制

调节产业经济结构。政府支持与金融支持分别解决了产能合作过程中可能出现的信用风险问题以及资金流通问题，共同提供了政策保障与金融保障，推动产能合作动力机制有效运行。对外开放程度越高，企业越能更快适应"一带一路"沿线国家的经济资源与政府体系，从而带动其他企业的参与积极性。科研资金直接影响企业的技术效率与专业人才培养，充足的科研资金投入不仅能够为企业带来长远的超额利润，还能为流通于产能合作系统的产业链不断注入创新动力。

国际产能合作动力机制主要通过人才培养机制、资金融通机制、平台搭建机制以及政策激励机制四个层面运行，这四个子机制相互作用，相互影响，一起促进了国际产能合作的运作。完善的金融体系保障充足的资金融通，可以为企业参与产能合作提供资金保障，企业也可以获得丰厚的利润用于专业人才培养。地方政府对产能合作项目提供政策上的支持鼓励，能够激励企业积极地在沿线国家搭建合作平台，为后发进入的小型企业提供便利的合作渠道，减少搜寻成本。

4.2.7 小结

本节先从系统论的开放性、非线性以及远离平衡态三个角度对国际产能合作的系统特征进行了综合分析，然后运用系统动力学方法绘制出了国际产能合作动力机制的因果关系图，形象地展示出了国际产能合作系统中各因素之间的关联与影响，并对几条具有代表性的反馈回路分别进行了阐释，最后结合原因树与结果树单独梳理某变量所直接影响的变量，以及直接影响该变量的其他变量。总体看来，本节先展示了系统动力学对国际产能合作问题研究的适用性，也准确地勾勒出了国际产能合作动力机制的雏形，然后结合全文研究成果，从理论上的适用性和可行性与中西部地区的现状两个角度出发，构建了中西部国际产能合作的动力机制模型。模型中包含前文中涉及的主要动力变量以及衍生出的四条动力运行子机制，并且着重对四条动力运行子机制进行了阐述。

第 5 章　国际产能合作机理及模式研究

5.1　国际产能合作的机理

本部分尝试从宏观、中观、微观三个层次构建国际产能合作机理分析框架,在微观机理分析框架中涉及学者们关注较少的国际产能合作的交易成本问题。本部分率先对国际产能合作的交易成本分类,依据交易成本理论研究国际产能合作中交易成本较高的原因,研究国际社会资本影响国际产能合作交易成本的机理,为下文提出积累国际社会资本的模式、降低国际产能合作中的交易成本提供思路。

5.1.1　国际产能合作宏观机理

国际产能合作的宏观本质为产能领域的国际合作。合作的本质是合作主体为完成合作目标的相互作用,国际合作的本质是跨国合作主体为实现某一目标的相互影响与相互协调。国际合作包括政治、经济、文化的国际合作。国际产能合作属于国际经济合作的一部分,可以借鉴国际合作的研究成果。李洋(2014)认为,国际合作意愿受到国家之间的偏好强度和耦合强度的共同作用。汪海(2016)认为,国际合作主体的能力结构匹配、资源共享、合作意愿、合作环境是影响国际合作的主要因素,并重点研究了其他三个要素对合作意愿的影响。方红(2017)

提出，合作主体、合作机制、合作资源三要素组成的国际合作要素结构。赵颖超（2017）认为，在外界环境稳定的前提下国际合作主体的贸易依存关系、资源共享、合作意愿是影响国际合作的主要因素，并基于国际合作体生命周期演进角度提出贸易合作、要素合作、货币合作、政策协调四个阶段。杨祥理（2018）认为，国际合作主体之间相互作用强度越高，主体关系越稳定，国际合作绩效越高。

国际产能合作属于国际经济合作的要素合作阶段，本书参考上述研究成果，根据比较优势理论认为的"合作是优势互补"，把合作资源、资源共享归入合作优势，把合作主体的贸易依存度、能力结构匹配度、合作意愿、国家合作偏好归纳为合作主体关系，把合作方式、合作理念、合作目标、合作规则归纳为合作机制，把合作的国际环境归纳为合作环境，提出影响国际产能合作绩效的四个要素主体关系、合作环境、合作优势、合作机制组成的国家层面的国际产能合作机理宏观分析框架（见图5.1）。

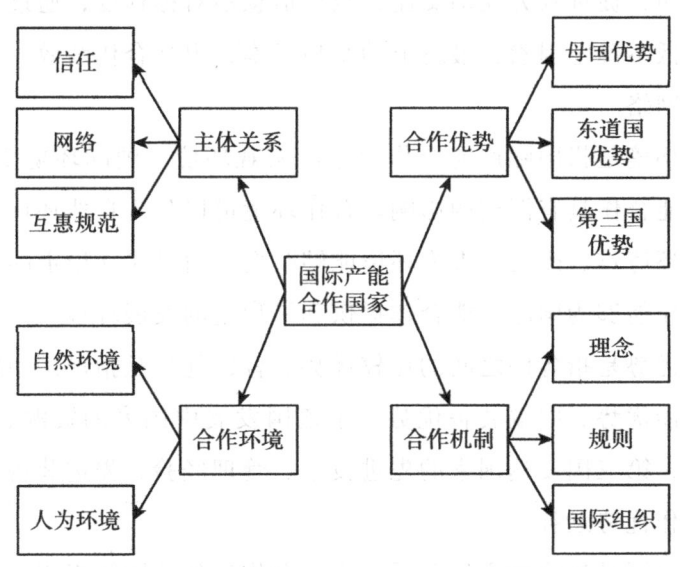

图 5.1 国际产能合作宏观机理

本书认为，国际产能合作的宏观机理是在一定的国际环境下，存在于国际关系网络中的国家在合作机制的协调下通过产能优势互补实现产能共同优化的合作过程。合作环境是客观基础，合作优势互补是国际产能合作产生的必要条件，合作机制是国际产能合作目标达成的必要保证，主体关系则是影响国际产能合作长期可持续的重要因素，而国际社会资本涉及国际产能合作主体关系。

主体关系，是指参与国际产能合作的主体之间的联系密切程度、信任程度、互惠预期程度。国际产能合作是在中国政府推动下，中国制造行业企业走出国门与他国企业、政府、民众为完成互利共赢的目标而采取的协作过程，合作主体关系复杂多元。国际产能合作的主体关系可以分为信任、关系网络、互惠规范三个维度，分别表示合作主体之间的互信程度、关系紧密度、互惠预期。跨国产能合作由于双方的信息不对称、专用性资产的投入、不确定因素多等导致机会主义行为出现的概率大，交易成本高，社会风险大。良好的合作主体关系能够通过为国际生产网络的合作成员提供信任、互惠规范、社会网络来制约合作成员的机会主义行为，促进双方互动交流，减少信息不对称程度，通过长期的关系契约降低不确定因素，最终节约交易成本，提高合作绩效，重构新型国际生产网络。

合作环境是指国际产能合作发生的宏观环境。国际环境变化多端，对国际产能合作具有深刻的影响。合作环境可以分为自然环境和人为环境。自然环境难以改变，人为环境能够改变。通过建立稳定的国际政治经济新秩序能够为国际产能合作提供和平稳定的发展环境。

合作优势是指各国之间的比较优势。合作优势是指母国中国的资本优势、产能优势、中端装备优势，东道国发展中国家的资源、劳动力、能源优势，第三国发达国家的先进技术、管理经验、先进装备优势，最终实现合作优势互补。

合作机制是指协调主体关系、指导合作过程的国际组织、规则、理念。合作机制可以分为组织型合作机制、规则型合作机制与理念型合作机制。通过组织第三方协调、规则的外部约束与理念的内部认同提高合作主体协调性，实现合作过程的高效率。组织型合作机制是指通过建立和参加国际组织来统一协调各国合作；规则型合作机制是指以国际法为核心的国际规则协调机制；理念型合作机制是指用包括目标、愿景、价值观、合作观为主的无形观念协调各国行动。

5.1.2 国际产能合作中观机理

中观层次国际产能合作的本质是中国部分过剩产业的对外输出与国际转移。本书参考人口迁移的推拉理论，提出国际产能合作机理的中观分析框架（见图 5.2）。国际产能合作的中观本质为国际产业转移。本部分从产业层次出发，通过产业转出国与产业转入国、产业关联与产业集聚四个因素分析国际产能合作的中观层次机理，产业转出国与产业转入国的产业状况影响产业国际转移的必要性，产业关联和产业集聚影响产业国际转移的效益。我们认为，国际产能合作的中观机理是指产业转出国产能过剩导致过剩产业平均利润率下降，为追求利润最大化，产能过剩产业转移到该产业发展不足的东道国，国际转移产业的产业集聚和产业关联情况影响国际产业转移绩效。

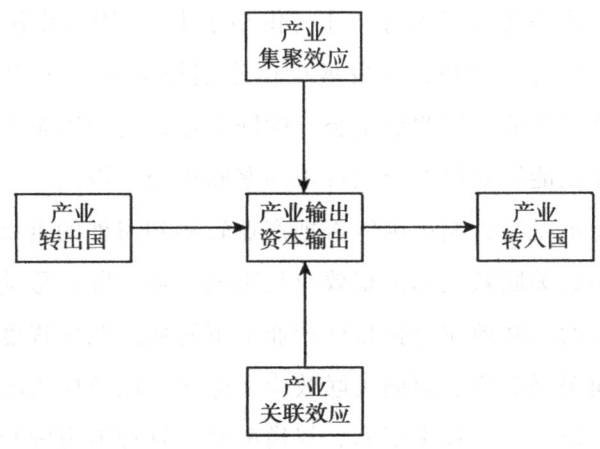

图 5.2 国际产能合作中观机理

国际产能合作是中国制造业的国际产业转移。既要考虑产业转移母国的推动因素，也要考虑产业转移东道国的拉动因素。中国产能过剩是产业对外输出的推动因素。发展中国家产能不足是吸引产业输入的拉动因素。根据SCP产业组织理论可以分析中国产能过剩的原因。在国企的重组改革后，规模较小的国企已经私有化，留下的国企都是规模较大、生产能力较强、就业人数较多的大中型国企。中国产能过剩的产业多为大量国企、大量民企并存的产业。国企垄断的产业，国企依靠垄断地位使得产能供给低于需求，而定价高于成本，获得垄断租金。民企激烈竞争、国企参与较少的产业，产能过剩的民营企业会破产倒闭，最终导致产能下降，供给减少。而大量国企与大量民企并存的产业，由于大中型国企破产倒闭造成的社会不稳定和政府考虑到政绩问题、国企利润对财政收入的影响问题，国企的破产倒闭程序复杂，时间长难度大，加上政府可以通过行政手段指示银行追加贷款给濒临破产的国企渡过难关，银行作为主要债权人催促亏损国企破产还债的威胁成为不可信承诺与不可实施的威胁，破产还债成为软约束，造成大量僵尸企业存在和过剩的产能不能及时退出市场。产能过剩导致产业平均利润率低（供大于求）。由于贸易保护主义的抬头，通过国际贸易输出过剩产品难度加大，所以需要转移生产能力和产业。而产业转移到产能不足的发展中国家能够获得产业平均利润率的上升（供小于求），因为中国产业具备的技术、管理、装备等优势，在发展中国家能够获得一定程度的垄断租金。完全竞争市场的前提假设是企业的同质性，而中国企业与东道国企业相比的差异化能够获得差异化带来的垄断租金。因此，中国产能过剩和东道国产能不足是影响中国能否把产业转移到海外的重要因素。

产业转移的关联效应和集聚效应是影响产业国际转移绩效的重要因素。产业转移的关联效应是指目标产业上下游协同匹配程度。产业转移能够通过后向关联效应、前向关联效应、旁侧关联效应影响上下游及其他产业发展，但是需要技术配套、规模配套、管理能力配套。发展中国家的产业达不到这三个配套标准就会降低产业转移的效益，需要中国上下游配套企业同时转移才能改善产业国际转移的绩效。产业转移的集聚效应是指目标产业的空间集聚程度。对外转移产业通过空间集聚，能够通过共享人才库、资金池、基础设施、原料、科研资源等节约成本，获得规模报酬递增和隐性知识的溢出收益。

5.1.3 国际产能合作微观机理

本部分通过对中国企业参与国际产能合作的动机、收益、风险、成本的分析归纳国际产能合作的微观机理。本书提出的国际产能合作的微观机理是中国企业在低成本寻求与市场寻求的动机驱动下，在综合考虑成本、收益、风险的基础上到海外通过投资设厂、承包工程、运营管理、技术合作等途径与东道国开展国际产能合作（见图5.3）。

国际产能合作的微观本质是中国企业对外投资设厂来转移生产能

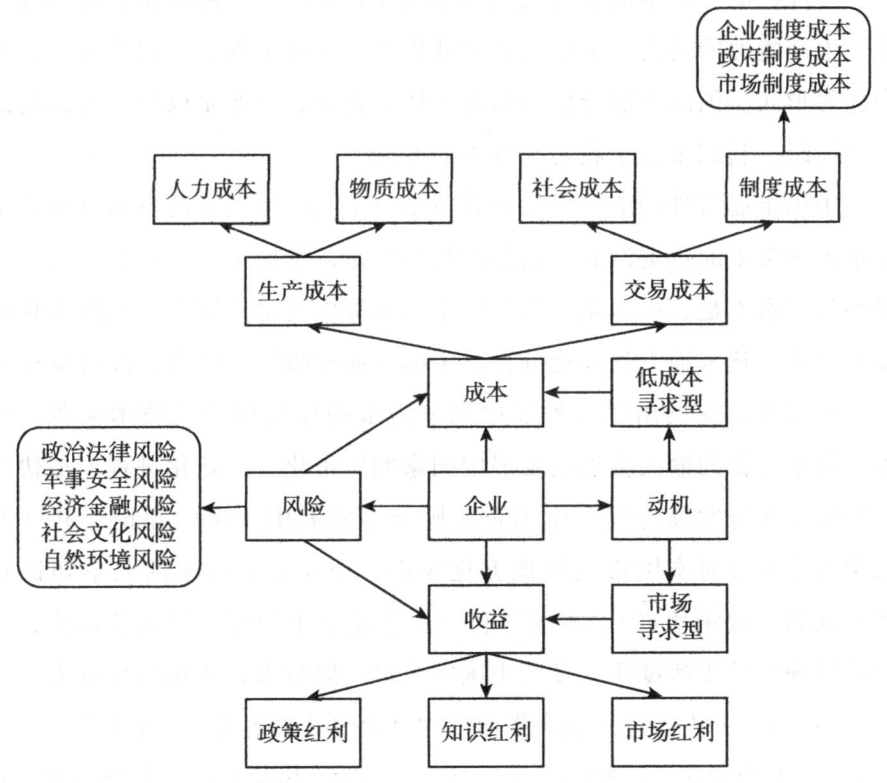

图 5.3 国际产能合作微观机理

力。传统对外投资理论认为，企业对外投资的动机分为低成本寻求型、战略资产寻求型、市场寻求型、资源寻求型。资源寻求型对外投资开发境外廉价充足资源也是为了降低生产成本，本书将其归入低成本寻求型动机，不再单独考虑。一般低成本寻求型以发展中国家为东道国，战略资产寻求型以发达国家为东道国，市场寻求型以发展中国家和发达国家为东道国。前文提到国际产能合作的主要合作国是发展中国家。一方面，中国劳动力、资源、土地等要素成本攀升，中国企业需要降低生产成本；另一方面，孤立主义、民粹主义盛行下的国际贸易壁垒增多，通过东道国生产、东道国销售可以提高东道国市场占有率，通过东道国生产第三国销售可以变更原产地绕开针对中国企业的高额关税等贸易壁垒，实现曲线进入第三国市场的目的。

国际产能合作不同于传统的国际贸易，而是产业的输出、资本的输出、生产能力的输出，主要包括对外投资、承包工程、运营管理、技术合作等形式。国际产能合作的微观主体是企业，企业是以盈利为目的的经济组织，利润来源于收益与成本的差额。

中国企业对外产能合作投资收益来自于发展中国家的资本供给低于资本需求带来的投资红利。根据两缺口理论，发展中国家外汇、储蓄不足导致资本不足，中国企业为发展中国家提供充足的资本。根据小规模技术理论、技术地方化理论分析，中国企业在吸收、模仿、改造发达国家技术装备后发展出适应发展中国家需求的性价比高的技术装备。资本、技术装备的输入会加快发展中国家的城市化、工业化进程，加快发展中国家经济发展速度。中国企业则分享发展中国家的知识红利（发展中国家企业对本国市场的地方化知识、企业集聚带来的共享知识）、政策红利（政策优惠）、市场红利（由于发展中国家人口增长迅速，所以市场规模扩张速度快；发展中国家人口一般较多，市场规模较大）。

中国企业参与国际产能合作面临的风险包括政治法律、军事安全、经济金融、社会文化、自然环境等五类主要风险，风险通过降低企业收益和提高企业成本影响企业的利润。为防范风险，需要购买保险、设立风险储备金、提高风险管控质量，这就导致企业经营成本提高。而风险会使确定性收入变为一定概率下的风险收入，风险事件的发生会减少企业收入。

国际贸易是以产品输出为主，国际产能合作是以产业输出为主，输出方向主要是工业化和城市化快速发展的发展中国家，目标是提高发展中国家的生产能力和工业化水平，化解中国产能过剩实现产业结构优化升级，摆脱中等收入陷阱。目前学界普遍关注国际产能合作的收益（包括企业的收益，如东道国企业制造能力提升、中国企业市场规模扩大等；国家的收益，如加快发展中国家现代化进程、帮助中国走出出口疲软、产能过剩、经济增速下滑的困境等；全球的收益，优化全球资源配置，提供全球经济增长动力，优化全球生产能力布局结构等）和国际产能合作的风险（政治、经济、法律、制度、生态等国别风险），对国际产能合作的成本问题分析较少，主要认为国际产能合作能够降低中国企业的生产成本。参考新制度经济学著名学者张五常把生产制造过程以外的一切成本都归入交易成本的观点，本书把企业参与国际产能合作的成本分为生产过程的生产成本和非生产过程的交易成本。生产成本主要包括物质成本和人力成本（生产的组织管理方式也涉及一定的组织管理成本为代表的交易成本，这部分成本归入交易成本，生产过程抽象化为单纯的物质生产过程，即新古典经济把企业生产过程看作输入要素输出产品和服务的技术黑箱），交易成本包括制度成本和社会成本（制度成本包括市场制度成本、企业制度成本、政府制度成本三部分，市场制度成本是把市场作为制度运行所存在的成本，企业制度成本是指企业的内部管理成本，政府制度成本是指企业受到政府管制而由企业承担的成本，社会成本是指协调社会关系的成本）。国际产能合作与传统国际贸易相比，由于东道国多为比中国落后的发展中国家，劳动力、资源、能源、原材料、当地生产的配套设备价格较低，以物质成本和人力成本为主的生产成本较低。但是，发展中国家市场机制不完善、政府行政效率低下、国家信用体系建设不完全、跨文化交际障碍等导致交易效率较低；沟通不畅，机会主义行为盛行（如缅甸政府终止中国企业已经投入大量资金的水电站项目），不确定因素较多（如利比亚战争导致中国企业的大量投资损失）等，导致交易成本较高。如何降低国际产能合作的交易成本成为急需解决的问题。

5.1.4　国际社会资本影响国际产能合作交易成本的机理

上文国际产能合作微观机理中提到了企业参与国际产能合作的交易成本，本部分利用交易成本理论分析国际社会资本影响国际产能合作交易成本的机理，为降低国际产能合作的交易成本提供解决办法，为积累国际社会资本的模式的提出建立理论基础，总体框架如图5.4。

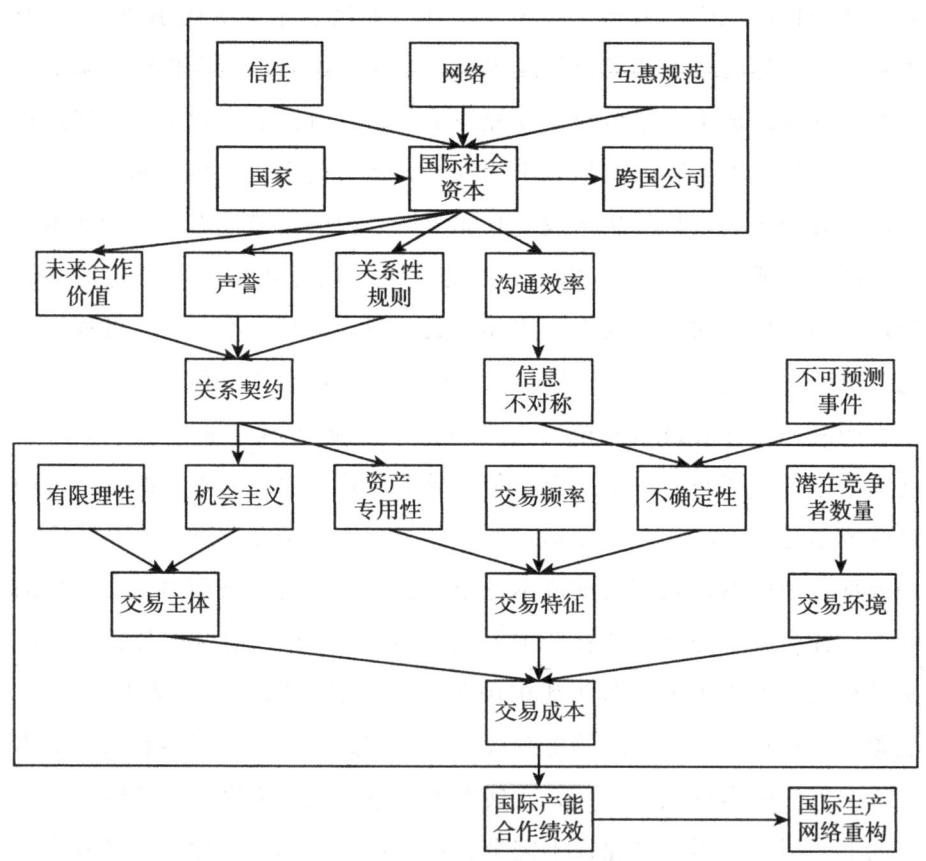

图5.4　国际社会资本影响国际产能合作的交易成本的机理

（1）国际产能合作的交易成本

从交易成本的各组成部分变动可以看出国际产能合作与国内生产经营并通过国际贸易参与世界市场相比交易成本较高。国际产能合作中的交易成本包括制度成本和社会成本。制度成本包括企业制度成本、政府制度成本和市场制度成本。企业制度成本主要指企业组织管理成本，中国企业参与国际产能合作在海外投资生产，相比在国内投资生产以国际贸易输出产品的企业组织管理成本较高，是因为管理对象的复杂性上升，特别是员工当地化导致的企业文化与当地员工的原生文化产生的文化冲突提高了组织协调成本。由于国际产能合作的重点合作对象均为发展中国家，政府行政效率较低，贪污腐败较多，相比国内的政府制度成本较高。由于发展中国家的经济市场化程度较低，对要素的配置效率较低，其市场发挥作用的市场制度成本比中国较高。社会成本方面，由于缺乏身份认同，存在文化鸿沟、信息不对称等导致的东道国对中国企业信任不足，互惠预期不足，社会网络不够紧密。以信任、互惠规范、社会网络为代表的社会资本积累不足，用于维护和改善社会关系的社会成本比国内高。

我们从影响交易成本的因素，分析国际产能合作相比国内生产经营通过国际贸易参与世界市场的交易成本较高的主要影响因素。威廉姆森认为，影响交易成本的因素分为交易主体、交易特征与交易环境三部分。交易主体具备有限理性和机会主义两个特点。有限理性是指交易主体具有追求交易成本最小化的主观目的性，但是由于理性程度不足以预测出事后的所有可能问题和研究出所有的配套解决方案，现实交易中制定的都是不完全契约，不完全契约的事后调整费用高，理性程度越低包括事后调整费用在内的交易成本越高。机会主义是指追求自身利益最大化的行为主体通过提供虚假信息歪曲现实获取机会主义收益的损人利己行为，机会主义行为越多交易成本越高。不完全契约的不完全规定对交易主体诚实履行契约的约束力不足，有限理性导致交易主体注重短期利益超过长期利益，运用各种手段提供虚假信息误导交易对手，实施机会主义行为损人利己，导致自身短期效用最大化。交易对手的不信任、不合作、"一报还一报"策略导致实施机会主义行为的交易主体自身长期效用下降，双方陷入次优策略的囚徒困境，未能选择最优策略实现双赢的理想状态。交易特征包括资产专用性、交易频率、不确定性。资产专用性是指资产用于其他用途、其他使用者的难易程度。交易资产用于其他用途和其他使用者的难度越大，资产专用性越高，交易成本越高。交易频率是指交易发生的次数，交易频率越高交易成本越低。刘洋（2004）指出，不确定性是指事前不可预测的偶然事件的影响、事前可以预测但是预测成本和研究解决方案的成本太高导致的不确定性，不确定性越高则交易成本越高。库普曼斯认为，不确定性包括原发的不确定性和继发的不确定性，前者是指不可预测事件，后者是指缺乏有效沟通的决策者做决策时不了解他人决策造成的计划不匹配和行为冲突。交易环境是指潜在竞争对手的数量，当一方投入专用性资产后，大数量潜在竞争者的完全竞争市场就会转变为小数量潜在竞争者的垄断竞争市场，垄断一方的机会主义倾向较高，非垄断一方交易终止的代价较高，市场垄断程度越高交易成本越高。由于中国企业在东道国投入了适应当地市场需求的生产设备，资产专用性较高，交易成本上升；由于跨文化交际导致的民族中心主义（认为本民族比其他民族优越）、文化定式（认为某类群体的行为是相似的，可以简单化地通过贴标签来分类概括）、偏见（对某类群体存在不公正的观点和态度）等现象拉大了交际距离，疏远了心理距离，导致东道国对中国企业缺乏信任，缺乏互惠预期，跨国交际网络不够紧密，机会主义倾向提高，交易成本上升。由于国际关系错综复杂，导致以不可预测事件为代表的原发的不确定性上升；而跨文化交际、低密度跨国社会网络导致的沟通效率下降，双方缺乏有效沟通，导致以信息不对称为代表的继发的不确定性上升。总的不确定性上升，导致交易成本上升。综上所述，资产专用性投资、机会主义、不确定性三者共同导致国际产能合作交易成本较高。交易成本较高就会降低国际产能合作绩效，不利于中国重构高效高增长的新型国际生产网络。

（2）国际产能合作的国际社会资本

本书分析的是国际产能合作，因此从中国与其他国家的互动视角分析影响国际产能合作的资本因素。前人的研究重视国际产能合作的物质资本（黄海波，2016；刘曙光，2017）、人力资本因素（王新高，2018；吴思科，2015）以及制度资本因素（秦艳，2017；王泺，2016），对社会资本的重视度不足。社会资本的核心特征是信任、网络和互惠规范。信任是社会资本最核心的概念之一。学者帕特南（Putnam）在研究意大利20世纪70年代中央政府将大部分权力下放到地方政府后的20年内意大利南北部不同经济发展绩效和政府行政效率时发现，意大利北部由于11世纪到19世纪意大利统一前城市自治历史带来的公民结社传统导致其社会资本充足，以普遍信任和社会忠诚为特征（普遍信任是指对陌生人的信任，社会忠诚是指对公共利益的忠诚度较高），有利于提高全社会合作绩效，企业平均规模较大，大型企业集团数量较多，意大利北部的政府行政效率、经济发展效率都较高；意大利南部由于长期的中央集权国家封建统治历史带来的公民意识薄弱导致其社会资本缺乏，以特殊信任和家庭忠诚为主（特殊信任是指信任局限于血缘、地缘、单位、上级等关系距离较近的小范围，家庭忠诚是指对家庭利益的忠诚度较高），不利于提高全社会合作绩效，企业平均规模较小，家庭作坊式企业数量较多，意大利南部的政府行政效率、经济发展效率都较低。

目前学者们对社会资本的研究局限于微观层次的个人、中观层次的企业和社团、宏观层次的地域和国家、对宏观层次的国家之间的国际社会资本研究不足。郝建（2012）提出了"国际社会资本"概念，将国家之间的互动关系产生的社会资源定义为国际社会资本。本书认为，国家之间的国际生产网络从经济关系路径培育了国际社会资本，国际社会资本是指两国之间的信任、关系网络、互惠规范下形成的国与国之间的国际关系带来的社会资源。基于原有国际关系带来的国际社会资本存量基础上，中国提出国际产能合作，参考 Kuniko Ashizawa 的观点，构建以中国为"轮轴"的、以"一带一路"沿线发展中国家为"辐条"的新型跨国生产网络，重塑世界经济地理结构。不同国际经济合作方式对以信任度为核心的社会资本存量要求不同。按照产品输出与产能输出的区别，国际经济合作方式可以分为国际贸易合作和国际产能合作两类。国际贸易合作由于是产品的输出，对交易双方的互信程度要求低，国际产能合作不同于国际贸易合作，通过生产嵌入、技术嵌入和标准嵌入构建新型国际生产网络，对交易双方的互信程度要求高。国际生产网络提供国际社会资本流量，最终扩大国际社会资本存量，建设全球命运共同体。

任何资本的获得都是需要付出成本的，社会资本也是需要投资的。通过投资国际社会资本，提高国家之间的信任度，减少机会主义行为，获得合作的溢出收益和信任的超额收益。下文通过将国际社会资本投资作为独立变量，引入两国演化博弈模型，分析其对双方策略选择的影响。Nahapiet 和 Ghoshal（1998）论证了企业的国际社会资本可以通过信息、凝聚和交易费用节约功能这三个影响机制来影响企业获得国际化知识的效率，从而影响企业的国际化过程。通过类比企业国际化，本书认为通过国家投资国际社会资本能够提高国家之间的信任程度，减少机会主义行为，降低不确定性因素，节约交易成本，提高合作绩效，提高一国经济的对外开放程度与国际化水平。

国际社会资本包括企业层面的国际社会资本与国家层面的国际社会资本。企业的国际社会资本，是指一个企业的国际关系网络的总和及其可以调动的国际社会资源。郝建（2012）认为，国家的国际社会资本是指该国与其他国家之间在国际关系网络中的各种关联，简单地说就是一国国际关系的总和。国际关系目前有三大主要流派：新现实主义、新自由主义和国际社会理论。新现实主义认为，国际关系的本质是权力关系，是国家依靠国家力量派生出的国家权力分配国际利益形成的利益关系。新自由主义认为，国际关系是国际行为体之间在国际制度、国际规则影响下形成的正式关系。国际社会理论认为，国际关系是各国际行为体共享利益观念、价值观念、规范惯例形成的国际社会。本书借鉴国际社会资本和国际社会理论，认为一国的国际社会资本是指国家在共享价值观念的基础上通过国际政治、经济、文化交往形成的以信任、互惠规范、国际社会网络为特征的国际关系的总和。

随着区域一体化的推进，国际市场日趋融合。国际经济竞争主体日益国家化、区域化、集团化，国家在国际投资的作用日益加强，母国的行业优势、规模优势、区位优势、组织优势、国家形象优势、文化优势能成为本国企业国际竞争力的重要来源（裴长洪，2011）。国际社会资本优势可以作为母国特定优势的一部分从而完善母国特定优势理论。中国跨国公司可以利用中国的国际社会资本优势降低交易成本提高国际产能合作绩效，提高国际竞争力；也可以通过发展自己的企业国际关系网络，积累国际社会资本。

（3）国际社会资本影响国际产能合作交易成本的过程

国际社会资本，是指一国的国际社交网络带来的信任、互惠规范、国际社会结构的总和。按照帕特南的观点，社会资本能够提高合作绩效，至于其中的因果传导过程帕特南并未说明。本书对社会资本与合作绩效的因果传导过程开展探索性研究，以交易成本作为社会资本与合作绩效的中介变量，因果传导机制如下：社会资本——交易成本——合作绩效。控制其他条件不变的前提下交易成本与合作绩效成反比不证自明，本书的重点在于证明提高社会资本能够降低交易成本。本书研究的是国际产能合作问题，加入国际产能合作的情境因素从理论上研究此问题。本书认为，一国的国际社会资本能降低国际产能合作的交易成本，进而提高合作绩效。本部分以关系契约和信息不对称为中介变量，解释了国际社会资本的增加能够降低国际产能合作交易成本，进而提升国际产能合作绩效的原因。

刘仁军（2004）把社会资本引入关系契约理论，利用企业数据实证研究了社会资本影响下关系契约对企业交易成本的节约。本书借鉴刘仁军的研究思路，将关系契约作为国际社会资本与国际产能合作交易成本的中介变量之一，从理论上详细说明国际社会资本通过关系契约为中介影响交易成本的机理。交易成本经济学的契约概念比法学的契约概念要广，将契约认为是交易中达成的协议，既包括受到法律认可和保护的显性协议，也包括隐含的约定俗成的受文化、关系影响的隐性协议。契约可以分为三类：古典契约、新古典契约和关系契约。古典契约是指缔结契约时就把所有情况明确协商，不需要事后调整，事后违约按照契约规定惩罚赔偿，交易双方只考虑一次交易不考虑长期重复交易，交易市场的同质交易者（资产专用性极低）数量众多，交易者个人特质的重要性显著下降，交易关系的长期维护的重要性低。古典契约重视法律、显性契约、交易主体的自治。古典契约适合于资产专用性极低的标准化资产的交易，对交易频率因素不敏感（因为古典契约把较高的交易频率视为同质交易的多次重复，每次都可以与市场中不同的同质交易者实施交易），与市场治理结构对应。古典契约要求交易主体完全理性，不符合现实。新古典契约是指在缔约时就认识到契约的不完全性，契约执行出现问题时依靠双方谈判和第三方机构解决利益纠纷。新古典契约重视长期交易和长期契约，灵活度较高，能够通过交易双方的自我协商和第三方仲裁实现契约对环境变化的适应性调整，补充契约的未规定空间。新古典契约适用于交易频率较低、资产专用性较高的资产交易，与三边治理结构相对应。

关系契约理论由美国法学家麦克尼尔（Macneil，1977）提出。该理论认为交易是嵌入社会网络中的。关系契约是指为适应长时间契约和高复杂性契约中的网络化长期分工协作，交易双方通过建立自我调整机制来调整双边关系的隐性契约。关系契约重视长期关系和隐性契约，适合交易频率高且资产专用性高的资产交易，与双边治理和一体化治理结构相适应（资产专用性越高的交易越适合一体化治理结构）。孙元欣（2010）认为，关系契约的特点包括关系嵌入性、自我履约性、交易长期性、条件开放性。陈伟（2011）认为，关系契约的本质特征是自我实施机制，从知识管理角度出发认为缔约时由交易双方利用对交易情况的共同知识达成协定，该共同知识可能存在第三方的不可验证性（比如资产专用性只被交易双方认可），履约过程中交易双方利用具体情景的情景化知识通过内部协商实现自我调整。孙元欣（2010）认为，未来合作价值、声誉、关系性规则是关系契约实施的保障，其中关系性规则的核心是信任。国际产能合作与国际贸易相比交易期限延长，交易复杂性提高。由于国际产能合作的长期性、复杂性，只靠法律解决矛盾成本高并且难以保证第三方的公平验证，自我履约的关系契约能够作为正式契约的有效补充。而关系契约的保证实施成为难题。培育国际社会资本，提高中国企业与东道国交易方的相互信任和互惠预期，使得东道国交易方对未来的合作价值信心提高，对未来合作价值的贴现率提高，未来合作价值贴现加总而成的未来合作价值的现值提高；培育国际社会资本，通过国家关系网络的强联系使得东道国交易者在国家关系网络中声誉的传播效率提高；培育国际社会资本，通过提高互信建立以信任为核心的关系性规则。国际社会资本通过未来合作价值、声誉、关系性规则三条路径保证关系契约的有效实施。

关系契约能够有效减少机会主义行为并保证专用性资产的安全。机会主义行为产生的主观基础是人类的有限理性难以预测未来所有情况（原发的不确定性与继发的不确定性）、难以研究并有效执行所有情况下的应对方案，导致机会主义者能够利用契约的不完全性损人利己；客观基础是专用性资产的投资导致的沉没成本。传统的应对机会主义并保证专用性资产安全的方式有内部解决策略"一报还一报"和外部解决策略法律诉讼，都具备较高的实施成本，并且属于非生产性投资，会导致部分资源的闲置与浪费，背离最优资源配置。关系契约主要通过以未来合作价值、声誉、关系性规则等无形抵押物约束交易双方减少机会主义行为并保证专用性资产的安全。通过提高未来合作价值，提高声誉的价值，建立关系性规则的约束机制，会降低东道国利用中国企业投资专用性资产造成的机会主义行为倾向。

本书把信息不对称作为国际社会资本与国际产能合作交易成本之间的另一中介变量。跨文化交际中的沟通效率低下导致国际产能合作中交易双方信息不对称程度提高。机会主义行为主要是利用虚假信息误导交易对手获取私利,信息不对称程度越严重,机会主义行为的短期收益越大,受短期利益驱动的机会主义行为的发生概率越大。所以,信息不对称程度与机会主义密切相关。国际社会资本的积累能够通过增加信任、提高社交网络亲密度、强化互惠规范来缩短国际产能合作交易方之间的人际距离和心理距离,提高交易方之间的沟通效率,改善信息不对称状况,进而减少以信息不对称为代表的继发的不确定性,降低总不确定性,减少机会主义行为的短期利益空间与发生概率,进而降低国际产能合作的交易成本。

5.1.5 国际产能合作双方提升国际社会资本的机理

本部分使用演化博弈方法研究国际产能合作双方提升国际社会资本的机理,即研究国际产能合作的双方——中国与东道国都选择提升国际社会资本策略的条件及影响因素。信任是国际社会资本的核心要素,以信任为核心的国际社会资本具有生产性,即能够提高国际产能合作收益,降低合作成本。所以信任关系也属于一种无形资产,可以称之为关系资产。信任关系的维护也需要投资,即关系资产的专用性投资。关系资产的投资与维护的成本有高有低,通过选择关系基础好的交易者的关系资产投资与维护的成本较低。威廉姆森认为,抵押品投资能够提高交易双方的信任程度,降低机会主义行为并建立抵押品模型。所以信任是需要付出成本的,不论是以专用性资产投资为代表的有形抵押物还是以声誉投资、品牌资本投资为代表的无形抵押物。本部分将采用演化博弈方法研究中国与东道国在合作过程中,多种因素对双方是否选择信任策略的影响。信任属于主观偏好,难以观察。根据萨缪尔森的显示性偏好原理,经济人的经济行为能够显示其偏好。本书通过局中人是否做出信任投资(即有形或无形抵押品的投资)来作为局中人是否信任交易对手的代理变量。由于国际社会资本是由政府、企业、第三部门共同构建的,所以本书采用国际社会资本的宏观概念,即国家层面的国际社会资本，即特定国家通过国际关系网络获取的国际社会资源，是该国政府、企业、第三部门的国际社会资本的总和。根据母国优势理论，企业可以利用母国的国际社会资本优势作为参与国际产能合作的竞争优势来源。由于信任是国际社会资本的核心要素，所以本部分以信任作为国际社会资本的代理变量，重点分析参与国际产能合作的中国与东道国都选择信任策略的条件及影响因素。

（1）前提假设

一是局中人假设。国际产能合作是多个国家参与的复杂非线性合作系统，3人以上博弈均衡解的求解难度迅速增加。为简化分析，本书考虑局中人的数量为2。国际社会资本建设既有国家层次，又有企业层次，本书通过母国特定优势理论将国家层次的国际社会资本作为企业的国际竞争优势来源之一，实现了两个层次国际社会资本概念的联系。由于企业主体众多带来的异质性和复杂性提高了研究难度，因此，重点关注的是国家层次的国际社会资本。本书假设参与国际产能合作的局中人为中国和国际产能合作东道国。

二是有限理性假设。演化博弈认为局中人具有有限理性，也就是在不断试错中增大效用更高策略的使用频率，最终找到有限可搜索策略里的最优策略，实现有限度的效用最大化。对比传统博弈论的完全理性，更符合现实中人类的有限注意力、有限意志力、有限计算能力、有限推理能力的特征。有限理性的根源在于人脑为核心的神经系统指挥下的生物学本能。这种理性可以称之为进化理性。进化是指对生存环境的适应度的增加，表现为个体生存质量的提高和群体生存规模的增加。进化理性的更新频率是人与动物的重要区别。人类依靠发达大脑能够根据环境变化迅速调整生存策略，通过学习知识，模仿他人成功的策略，在世代更迭之前提高整个物种的适应度。但是其他生物的生存策略调整的复制主要是通过遗传基因复制，其策略调整周期为父代生物出生到子代生物的世代传递周期，策略调整速度滞后于环境变化速度，出现物种灭绝现象。人类的进化理性的核心特征在于通过不断试错实现策略优化。

三是信息不完全假设。演化博弈认为局中人的信息不完全、不对称。由于演化博弈把两人博弈视为两群体的博弈，两群体中随机选择一名成员，然后两个个体配对博弈，由于选择个体的程序随机性和个体本身的异质性，双方对博弈对手互不了解。一般来讲局中人对自己的了解要大于对对手的了解。从弗洛伊德的理论来看，人类对意识比较了解，对潜意识和无意识很不了解，导致人类实际上对自己也属于不完全了解状态。与对手相关的信息会被人类大脑加工为类型概率曲线作为决策基准（以类型为横轴变量以概率为纵轴变量的平面直角坐标系中的曲线）。人类为节约认知成本和认知时间，认知模式是基于类型的。通过把他人分类，然后将类型与策略匹配，将可观测信息与类型匹配。通过在某一情境观察到博弈对手的有限信息，实现贴标签并留下刻板印象。其实人类策略具有依状态变量的特点，具有与情境关联的变化特征（与人类进化理性的更新速度快有关）。只是这种策略转变的速度具有个体异质性，策略转变速度快并符合环境需求的人具有更大的个体成功和繁衍后代的概率。博弈对手的类型是一个变量，应该是时间、环境的函数，而不是常数。国家对另一国家不可能完全了解，只可能通过国别分析对其类型有一定的概率判断。

四是策略集假设。局中人中国 A、东道国 B 的策略都为信任策略（下文简称"信任"，即通过做出信任投资积累国际社会资本）、不信任策略（下文简称"不信任"，即通过机会主义行为损人利己，下文中不信任与机会主义混用）。局中人中国选择信任策略的概率为 x，选择不信任策略的概率为 $1-x$；局中人东道国选择信任策略的概率为 y，选择不信任策略的概率为 $1-y$（见表 5.1）。

表 5.1　　　　　　　　变量列表

变量定义	变量指标	变量范围
中国、东道国都选择不信任策略的收益	R_1/R_2	$0<R_1, 0<R_1$
中国、东道国都选择不信任策略的成本	C_1/C_2	$0<C_1, 0<C_2$

续表

变量定义	变量指标	变量范围
中国或东道国一方选择不信任策略的机会主义收益	r_1/r_2	$0 < r_1$, $0 < r_2$
中国或东道国一方选择不信任策略的机会主义损失	F_1/F_2	$0 < F_1$, $0 < F_2$
中国、东道国都选择信任策略的信任总收益	L	$0 < L$
中国、东道国都选择信任策略的信任总成本	C_0	$0 < C_0$
中国、东道国占总信任收益的比例	$a/1-a$	$0 < a < 1$, $0 < 1-a < 1$
中国、东道国占总信任成本的比例	$b/1-b$	$0 < b < 1$, $0 < 1-b < 1$

（2）支付矩阵

在前提假设基础上建立两人非对称演化博弈模型的支付矩阵（见表5.2）。

表5.2　　　　　　　　　支付矩阵

局中人		东道国 B	
		信任（y）	不信任（1-y）
中国 A	信任（x）	$R_1 - C_1 + aL - bC_0$, $R_2 - C_2 + (1-a)L - (1-b)C_0$	$R_1 - C_1 - bC_0$, $R_2 - C_2 + r_2 - F_2$
	不信任（1-x）	$R_1 - C_1 + r_1 - F_1$, $R_2 - C_2 - (1-b)C_0$	$R_1 - C_1$, $R_2 - C_2$

根据假设设定相关参数。中国 A、东道国 B 都选择不信任策略时的成本收益分别是 C_1/C_2、R_1/R_2。威廉姆森认为，缺乏信任、机会主义、不确定因素是交易成本的来源，提高信任程度能够减少机会主义和不确定性带来的交易成本，从而提高合作绩效，提高合作双方的收益。提高信任度需要作出信任投资。选择信任策略即以专用性资产投入、声誉建设、品牌培育等方式开展信任投资。选择不信任策略即不开展信任投资。双方都选择信任策略导致的交易成本的节约可以视为信任超额收益 L，A、B 按照 a、$1-a$ 进行超额效益分配。双方相互信任时需要共同分摊信任资本投入，A、B 合作时的总信任投资为 C_0，按照 b、$1-b$ 分摊

总信任投资。一方信任、一方不信任时,不信任方短期内获得机会主义收益为 r_1/r_2,不信任方由于国际市场声誉损失和对手不再信任失去未来的合作价值损失为 F_1/F_2;信任方损失信任投资成本。

(3) 动态复制方程

对于中国 A 来讲,选择信任和不信任两种策略各自的期望收益及两种策略选择的平均收益分别为 π_{11}、π_{12}、π_{13}。

$$\pi_{11} = y(R_1 - C_1 + aL - bC_0) + (1 - y)(R_1 - C_1 - bC_0) \quad (5.1)$$

$$\pi_{12} = y(R_1 - C_1 + r_1 - F_1) + (1 - y)(R_1 - C_1) \quad (5.2)$$

$$\pi_{13} = x\pi_{11} + (1 - x)\pi_{12} \quad (5.3)$$

对于东道国 B 来讲,选择信任和不信任两种策略各自的期望收益及两种策略选择的平均收益分别为 π_{21}、π_{22}、π_{23}。

$$\pi_{21} = x[R_2 - C_2 + (1 - a)L - (1 - b)C_0] + (1 - x)[R_2 - C_2 - (1 - b)C_0] \quad (5.4)$$

$$\pi_{22} = x(R_2 - C_2 + r_2 - F_2) + (1 - x)(R_2 - C_2) \quad (5.5)$$

$$\pi_{23} = y\pi_{21} + (1 - y)\pi_{22} \quad (5.6)$$

根据复制动态方程计算,主体 A 选择策略 x 的概率相对于时间的增长率与其选择信任策略的期望收益与两种策略选择的平均收益之差有关,得出动态复制方程:

$$F(x) = \frac{dx}{dt} = x(\pi_{11} - \pi_{13}) = x(1 - x)(\pi_{11} - \pi_{12}) \quad (5.7)$$

$$F(x) = x(1 - x)[y(aL - r_1 + F_1) - bC_0] \quad (5.8)$$

同理可得主体 B 选择信任策略的动态复制方程为:

$$F(y) = y(1 - y)(\pi_{21} - \pi_{22}) \quad (5.9)$$

$$F(y) = y(1 - y)\{x[L(1 - a) + F_2 - r_2] - (1 - b)C_0\} \quad (5.10)$$

运用微分方程的稳定性条件,如果局中人选择都选择信任策略为均衡策略,则需符合下述条件:

$$\begin{array}{l} F(x) = 0, \dfrac{\partial F(x)}{\partial x} < 0 \\[2mm] F(y) = 0, \dfrac{\partial F(y)}{\partial y} < 0 \end{array} \quad (5.11)$$

其中：

$$F(x) = x(1-x)[y(aL - r_1 + F_1) - bC_0] = 0 \quad (5.12)$$

$$F(y) = y(1-y)\{x[L(1-a) + F_2 - r_2] - (1-b)C_0\} = 0$$
$$(5.13)$$

$$\frac{\partial F(x)}{\partial x} = (1-2x)[y(aL - r_1 + F_1) - bC_0] < 0 \quad (5.14)$$

$$\frac{\partial F(y)}{\partial y} = (1-2y)\{x[L(1-a) + F_2 - r_2] - (1-b)C_0\} < 0$$
$$(5.15)$$

$$\frac{\partial F(x)}{\partial y} = x(1-x)(aL - r_1 + F_1) \quad (5.16)$$

$$\frac{\partial F(y)}{\partial x} = y(1-y)[L(1-a) + F_2 - r_2] \quad (5.17)$$

解得：

$$x' = \frac{(1-b)C_0}{L(1-a) + F_2 - r_2} \quad (5.18)$$

$$y' = \frac{bC_0}{aL - r_1 + F_1} \quad (5.19)$$

当 $x = x'$ 时，不论 y 如何变动，$F(y) = 0$ 恒成立，y 的所有取值都是稳定的；同理，当 $y = y'$ 时，x 的所有取值都是稳定的。当 $x = x'$、$y = y'$ 时，此时该点为鞍点。根据微分方程求出五个局部均衡点为（0，0）、（0，1）、（1，0）、（1，1）、（x'，y'），由于最后一个点为鞍点，下文重点讨论前四个均衡点的稳定性。

（4）均衡点稳定性分析

根据 Friedman（1991）研究出的 Jaconbian 矩阵对均衡点的稳定性开展分析。先求出 Jaconbian 矩阵：

$$J = \begin{bmatrix} j_{11}, j_{12} \\ j_{21}, j_{22} \end{bmatrix} = \begin{bmatrix} \frac{\partial F(x)}{\partial x}, \frac{\partial F(x)}{\partial y} \\ \frac{\partial F(y)}{\partial x}, \frac{\partial F(y)}{\partial y} \end{bmatrix}$$

$$= \begin{bmatrix} (1-2x)[y(aL-r_1+F_1)-bC_0], & x(1-x)(aL-r_1+F_1) \\ y(1-y)[L(1-a)+F_2-r_2], & (1-2y)\{x[L(1-a)+F_2-r_2]-(1-b)C_0\} \end{bmatrix}$$

(5.20)

均衡点需要同时满足矩阵的秩为正数、矩阵的迹为负数两个条件才属于 ESS。求出均衡点的 det(J) 和 tr(J)（如表 5.3）：

$$\det(J) = \begin{vmatrix} j_{11}, j_{12} \\ j_{21}, j_{22} \end{vmatrix} = j_{11} \cdot j_{22} - j_{12} \cdot j_{21}$$

$$= \begin{vmatrix} (1-2x)[y(aL-r_1+F_1)-bC_0], & x(1-x)(aL-r_1+F_1) \\ y(1-y)[L(1-a)+F_2-r_2], & (1-2y)\{x[L(1-a)+F_2-r_2]-(1-b)C_0\} \end{vmatrix}$$

$$= (1-2x)[y(aL-r_1+F_1)-bC_0] \cdot (1-2y)\{x[L(1-a)+F_2-r_2]-(1-b)C_0\} - x(1-x)(aL-r_1+F_1) \cdot y(1-y)[L(1-a)+F_2-r_2] - C(1-b)+F_2-r_2 > 0 \quad (5.21)$$

$$\mathrm{tr}(J) = j_{11} + j_{22}$$

$$= (1-2x)[y(aL-r_1+F_1)-bC_0] + (1-2y)\{x[L(1-a)+F_2-r_2]-(1-b)C_0\} < 0 \quad (5.22)$$

表 5.3 均衡点的 det（J）和 tr（J）

均衡点	det（J）	tr（J）
(0, 0)	$-bC_0 \cdot [-(1-b)C_0]$	$-bC_0 + [-(1-b)C_0]$
(0, 1)	$(aL-bC_0-r_1+F_1) \cdot (1-b)C_0$	$(aL-bC_0-r_1+F_1) + (1-b)C_0$
(1, 0)	$bC_0 \cdot [L(1-a)-C_0(1-b)+F_2-r_2]$	$bC_0 + (L(1-a)-C_0(1-b)+F_2-r_2)$
(1, 1)	$(-1)(aL-bC_0-r_1+F_1) \cdot (-1)[L(1-a)-C_0(1-b)+F_2-r_2]$	$(-1)(aL-bC_0-r_1+F_1) + [L(1-a)-C_0(1-b)+F_2-r_2]$

因为 $C_0 > 0$, $0 < b < 1$, $0 < 1 - b < 1$, 所以 $bC_0 > 0$, $(1 - b)C_0 > 0$, 作如下定义:

$$M = aL - bC_0 - r_1 + F_1 = aL - bC_0 - (r_1 - F_1) \quad (5.23)$$

$$N = L(1 - a) - C_0(1 - b) - r_2 + F_2 = L(1 - a) - C_0(1 - b) - (r_2 - F_2)$$
$$(5.24)$$

$$P = bC_0 \quad (5.25)$$

$$Q = (1 - b)C_0 \quad (5.26)$$

M 的经济学含义是局中人 A 信任净收益与不信任净收益的差额,N 的经济学含义是局中人 B 信任净收益与不信任净收益的差额。$P > 0$,$Q > 0$,M、N 的正负不能确定,需要分类讨论。简化表为表 5.4。

表 5.4　　均衡点的 det(J) 和 tr(J) 的简化表

均衡点	det(J)	tr(J)
(0, 0)	(-P)·(-Q)	-P-Q
(0, 1)	MQ	M+Q
(1, 0)	NP	N+P
(1, 1)	MN	-M-N

有如下四种情况:

$$M > 0, N > 0 \quad (5.27)$$
$$M > 0, N < 0 \quad (5.28)$$
$$M < 0, N > 0 \quad (5.29)$$
$$M < 0, N < 0 \quad (5.30)$$

下列四种情况下均衡点的稳定性不同,需要分类讨论。

① $M > 0$, $N > 0$。

这种情况下有两个 ESS,分别是 (0, 0) 和 (1, 1) 即双方都采取不信任策略或者都采取信任策略。(0, 1)、(1, 0) 是不稳定点。任意初始状态最终都会稳定在 (0, 0) 或 (1, 1)。向哪一个 ESS 演化取决于初始状态的位置距离哪一个 ESS 近。演化过程为 (0, 1)、(1, 0)

向（0，0）、（1，1）演化（见表5.5）。

表5.5　在 M>0、N>0 的条件下均衡点的稳定性判断

均衡点	det(J)	det(J) 符号	tr(J)	tr(J) 符号	稳定性
（0，0）	（-P）·（-Q）	+	-P-Q	-	ESS
（0，1）	MQ	+	M+Q	+	不稳定点
（1，0）	NP	+	N+P	+	不稳定点
（1，1）	MN	+	-M-N	-	ESS

②M>0，N<0。

在这种情况下一个 ESS 即（0，0），即双方都采取不信任策略。（1，0）、（1，1）是鞍点，不稳定点是（0，1）。因为，此时中国采取不信任策略的净收益低于采取信任策略的净收益，东道国采取信任策略的净收益低于采取不信任策略的净收益。演化过程为（0，1）向（0，0）演化（见表5.6）。

表5.6　在 M>0、N<0 的条件下均衡点的稳定性判断

均衡点	det(J)	det(J) 符号	tr(J)	tr(J) 符号	稳定性
（0，0）	（-P）·（-Q）	+	-P-Q	-	ESS
（0，1）	MQ	+	M+Q	+	不稳定点
（1，0）	NP	-	N+P	不确定	鞍点
（1，1）	MN	-	-M-N	不确定	鞍点

③M<0，N>0。

在这种情况下有一个 ESS 即（0，0），即双方都采取不信任策略。（0，1）、（1，1）是鞍点，不稳定点是（1，0）。因为，此时中国采取信任策略的净收益低于采取不信任策略的净收益，东道国采取不信任策略的净收益低于采取信任策略的净收益。演化过程为（1，0）向（0，0）演化（见表5.7）。

表 5.7　在 M < 0、N > 0 的条件下均衡点的稳定性判断

均衡点	det(J)	det(J) 符号	tr(J)	tr(J) 符号	稳定性
(0, 0)	(-P)·(-Q)	+	-P-Q	-	ESS
(0, 1)	MQ	-	M+Q	不确定	鞍点
(1, 0)	NP	+	N+P	+	不稳定点
(1, 1)	MN	-	-M-N	不确定	鞍点

④ M < 0，N < 0。

在这种情况下一个 ESS 即 (0, 0)，即双方都采取不信任策略。(0, 1)、(1, 0) 是鞍点，不稳定点是 (1, 1)。因为，此时中国采取信任策略的净收益低于采取不信任策略的净收益，东道国采取信任策略的净收益低于采取不信任策略的净收益。演化过程为 (1, 1) 向 (0, 0) 演化（见表 5.8）。

表 5.8　在 M < 0、N < 0 的条件下均衡点的稳定性判断

均衡点	det(J)	det(J) 符号	tr(J)	tr(J) 符号	稳定性
(0, 0)	(-P)·(-Q)	+	-P-Q	-	ESS
(0, 1)	MQ	-	M+Q	不确定	鞍点
(1, 0)	NP	-	N+P	不确定	鞍点
(1, 1)	MN	+	-M-N	+	不稳定点

四种情况汇总到一个表格上就是表 5.9。

表 5.9　均衡点的稳定性判断总表

均衡点	M > 0, N > 0	M > 0, N < 0	M < 0, N > 0	M < 0, N < 0
(0, 0)	ESS	ESS	ESS	ESS
(0, 1)	不稳定	不稳定点	鞍点	鞍点
(1, 0)	不稳定	鞍点	不稳定点	鞍点
(1, 1)	ESS	鞍点	鞍点	不稳定点

综上所述，当 M > 0、N > 0 时，博弈双方才会稳定在都采取信任策

略的 ESS 上，即中国和东道国信任净收益与不信任净收益的差额都为正时双方才会倾向于都选择信任对手的策略，提升以信任为核心的国际社会资本。$M>0$、$N>0$ 就是国际产能合作双方的策略选择稳定在（信任，信任）策略集的条件，即双方都选择提升以信任为核心的国际社会资本的条件，这是提升国际社会资本的机理的第一部分。

（5）演化均衡的影响因素分析

基于 $M>0$、$N>0$（中国和东道国信任净收益与不信任净收益的差额都为正时）的条件下，根据演化博弈五个均衡点的位置，鞍点越靠近（1，1）则双方都采取信任策略的概率越大。可以利用面积法分析影响因素变化对博弈演化均衡策略的影响。演化过程具有路径依赖性，演化结果依赖于鞍点的位置，面积 S 决定了中国与东道国趋向于都采取不信任策略即都采取机会主义行为的概率，S 越大，双方趋向于都采取不信任策略的概率越大；S 越小，双方趋向于都采取信任策略的概率越大。下面讨论各因素与 S 的关系。

演化博弈因素分析结论如下，这是提升国际社会资本的机理的第二部分，具体如下所示。

①信任投资的收益 L。当信任收益 L 越大时，中国与东道国趋向于都采取不信任策略即都采取机会主义行为的概率 S 越小，即双方相互信任的概率越大，双方提升以信任为核心的国际社会资本的概率就越大。

②信任投资的成本 C_0。信任投资的成本 C_0 越小，中国与东道国趋向于都采取不信任策略即都采取机会主义行为的概率 S 越小，即双方相互信任的概率越大，双方提升以信任为核心的国际社会资本的概率就越大。

③一方选择不信任策略的机会主义收益 r。选择不信任策略的机会主义收益 r 越小时，中国与东道国趋向于都采取不信任策略即都采取机会主义行为的概率 S 越小，即双方相互信任的概率越大，双方提升以信任为核心的国际社会资本的概率就越大。

④一方选择不信任策略的声誉损失与未来合作价值损失构成的机会

主义损失 F。选择不信任策略的声誉损失与未来合作价值损失所构成的机会主义损失 F 越大时，中国与东道国趋向于都采取不信任策略即都采取机会主义行为的概率 S 越小，即双方相互信任的概率越大，双方提升以信任为核心的国际社会资本的概率就越大。

（6）国际产能合作双方提升国际社会资本的机理总结

提升国际社会资本的机理分为两部分：第一部分是国际产能合作双方都选择提升以信任为核心要素的国际社会资本的条件；第二部分是国际产能合作双方都选择提升以信任为核心要素的国际社会资本的影响因素。

利用演化博弈方法分析中国与国际产能合作东道国两国博弈发现，国际产能合作双方都选择提升以信任为核心要素的国际社会资本的条件，是国际产能合作双方选择提升国际社会资本策略的净收益都大于选择不提升国际社会资本策略的净收益。国际产能合作双方都选择提升以信心要素的国际社会资本的影响因素为投资国际社会资本的收益（正比关系）、投资国际社会资本的成本（反比关系）、一方选择不投资国际社会资本的收益（反比）、一方选择不投资国际社会资本的损失（正比关系）。投资国际社会资本的收益越大，国际产能合作双方都选择提升以信心要素的国际社会资本的概率越大；投资国际社会资本的成本，国际产能合作双方都选择提升以信心要素的国际社会资本的概率越大；一方选择不投资国际社会资本的收益越大，国际产能合作双方都选择提升以信心要素的国际社会资本的概率越大；一方选择不投资国际社会资本的损失越大，国际产能合作双方都选择提升以信心要素的国际社会资本的概率越大。

5.1.6　小结

本部分构建了国际产能合作的宏观、中观和微观机理。宏观机理以国家为分析单位，考虑合作主体、合作环境、合作优势以及合作机制四个因素。中观机理以产业为分析单位，考虑产业转出国的推力因素、产业转入国的拉力因素、产业集聚以及产业关联四个因素。微观机理以企业为分析单位，考虑企业参与国际产能合作的动机、成本、收益和风险四个因素。其中，成本因素包括生产成本和交易成本。

本部分分析了国际社会资本影响国际产能合作的交易成本的机理。通过对国际产能合作交易成本的分解，按照交易成本理论中影响交易成本的因素交易主体（有限理性、机会主义）、交易特征（资产专用性、交易频率、不确定性）、交易环境（潜在竞争者的数目）开展分析，发现以信任、互惠规范、关系网络为核心特征的国际社会资本能够通过强化关系契约（声誉、未来合作价值、以信任为核心的关系性规则）降低机会主义行为和专用性资产投资风险；同时，国际社会资本通过拉近交际距离和心理距离，改善沟通效率，降低信息不对称程度，降低由于缺乏沟通或沟通不畅导致的继发的不确定性，最终降低国际产能合作的交易成本，提高合作绩效。本部分通过拓展母国特定优势理论，将宏观层面国家拥有的国际社会资本与微观层面企业拥有的国际社会资本结合起来，国家的国际社会资本优势可以作为企业国际竞争力的重要来源。

本部分使用演化博弈分析国际产能合作双方提升国际社会资本的机理。以国际产能合作的核心因素信任作为提升国际社会资本的代理变量。研究发现，在双方选择信任策略的净收益均大于选择不信任策略的净收益时，才能使得国际产能合作双方都选择信任策略的策略集具备稳定性。信任成本、信任收益、单方不信任的收益、单方不信任的损失都会影响到国际产能合作双方趋向于都选择信任策略的概率。通过改善上述因素，能够提高双方互信的概率，即提升以信任为核心的中国与东道国之间的国际社会资本。

5.2 缺乏国际社会资本的模式

在上一节国际产能合作机理研究的基础上，本节首先总结缺乏国际社会资本的模式,并比较各个模式的共同点与不同点,运用上一节国际产能合作机理分析框架探究缺乏国际社会资本模式的成本、收益和风险,发现其共同点是政府企业积极参与,第三部门缺位,对国际社会资本关注和投入不足,普遍存在交易成本中的社会成本较高的问题,导致总交易成本可能上升,社会风险增大。为下一章提出积累国际社会资本的模式提供解决思路。

5.2.1 模式介绍

(1) 联合开发模式

①模式内涵。联合开发模式是指中国企业与发达国家企业联合开发发展中国家市场,把中国的中端装备大规模制造优势、外汇优势、技术人才优势与发达国家的高端装备先进技术优势、品牌优势、国际化管理优势、国际营销网络优势结合起来,合作进入发展中国家市场开展国际产能合作。本模式的适用国家为东道国曾为发达国家殖民地的国家,该发达国家曾是东道国殖民时期的原宗主国,在当地具有政治和市场影响力的国家。本模式的适用领域为基础设施产业。本模式的特征是中国中端装备技术与发达国家的先进装备技术、国际运营管理经验相结合,中国发挥资本优势,发达国家国家发挥市场影响力优势,由中国企业和发达国家企业共同主导。

②模式构建。如图5.5,本模式是在发挥中国、发达国家、发展中国家三方优势的基础上建立的。第一,中国与发达国家领导人会晤,签署联合开发第三方市场的声明,为两国企业提供政策支持。第二,中国企业与发达国家企业组建合资公司,参与东道国发展中国家的项目招标,发挥中国公司的中端装备技术优势、资金优势、人才优势与发达国家的高端装备技术优势、品牌优势、国际化管理优势、营销网络优势,利用发达国家在东道国的巨大影响力和人脉资源,增加项目中标概率,通过合资合作避免与发达国家企业的激烈竞争导致的零和博弈。第三,

中国政策性银行为东道国目标项目提供优惠贷款（需要东道国政府主权财富机构提供担保，贷款附带条件是项目使用中国技术标准），增加项目中标概率，发挥中国的资本优势，弥补东道国资本不足的劣势，实现外汇资产的保值增值。第四，中标后中国企业可以为东道国政府公务员和企业职员提供管理培训机会，推广中国政府的市场经济管理方法和中国企业的企业管理经验。第五，中国企业在建设过程中要学习发达国家企业的先进管理经验与先进技术，许多隐性知识只有在面对面交流时才能学会，与发达国家组建的合资企业提供了学习隐性知识的机会。第六，中国企业将部分业务外包给东道国当地企业，实现分工协作。第七，中国企业在合同中规定使用中国技术标准，利用中国标准带动中国装备走出去。东道国受到外部影响可能倾向于发达国家标准，但是中国标准性价比高，符合发展中国家的国情与使用需求，发达国家的高标准带来的是高成本，不符合发展中国家的实际情况。中国企业要按照合同据理力争，技术标准与机器装备具有匹配性，关系到中国化解产能过剩的大局。第八，项目建成后由中国公司运营，运营成熟后移交给本土公司，运营阶段中国企业大量使用本土劳动力与本土中低层管理者，依据学习曲线理论，充分利用干中学效应，提高本土员工的技能。

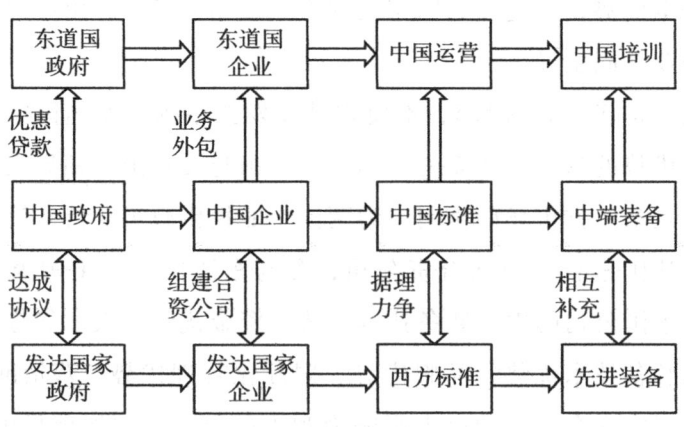

图 5.5　联合开发模式

③运行机制。建立外交为经济服务的机制，中国政府与发达国家政府积极协商，为联合开发提供政策基础。

建立金融为国际产能合作服务的机制，发挥中国的资金优势为产能合作项目提供优惠贷款，提高中国企业中标概率。

建立中国标准的适应性改造机制，适应东道国的需求做出部分调整。

建立与发达国家企业、东道国企业的分工协作机制，完善利益分配方案，提高分工效率。

④案例分析。2015 年 6 月，中法政府共同发表了联合开发第三国市场的声明。喀麦隆政府的深水港项目由于缺乏资金 20 年尚未开工。中国进出口银行的"两优贷款"为中国承包工程企业走出去提供资金优势。2016 年 9 月，喀麦隆政府正式将克里比深水港集装箱泊位的特许经营授予中国港湾、法国博洛雷（世界物流建设与运营著名公司）、法国达飞（世界第三大集装箱承运公司）的联合运营体和喀麦隆当地企业。中国企业帮助喀麦隆政府官员到中国海关学习管理经验。克里比港一期合同总额 4.97 亿美元，项目所有的设备采购加起来超过 1 亿美元，它们都是按中国标准生产的。合同规定使用中国标准，但是在外国势力影响下喀麦隆政府要求中国企业改用法国标准。在中国港湾集团以合同条文为理由的坚持之下，继续使用中国标准，中国标准匹配中国装备，带动大量国产机械装备出口。项目建成后由中国企业运营一段时间培养当地运营管理人员，按照合同规定时间交给当地企业运营。

运用国际产能合作宏观机理，从合作优势、主体关系、合作环境、合作机制四个维度分析本案例。从合作优势角度看本案例中将中国的资本、装备优势，发达国家的技术、管理、营销网络优势，东道国的劳动力、成本优势有机结合起来，实现三方共赢。对中国消化产能，发达国家降低成本、发展中国家推进工业化具有重要意义。从主体关系看，中国和法国政府达成共识，而中国企业与法国企业组建合资公司，并与当地企业合作运营该港口，企业关系密切，但是中国企业缺乏对当地社区、社会组织、普通大众的了解。从合作环境来看，该国社会环境受法国影响较大，需要与法国密切合作。从合作机制看，中国企业按照商业惯例和合同法律等规则作为主要合作机制，使用中国技术标准，保护中国装备出口的正当商业利益。

我们运用国际产能合作中观机理，从产业转出国、产业转入国、产业关联、产业集聚四个维度来分析本案例。从产业转出国和产业转入国来看，中国在港口建设领域产能丰富并且外汇储备充分，而喀麦隆产能不足并缺乏资本。中国企业通过产能输出与资本输出相结合，承建喀麦隆港口，通过国际产能合作调剂产能资源，从而实现产能资源的最优配置。从产业关联来看，港口建设与施工设备密切相关，港口建设能够带动大型施工机械设备出口。从产业集聚来看，港口建成后附近会集聚大量船舶制造和维修、海洋工程产业，这是我国国际产能合作的重点产业，能够为我国集中分布该类产业提供基础条件。

再运用国际产能合作微观机理，从成本、收益、风险、动机四个维度分析本案例。从成本来看，本案例中中国企业通过与法国企业合营，能够借助法国企业在东道国喀麦隆的市场影响力降低市场营销成本即市场制度成本；中国企业通过借助法国在东道国的政治影响力，还能节约对东道国政府的公关成本也就是政府制度成本。从收益来看，中国企业与法国企业合营能够获得知识溢出收益，特别是隐性知识的获取，提高企业的技术与管理水平；与当地企业合营可以获得政府对当地企业的政策红利。从风险来看，中国企业通过与法国企业和东道国当地企业的合营能够获得东道国政府的支持，降低政治法律风险；中国企业与当地企业的合营，能够增进对当地文化的了解，降低文化风险；但是缺乏第三部门参与，对国际社会资本投入不足，交易成本中的社会成本较高，社会风险较大。从动机来看，中国企业到喀麦隆投资建设主要是寻求市场。

（2）全产业链模式

①模式内涵。该模式指的是国际产能合作项目从上游的研发设计、

原料设备采购到中游的加工制造、建设施工再到下游的售后服务、增值服务、工程监理、金融支持全部由中国企业完成。该模式适合于基础设施行业，东道国一般为发展中国家。该模式的特点是全产业链输出，集设计建设运营于一体，采用中国标准、中国设备、中国管理经验、中国资本的输出，由基础设施行业大型企业主导。

②模式构建。如图 5.6，本模式以资本输出带动项目输出，以项目输出带动标准输出，以标准输出带动设备输出，以设备输出带动技术输出，以技术输出带动管理输出，以管理输出带动品牌输出。首先，中国与东道国共同投资项目，鉴于中国外汇储备优势，中国可以采取股权（工程承包公司股权投资）、贷款（政策性银行贷款投资）等多种投资方式为项目融资，发挥资金优势提供部分项目资金。按照商业惯例，融资合同的附加条件为项目采用中国标准和中国装备，保障中国的商业利益。项目可行性分析与项目方案设计由中国工程咨询公司与中国设计公司完成。根据合同推广使用符合发展中国家需求的高性价比的技术标准（发达国家的技术标准高价格也高），带动与之匹配的中国机器设备的出口。中国的机器设备需要匹配中国的技术，设备出口会增加中国企业

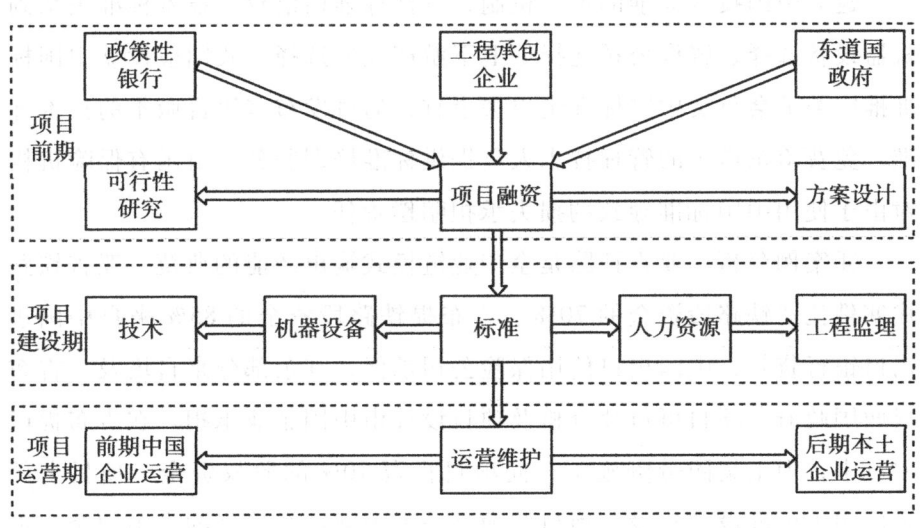

图 5.6　全产业链模式

的专有技术、专利等知识产权的出口,调试运行中国设备、传授中国技术需要中国的技术人员。项目技术人员、管理人员以中国人为主,劳动用工以当地人为主,提高项目公司本土化水平。项目的基础原材料可以使用当地产品,提高项目采购的本土化水平。项目建成后初期由中国企业负责运营维护,并培训当地企业职工如何运营,后期转让给当地企业运营,中国提供设备维修、技术指导、管理咨询等后期服务。

③运行机制。推进建立跨境交易货币直接兑换机制,为全产业链输出巨大的跨境交易规模降低汇率风险。由于全产业链输出跨境交易规模巨大,签署双边货币互换协议能够降低货币兑换成本。

建立联合培养人才机制,为项目储备人力资源。全产业链输出的主要是资本、装备、技术,而不是普通劳动力。全产业链需要的工人多,中国工人数量多则对当地的就业贡献率低容易,受到东道国排斥,所以需要提高本土化用工比例。为提高本土人才素质,可以由东道国派出人员在中国学习管理经验和技术,考试合格后回到东道国项目公司工作。

建立各环节协调机制,全产业链输出对产业链各个部分的协调配合要求较高,可以建立全产业链企业联盟统一协调。

建立中国技术标准的推广机制,掌握标准话语权。技术标准关系到机器设备选择、咨询公司选择等上下游产业的选择,我国应设立中国标准推广委员会负责中国标准走出去事宜,通过发布多语言版本的技术标准,免费给东道国的管理技术人员提供标准培训服务,由国有保险机构对由于使用中国标准导致的损失承担赔偿责任。

④案例分析。亚吉铁路是全产业链模式输出产能的典范。亚吉铁路埃塞俄比亚铁路段资金的70%、吉布提铁路段资金的85%来自中国进出口银行贷款,中国出口信用保险公司承保,其余部分来自埃及、吉布提两国政府。项目可行性分析及项目设计由中国企业承担。在吉布提段项目中,中土集团带资施工,向项目投资10%的股权资金。项目全部采用中国标准设计建设,项目监理是一家国际声誉良好的中国国企。项目用工以当地人为主,技术人员、管理人员以中国人为主。项目累计在

埃塞俄比亚雇佣当地员工 2.7 万人，在吉布提雇佣当地员工 5 000 人以上。亚吉铁路使用了 4 亿多美元的中国机械设备、通信设备、建筑材料。中国设备出口带动了中国的专有技术与专利等知识产权的出口，提高东道国的技术水平。项目竣工后中土集团与中国中铁联营体公司运营和维护管理该项目长达 6 年。中土集团形成"铁路＋港口＋工业园区"的开发模式，在非洲工程承包领域的品牌影响力日益扩大。

运用国际产能合作宏观机理，从主体关系、合作优势、合作环境、合作机制四个维度分析此案例。从主体关系来看，中国进出口银行为项目提供大量资金，与两国政府合作投资该项目，形成权责明确的股权合资关系。从合作优势来看，中国拥有产能优势、资金优势和丰富的基础设施建设经验，埃塞俄比亚和吉布提拥有充足的劳动力资源，可以实现优势互补。从合作环境来看，非洲地区社会动荡，国内部落冲突严重，社会环境比较差。从合作机制来看，重点是依靠国际通行的商业惯例和市场机制、股东之间的权责机制来保障合作。

运用国际产能合作中观机理，从产业转出国、产业转入国、产业集聚、产业关联四个维度分析此案例。从产业转出国来看，中国铁路建设产能充裕。从产业转入国来看，埃塞俄比亚和吉布提铁路建设产能不足。从产业集聚来看，中土集团在铁路沿线建设工业园区，能够获得产业集聚的规模报酬递增效应。从产业关联来看，该案例中产能合作项目全过程全部由多个中国企业完成，从项目前期的可行性分析与规划设计，到项目中期的施工、监理，项目建成后运营管理都是中国企业完成，各个产业密切配合，中国企业相互之间的管理配套、技术配套、规模配套，提高了产业转移效率。

运用国际产能合作微观机理，从成本、收益、风险、动机四个维度分析此案例。从成本来看，本案例是基础设施行业咨询、设计、建设、运营等上下游企业一起输出到海外，能够降低配套企业之间的交易成本即市场制度成本。从收益来看，本案例中上下游企业抱团出海能够实现产品的联合研发、联合生产、联合营销获得规模收益。从风险来看，本案例中国出口信保公司承保，能够降低市场风险和金融风险为代表的经济风险。但是缺乏第三部门参与，对国际社会资本投入不足，交易成本中的社会成本较高，社会风险较大。从动机来看，该案例中企业抱团出海属于低成本寻求型。

（3）产业园区模式

①模式内涵。产业园区模式是指中国企业在国外投资、建设、管理产业园区，通过中国企业集聚促进产能合作的模式。该模式适合中小企业、民营企业等独立运营能力较弱、国际化经验较少的中国企业。该模式的特征是由园区开发公司主导，开发建设运营一体化，政府部门、管委会、现场办公室三级协商，土地资产多次增值，轻重资产运营模式结合。

②模式构建。如图5.7，本模式通过三级磋商机制和两种资产运行模式构建。

首先，建设经营海外产业园区涉及政府部门、行政管理机构、现场监管机构等多层次立体式沟通。国家之间需要签署合作协议，制定战略合作机制；行政管理机构是指两国政府派驻园区的工作人员组成的联合管理委员会，拥有该园区的行政管理权，拥有重大事项决策权，负责确定管理原则，制定园区管理规则，把握园区发展方向；现场监督机构是指设在园区现场的现场办公室，负责园区开发运营的日常管理，解决矛盾纠纷，向管委会表达园区企业的意愿，向园区企业传达管委会的决定，发挥基层管理、协调中心、信息中介的功能。因此，需要建立政府部门、园区联合管委会、现场办公室三级磋商机制，完善沟通渠道，实现充分对接，提高信息传播效率。

其次，园区开发管理企业采取重资产模式建设运营海外园区。重资产模式是指企业投入大量固定资产参与园区建设运营，园区的核心重资产是土地，置地成本和土地开发成本是园区开发成本的重要组成部分。土地运营分为四大阶段：第一阶段土地整理，变生地为熟地，为园区开发奠定基础（国内由政府平台公司负责土地整理和初级开发，减少暴

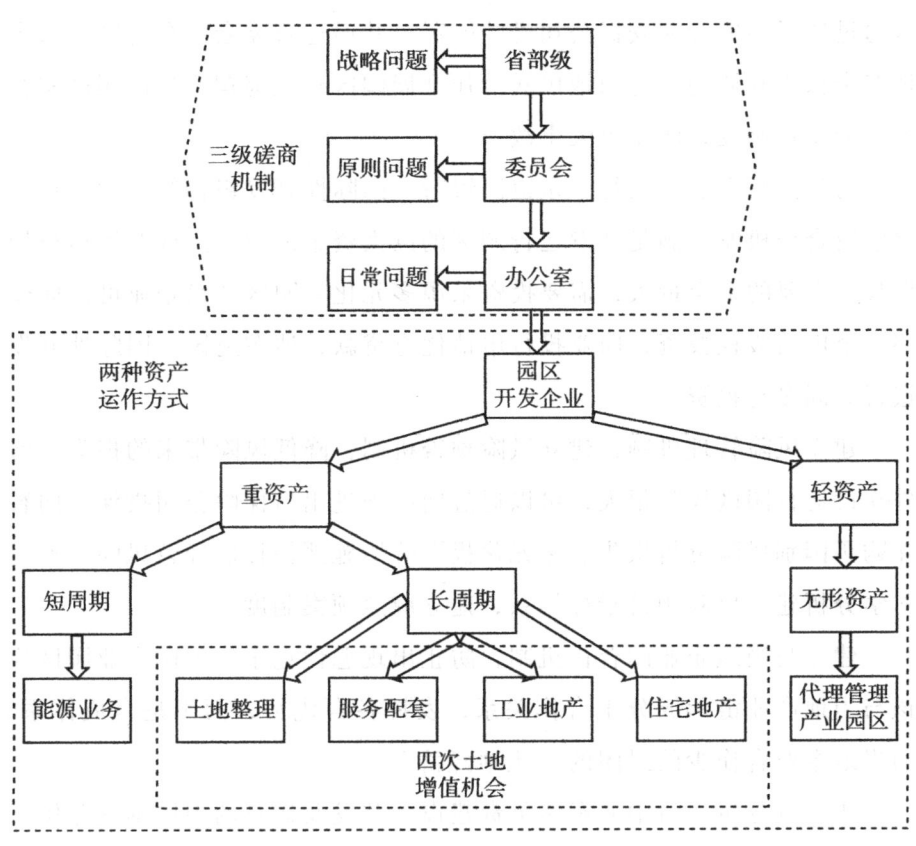

图 5.7 产业园区模式

力拆迁发生的概率，重视稳定因素；国外的园区土地整理和初步开发都是开发公司完成，重视盈利因素）；第二阶段，开发园区服务配套设施，为园区后续建设提供服务；第三阶段，开发工业商业地产，为园区开发主体部分；第四阶段，开发少量住宅地产，回笼资金，提高投资回报率。

再次，园区开发企业可以通过能源交易，快速回笼资金。

最后，园区开发企业可以采取轻资产运行模式，输出管理模式与经验，代管运营其他产业园区，投入知识产权和高端管理型人才，获得代管收入。

③运行机制。强化安保机制，防止公司员工人身安全受到威胁。园

区通过选择国内专业安保公司进驻园区，并通过管委会向东道国政府申请安全保障和协防，与当地民兵合作开展园区外围巡逻，进出园区实行严格的安检制度，防止重大事故。

与丝路基金、亚投行、东道国银行、国际性开发银行等金融机构建立融资合作机制，满足开发运行园区的巨大资金需求。园区开发运行周期长，需要的资金量大，需要投资来源多元化。园区开发企业可以向丝路基金申请股权投资，向亚投行申请优惠贷款，请东道国、国际性开发银行共同参与投资。

建立风险管理机制，建立风险预警机制，降低风险带来的损失。海外建设运行园区风险很大，可以通过向中国进出口保险公司投保、向智库购买国别风险分析报告、多元化投资等措施严格控制经营风险。通过科学分析建立风险预警指标体系，建立应急预案制度。

建立与当地企业的合作机制，防止出现恶性竞争。中国产业园区应该与当地产业链形成分工合作关系，发挥各自优势，而不是自成体系、与当地企业合作少的封闭的"飞地经济"。

④案例分析。由中非泰达负责建设、开发及运营的中埃泰达苏伊士经贸合作区于2008年启动建设。2016年1月习近平主席访问埃及，中埃两国政府达成了协议建立三级磋商机制。第一级是战略合作磋商机制层次，由两国商务部门协商；第二级具体管理的规则制定与规则执行层次，中埃双方各派人员成立联合管理委员会；第三级日常问题的处理，设立现场办公室。园区核心的优势是土地资源，通过分期开发实现多次升值：初创期七通一平；建设公寓、写字楼、酒店等配套性的工程；将园区建成以工业地产为主，同时建设物流仓储地产、商贸地产。最后开发住宅地产。在埃及，私人企业经营能源交易业务是合法的，这是园区的利润来源之一。公司管理其他国家拥有的产业园区，收取管理服务费也是企业的主营业务之一。海外中国工业园区有大型国企独自建立、园区开发企业建立、当地政府建立三种模式。中小企业、民营企业的经济实力不足以像大型国企一样独自建立产业园区，而东道国开发大型产业

园区的资金经验不足，园区开发企业就可以为广大中小企业和民营企业提供园区建设管理运营服务，帮助他们开展国际产能合作。

运用国际产能合作宏观机理，从主体关系、合作优势、合作环境、合作机制四个维度分析此案例。从主体关系来看，中国与埃及建立的三级磋商机制，确立了政府间稳定的合作关系，为中国企业到埃及投资设厂提供良好预期。从合作优势来看，中国拥有产能优势和丰富的大型产业园区建设经验，埃及拥有廉价的土地和劳动力资源及广阔的市场和优惠的招商引资政策，可以实现优势互补。从合作环境来看，苏伊士地区比较干旱，自然环境恶劣，需要中国企业治理沙漠化问题；社会环境来看，埃及社会环境不够稳定，中国企业需要加强安保。从合作机制来看，重点是依靠两国共同制定的规则来保障合作。

运用国际产能合作中观机理，从产业转出国、产业转入国、产业集聚、产业关联四个维度分析此案例。从产业转出国来看，中国制造业产能充沛。从产业转入国来看，埃及制造业产能不足。从产业集聚来看，中非泰达埃及苏伊士产业园区内产业集聚效应强，能够获得规模收益。从产业关联来看，入住的企业之间存在上下游关联，能够获得较好的配套产业。

运用国际产能合作微观机理，从成本、收益、风险、动机四个维度分析此案例。从成本来看，泰达公司通过统一建设基础设施和厂房，降低了物质成本里的固定资产投资成本；入园企业通过泰达公司统一与政府直接沟通的事项，可节约各企业对政府的公关成本即政府制度成本；园区内企业共享人才、原料、半成品，能够节约人力成本与物质成本；园区内的企业交易节约了运输成本；园区开发企业泰达公司通过代理运营外国园区获利，能够降低自身的重资产造成的资金沉淀等物质成本浪费。从收益来看，产业园区模式里园区内企业的集聚能够通过员工的正式非正式交往获得知识外溢收益、经验汲取与技术提升。从风险来看，产业园区通过共享保安服务，能够降低安全风险；园区由于经济体量巨大一般容易获得政府支持，可以降低政治法律风险。但是缺乏第三部门参与，对国际社会资本投入不足，交易成本中的社会成本较高，社会风险较大。从动机来看，入园企业选择此模式的动机主要是低成本寻求。

(4) 产城融合模式

①模式内涵。

产城融合模式是指由著名地产商在海外置地开展城市建设，打造产业城市，同时带领中国制造企业集群出海，建设产业园区，以产业支撑城市，防止城市空心化，以城市支持产业，提供科技、金融、文化等配套服务，促进产业与城市的深度融合的模式。该模式适合房地产行业、建筑行业、制造业，主要布局于东道国政策优惠较多的经济特区。该模式的特征是大型房企主导，企业集群出海，与国际企业合作提高超大型项目管理运营能力，城市化与产业化深度融合，通过地产开发带动中国建筑类机械装备出口。

②模式构建。

如图 5.8，本模式是由房地产开发企业主导，以城市化与产业化为两翼构建的。第一，中国与东道国高层互访，外交关系升温，签署产能合作协议，为企业合作降低政策成本。第二，房地产企业与东道国政府紧密合作，获取投资开发、企业税务减免等优惠政策，有利于吸纳城市开发投资者和吸引企业客户入驻新城。第三，中国房地产开发企业与国际知名企业合作开发，提高技术管理水平，建设国际一流城市。第四，带动国内建筑企业、建材企业、物业管理企业等房地产开发上下游企业集群进入东道国产能合作新城开展基础设施开发、地产开发等城市建设工作，输出优质产能。第五，为城市经济提供持续发展的动力，需要产业的支撑，房地产开发企业带动中国制造业企业、信息产业企业到产能合作新城投资设厂，入驻产业园区，化解国内产能过剩困局，为产能合作新城提供先进制造能力和大量工作岗位。最后，城市产业园区的发展带来人口的增多，增加了对房地产的投资消费需求，促进了地产业的发展，房地产企业得以回笼资金，实现滚动开发。

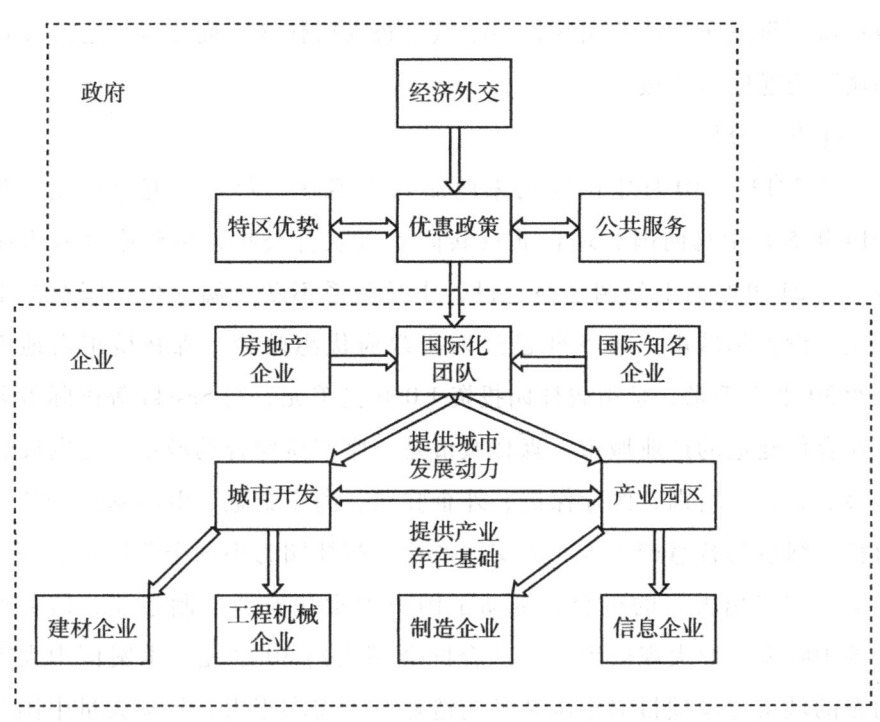

图 5.8 产城融合模式

③运行机制。

建立绿色开发机制,降低污染与能耗。产能合作新城与陈旧的城市开发模式(先污染后治理)不同,主张开发过程中尽量减少污染,节约治污成本。城市开发必然消耗能源,为贯彻"绿色发展"理念,在城市开发中推广使用节能的机器设备,使用清洁能源与可再生能源。

完善配套服务机制,提高居民生活的便利度与舒适度。地产项目的核心是以人为本,为人服务,配备优质的教育、医疗、购物、娱乐资源,能够吸引大量企业、产业、居民入住。

建设城市信息协同系统,提高城市智慧水平。通过引进中国先进的物联网设备等信息产业设备,提高城市管理的自动化水平与信息化水平。

建立城市化与产业化协调推进机制,防止出现虚拟城市化和滞后城市化等问题。建设卫星城镇,防止出现大城市病。建立城市分工体系,卫星城镇重点布局产业园区，中心城市布局居住区、商业区，通过发达的城际交通网络连接。

④案例分析。

从 2013 年 10 月中国与马来西亚双方签署经贸合作五年规划，到 2014 年 5 月中马两国总理在北京共同签署联合公报，再到中马双方积极参与 21 世纪海上丝绸之路建设，中马关系不断升温。碧桂园在马来西亚建设森林城市，2015 年已经取得政府优惠政策。森林城市占地面积约 30 平方千米，是由碧桂园投资 1 000 亿美元，与 Sasaki 等国际著名企业合作建造的产业城市。森林城市是一座产城融合的城市，将发展旅游会展、教育培训、医疗保健、外企驻地、离岸金融、电商基地、新兴科技、绿色与智慧产业等八大支柱产业。碧桂园为中国企业提供了一个集群式"走出去"的机会，带动了国内大批建筑业、制造业、信息产业等 100 家企业大规模出海，总合同金额大约 30 亿元。本案例中大型房企的城市建设项目对中国装备制造业产能需求很大，带动大量中国企业参与东道国城市化建设，并通过城市建设中的产业园区建设为中国企业与东道国的长期产能合作提供平台基础。

运用国际产能合作宏观机理，从主体关系、合作优势、合作环境、合作机制四个维度分析此案例。从主体关系来看，中国与马来西亚政府关系不断升温，为企业合作提供政治保证。从合作优势来看，中国拥有产能优势和丰富的房地产建设和城市化经验，马来西亚拥有廉价的土地和劳动力资源、广阔的房地产市场和优惠的招商引资政策，可以实现优势互补。从合作环境来看，马来西亚社会环境稳定，经济发展形势较好。从合作机制来看，重点是依靠两国共同制定的规划来保障国际产能合作的稳定推进。

运用国际产能合作中观机理，从产业转出国、产业转入国、产业集聚、产业关联四个维度分析此案例。从产业转出国来看，中国房地产业产能过剩。从产业转入国来看，马来西亚房地产建设不足。从产业集聚来看，森林城市聚集了大量现代产业，能够获得规模收益。从产业关联来看，房地产业与制造业存在密切的产业关联，能够相互促进对方的发展，房地产业的工业地产为制造业发展提供厂房、物流仓储地产为制造业发展提供流通空间，住宅商业地产为制造业发展提供劳动力再生产条件；制造业的发展为房地产业提供业主，防止城市空心化。

运用国际产能合作微观机理，从成本、收益、风险、动机四个维度分析此案例。从成本来看，森林城市中房地产业与工业的协同发展能够带动国内制造业、信息产业等企业集群对外投资，减少上述企业寻找市场的客户搜寻成本即市场制度成本。由于房地产业的产业关联效应强，2012年严控房地产业导致相关产业的市场需求萎缩是中国产能过剩的重要原因，森林城市的建设能够有效消化国内过剩产能。从收益来看，房地产企业、制造企业、信息企业的合作能够加快当地的工业化、城镇化的发展速度，扩大当地市场的需求规模，分享市场红利。从风险来看，森林城市通过产业支撑城市化，能够防止大量房产空置的经济风险；通过房产为产业从业者改善居住生活条件，能够降低产业园区对人才缺乏吸引力的经济风险，改善人力资本状况；但是缺乏第三部门参与，对国际社会资本投入不足，交易成本中的社会成本较高，社会风险较大。从动机来看，中国企业去外国开发森林城市主要是占领国际房地产市场，属于市场寻求型动机。

5.2.2　缺乏国际社会资本的模式比较

（1）缺乏国际社会资本的模式的共同特征

缺乏国际社会资本的模式的共同特征是政府推动、企业主导，第三部门缺位，对国际社会资本投入不足。通过上述对缺乏国际社会资本的模式的分析，本书发现缺乏国际社会资本的模式都具备降低生产成本和交易成本的制度成本部分、增加收益、对抗风险的功能。中国政府通过经济外交与东道国签署合作协议，为企业提供优惠政策，为企业节约交易成本中的制度成本，降低企业的政治风险；企业通过联合开发、全产业链、产业园区、产城融合等不同方式节约生产成本，获取规模收益、知识外溢等附加收益，减少不同的风险，寻求低成本和市场两大动机。缺乏国际社会资本的模式，缺乏对交易成本中的社会成本的关注，与东道国居民缺乏沟通和信任导致国际产能合作的社会成本较高。国际产能合作缺乏国际社会资本的模式主要参与者为企业和政府，缺乏社团、民众为代表的第三部门的参与，潜在的社会风险较大，缺乏对国际社会资本的关注与投入。

（2）缺乏国际社会资本的模式的不同特征

缺乏国际社会资本的模式的不同特征体现在内涵、主导企业与适用条件上。联合开发模式的特征是三方分工合作共赢，主导企业是中国企业和发达国家企业，适用于发达国家的前殖民地国家。全产业链模式的特征是上下游关联产业的企业集体走出去，主导企业是中国企业和发达国家企业，适用于发达国家的前殖民地国家。产业园区模式的特征是产业集聚企业集群，主导企业是园区开发运营企业，适用于中小企业、民营企业较多但无力建设基础设施与共同设施的情况。产城融合模式的特征是工业化与城市化相互支撑，主导企业是房地产开发企业，适用于建筑业、地产业、制造业、信息产业联合开发新市场。

表 5.10　　　　缺乏国际社会资本的模式比较表

模式	内涵	主导企业	适用条件
联合开发	三方合作	中国企业和发达国家企业	发达国家的前殖民地国家
全产业链	产业关联	基础设施企业	基建行业
产业园区	产业集聚	园区开发运营企业	中小企业、民营企业无力建设基础设施与共同设施
产城融合	工业化与城市化耦合	房地产开发企业	建筑业、地产业、制造业、信息产业的抱团出海

数据来源：根据前文整理

5.2.3 小结

本部分通过归纳缺乏国际社会资本的模式联合开发、产业园区、全产业链、产城融合的模式内涵、模式构建、运行机制、案例分析，并比较四个模式的异同，发现缺乏国际社会资本的模式都为政府推动、企业主导。缺乏国际社会资本的模式具有节约生产成本、节约交易成本的制度成本部分的作用，但是缺乏对交易成本的社会成本部分的关注，造成总交易成本具有上升的可能性，社会风险显著上升。

5.3 积累国际社会资本的模式

在缺乏国际社会资本的模式的共同问题的背景下，为解决中国企业在海外参与国际产能合作的国际社会资本投资不足、第三部门缺位的问题，本部分提出四种模式因地制宜地利用东道国国情通过不同路径构建国际社会资本，促进政府、企业以及第三部门共同参与，降低合作中交易成本的社会成本部分，提高合作绩效。本部分对四种模式归纳发现，积累国际社会资本的模式都符合5.1中国际产能合作双方提升国际社会资本的机理的影响因素分析部分的四条结论。参考郝建（2012）的观点，将国际社会资本分为三类：关系型国际社会资本、结构型国际社会资本、认知型国际社会资本。关系型国际社会资本是以强关系为主、关系密切为特征的国际社会资本；结构型国际社会资本是以规则、制度、平台、组织、社会网络为特征的国际社会资本；认知型国际社会资本是以观念认同、价值观共享为特征的国际社会资本。国际社会资本的生成理论分为社会建构论（社会关系产生社会资本）、文化建构论（文化认同产生社会资本）以及政治建构论（政治赋权产生社会资本）。本书首次提出交通建构论，认为不同国家的交通基础设施的现代化建设与跨境互联互通能够提升国际社会资本，进而提高国际产能合作绩效。

5.3.1 模式介绍

（1）文缘模式

①模式内涵。文缘模式是中国企业利用其所在地区与某国家主流宗教相同、主流文化相近的优势，获得身份认同和观念认同，开展国际产能合作。该模式的特征是文化交流带动经济交流，民间交往带动企业交往，社会组织发挥组织纽带作用，政府部门发挥政策引导的作用，企业发挥市场主体的作用，利用多边平台宣传产能合作，重点发展具有文化特征的特色产业。文缘模式的理论依据是认同理论，认同分为观念认同与身份认同。通过共享相同的文化宗教观念建立观念认同，通过承认个体是群体的一部分建立集体身份认同。建立认同关系的人们相互信任度高，社会资本较多，开展产能合作的交易成本低。

②模式构建。如图5.9，该模式通过社会组织连接、企业投资运营、政府引导支持、多边平台提供交流机会来开展国际产能合作。首先，社会组织开展文化交流与民间交流。文化协会赶赴目的国开展文化交流活动，加深双方的友谊；企业协会组织企业家去目标国考察，开展企业家之间的私人交际活动。其次，政府整合各部门资源组成协调推进小组，明确划分事权，为企业开展国际产能合作提供政策支持。由政府推动、社会组织协办、企业参与，举办与目标国的产业博览会。通过博览会这一多边平台，文化展示带动产业发展成就展示，文化交流带动经济交流，文化交往带动商业交往。最后，企业赴目标国投资建设产业园区。国企、私企混合投资建设，提高投资的市场化程度；产业园区由企业管理，提高运营的市场化程度；产业园区内发展具有文化特色的产业，利用文化禀赋，形成比较优势，实现园区差异化发展。

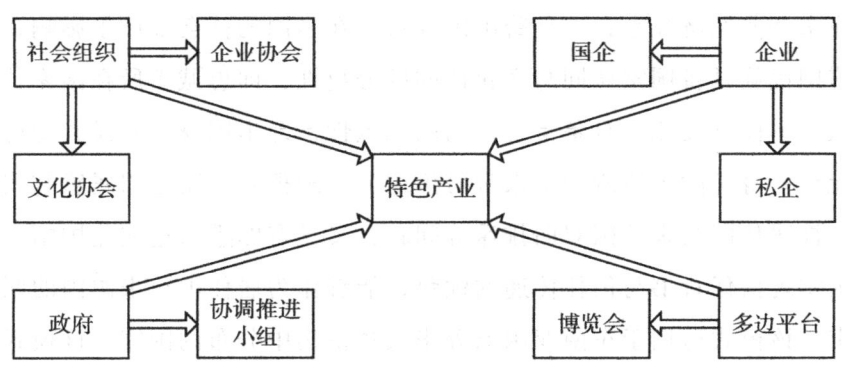

图 5.9　文缘模式

③运行机制。建立文化资源的挖掘与利用机制，推动文化交流。通过培养文化人才，传承文化、传播文化、塑造文化，通过定期举办博览会等强化与目标国的文化交流，是本模式运行的关键。

建立第三部门培育机制，提供文化交往的媒介。第三部门从组织形态的角度，介于企业与政府之间，从所在领域的角度，介于市场与国家之间，政治性与营利性弱，更容易取得目标国政府和民间的信任，有利于加强与目标国的观念、身份认同，为国际产能合作的项目运营节约交易成本。

政府建立驻外使馆、社会组织、科研院校、新闻媒体等机构的信息整合机制，建立信息综合发布平台，为企业及时提供有效信息。海外投资存在严重的信息不对称，企业获取信息的渠道有限，需要政府强大的信息资源整合能力和信息渠道管理能力的支持。

（2）血缘模式

①模式内涵。血缘模式是指中国企业强化与东道国华人华侨的联系，利用其血缘关系开展国际产能合作。华人华侨属于广义的跨境民族。跨境民族有狭义和广义两种定义。狭义的跨境民族是指跨国境线两边集中连片分布的同一民族；广义的跨境民族是指在两个以上的国家分布的同一民族，可以称之为跨国民族，与跨境民族相区别。跨国民族具备四大特征：一是同一民族分布在多个国家；二是同一民族保持跨国经

济往来和非经济往来；三是跨国民族对所在多国的社会都产生影响；四是跨国民族具备国家认同与文化认同的分离性，即忠诚于所在国家，但是认同本民族文化，具备身份认同的二重性，即本国身份和民族身份的二元性。身份的矛盾既会带来身份焦虑、心理孤立、缺乏归属感和安全感、被居住国与来源国双向排斥等问题，又具有熟悉双边文化国情、为两国实现信任背书与信任传递的优势，能够作为居住国与来源国的联系纽带。该模式适用于东南亚国家等华人华侨集中分布的国家。该模式的特征是中国企业与当地华人社团、华人企业加强联系与经济合作，利用华人华侨在当地的信息网络、营销网络、政府关系网络，以华人华侨为中间人增强与东道国的相互信任，降低进入东道国市场的信息搜寻成本、谈判成本与政府公关成本等交易成本。与华人华侨合作开展国际产能合作具有四个优势：一是地理优势，中国与东南亚海陆相连，交通便利，运输成本低；二是历史优势，华人华侨与中国人民之间一直存在探亲、访友、通婚、节日聚会等传统交往；三是文化优势，华人华侨熟悉本民族和东道国的语言、文字和风俗习惯，能够提供信息解读、翻译、国情分析等服务，有利于降低跨文化国际产能合作的信息不对称程度，提高跨文化沟通效率，降低继发的不确定性及其引发的交易成本；四是社会优势，华人华侨与当地居民社会联系密切，可以作为中介提高中国企业与当地居民的互信水平，减少双方机会主义行为的发生。

②模式构建。如图5.10，该模式首先通过中国大使馆与当地华人华侨强化联系。其次，通过中国官方背景的商会带领中国企业家到东道国考察项目，与东道国政府、企业、华商协会积极合作。再次，通过建立中国华商与东道国华商的产业合作平台，直接与当地华商精准合作。最后，中国对外投资企业借助当地华商生产网络、营销网络、关系网络，改善当地居民、当地企业、当地政府对中国企业的信任状况，降低跨国产能合作交易成本。

③运行机制。建立大使馆信息搜集机制。通过中国大使馆获取当地华人华侨的基本情况，减少信息不对称程度。

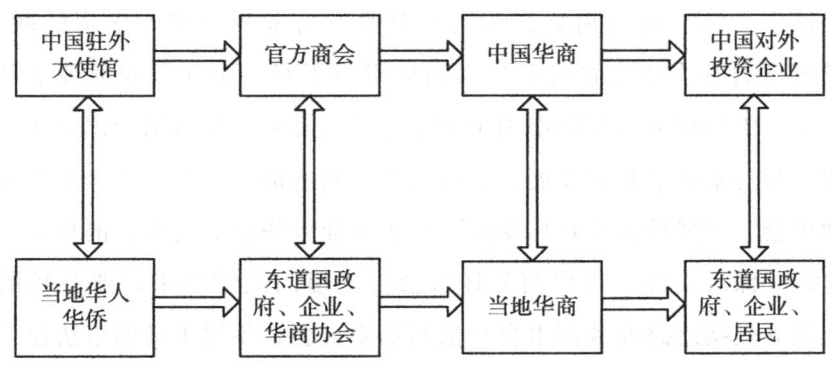

图 5.10 血缘模式

建立政府合作机制。通过中国与东道国两国政府的积极沟通，为企业合作提供稳定预期。

建立商会定期合作机制。通过商会带领企业家交往，增进中国企业家与当地华商的私人友谊，提高互信程度，降低机会主义行为发生的概率。

建立文化沟通机制。民族认同有文化联系与血缘联系两条途径。文化对民族认同作用的持久性影响要高于血缘。随着时间的推移，华人华侨与中国人的血缘联系在淡化，但是文化联系在中华文化走出去的背景下在强化。中国企业可以通过合作办学、提供奖学金等方式强化中国企业与当地华人华侨的文化联系。

④案例分析。华人华侨在马来西亚的社会影响力较大。当地华人人口占比高，2016 年华人占马来西亚公民的 23.4%，仅次于马来人的 68.6%，远高于印度人的 7% 和其他少数民族的 1% 的人口比例；当地华人的组织性较强、政治影响力大，有近 10 000 个华人社团，包括曾在选举中获得国会和州议会的 15 个席位的华人政党；当地华人的经济实力雄厚，云顶集团、绿野集团、金狮集团等华人公司都是市值过 200 亿美元的大型跨国企业，2011 年华人富豪总资产占据马来西亚福布斯富豪榜上榜富豪总资产的 73%；建立了海外华人群体最完整的华文教育体系，对中国文化认同度高（杨丽尧，2017）。中国驻马来西亚大使

为当地华文学校提供捐款，强化了中国与马来西亚华人华侨的联系。2017 年 3 月在吉隆坡香格里拉大酒店举行了马—中联合商务理事会年度会议。中国贸促会带领中国企业家群体到马来西亚参加会议洽谈产能合作，与马来西亚投资发展局、马六甲州政府部门、东海岸经济特区发展理事会、吉隆坡投资宣传单位、马来西亚中华总商会带领的华商企业家进行了深入交流。马中商务理事会推动厦门大学马来西亚分校的建立，建立丝绸之路商务理事会马来西亚委员会，签署中马商事法律合作备忘录，协商推进以华为、腾讯、阿里巴巴为首的互联网通信企业来马来西亚投资，推进数字经济建设。马来西亚中华总商会发挥了中国企业与马来西亚企业和政府合作的纽带作用。2018 年由深圳市侨商智库研究院联合 200 多家商协会共同打造的国际产业交易服务平台第四届华人华侨产业交易会在马来西亚举行，为中马华商合作提供机会，助力中国国际产能合作。该案例中，中国企业通过与华商的社会联系网络，建立关系型国际社会资本，获取关系网络带来的信息、资源、信任，增加了当地政府、企业、居民对华商的信任，社会资本增加，降低了国际产能合作中的交易成本。

运用国际产能合作宏观机理，从主体关系、合作优势、合作环境、合作机制四个维度分析此案例。从主体关系来看，中国贸促会和马来西亚中华总商会、积极促进中马华商企业家的交往，以企业家为代表的民间关系良好，而中国贸促会与马来西亚中央政府部门和地方政府部门联系密切。从合作优势来看，中国拥有先进产能优势，马来西亚拥有廉价的土地劳动力优势，可以实现优势互补。从合作环境来看，马来西亚华人占总人口的比例大，对中国企业融入当地社会有积极影响，消极影响是马来人对当地华人的态度会影响到对中国企业的接受度。从合作机制来看，依靠中国贸促会和马来西亚中华总商会等社会组织作为合作的中介，以文化认同以及当地法律规则来推进国际产能合作，以侨商智库研究院搭建的华商投资平台方便两国华商合作。

运用国际产能合作中观机理，从产业转出国、产业转入国、产业集聚、产业关联四个维度分析此案例。从产业转出国来看，中国产能充沛。从产业转入国来看，马来西亚在快速工业化过程中产能建设不足。从产业集聚来看，马来西亚的关丹产业园区集聚了大量中国企业，能够获得规模收益。从产业关联来看，中国企业与马来西亚当地华商企业形成完整产业链，优化整合产业链资源。

运用国际产能合作微观机理，从成本、收益、风险、动机四个维度分析此案例。从成本来看，由于马来西亚劳动力成本低，资源价格低，中国企业到马来西亚投资设厂可以节约以物质成本和人力成本为主的生产成本；社会组织的积极参与，可以节约企业应对第三部门的社会成本；中国贸促会与马来西亚政府关系密切，可以为中国企业节约政府制度成本；借助当地华商的营销网络，可以节约中国企业的市场制度成本；马来西亚员工对中华文化的认可度高，可以节约中国企业在内部管理时的企业制度成本。从收益来看，2018年马来西亚人口约3 200万，中国企业到马来西亚投资能够更好地进入马来西亚市场，获得市场红利；中马关系不断升温，马来西亚积极参与中国海上丝绸之路建设，出台大量优惠政策，中国企业能够获得政策红利。从风险来看，以中国贸促会、马来西亚中华总商会为代表的第三部门积极参与，中马华商交往密切，有利于中国企业积累国际社会资本，能够降低社会风险；中国与马来西亚华人由于文化认可度高，可以降低文化风险。从动机来看，中国企业去马来西亚投资设厂属于低成本寻求型动机，因为马来西亚资源和劳动力成本低廉。

（3）路缘模式

①模式内涵。路缘模式是指中国企业通过提高东道国的基础设施建设水平并与中国基础设施实现互联互通，缩短中国企业、居民与东道国企业、居民的交际距离，增加交际频率，减少国际产能合作中的不信任度与交易成本。本模式的特点是基础设施的现代化与跨国联通，提高区域一体化水平。本模式主要适用于基础设施落后的中东欧国家。谢强（2018）研究了社会资本作为媒介因素对交通基础设施发挥空间溢出效

应的影响，发现社会资本与交通基础设施的交叉项显著性强，物质网络与关系网络共同影响了交通基础设施的空间溢出效应。他认为在缺乏信任的地区即使交通再发达，交通设施对经济增长的作用都会受限，社会资本会影响交通设施的功能发挥，强调社会资本对交通基础设施的影响。本书受到他的启发，运用逆向思维，认为交通基础设施对社会资本具有重要影响。交通基础设施建设能够通过降低运输成本和旅游成本，提高企业合作频率与民众交往频率，推动交通设施沿线国家、企业、居民建立强联系的社会关系网络，增进互信，促进社会资本积累，进而降低交易成本，提高合作绩效。在此基础上，本书首次提出社会资本的交通建构论，认为交通建设与跨国联通能够成为国际社会资本的生成路径之一。交通基础设施的现代化建设与跨境交通基础设施的互联互通能够通过提高企业之间的产能合作频率和公民之间的民间交往频率，提升互信水平与国际社会网络密度，提升国际社会资本。地缘作为传统的社会建构论主题，认为空间距离较近的人们由于交往频率高通过社会关系网络的强化能够提升社会资本，正如小地理范围的邻居关系或者大地理范围的老乡关系。传统社会学认为，一般情况下空间距离与社会资本成反比关系。本书认为这是静态地看待空间距离对社会资本的影响。按照传统社会学的观点，空间距离很远的、在不同洲的国家的企业、公民之间的国际社会资本，应该相对邻国之间的国际社会资本较少。在使用动态视角看待空间距离对社会资本的作用时发现，随着交通基础设施的现代化水平提升与跨境交通设施的互联互通，跨国交通时间缩短，从交通时间角度出发可以看作空间距离的缩短，能够通过提升交往频率促进国际社会资本积累。高铁等高技术的使用与国际多式联运的发展使得空间距离对积累国际社会资本的阻碍减少。而跨境互联互通水平成为影响不同国家企业、公民之间的国际社会资本存量的重要因素，公民是第三部门的一部分，第三部门积极参与能够积累社会资本。所以中国倡导的设施联通能够提高民心相同的国际社会资本，为国际产能合作降低交易成本，提升合作绩效。

②模式构建。如图 5.11，该模式重点是跨境基础设施的互联互通。首先，中国企业利用在基础设施行业的建设管理运营经验、先进技术与设备为中东欧升级改造旧的基础设施并建造新的基础设施。其次，中国与东道国的基础设施实现跨国互联互通、海关联合执法，建立货物的国际多式联运体系。中国与东道国的企业运用国际交通设施降低运输成本，提高经济交往频率，增进企业之间的互信。再次，中国企业和东道国企业入驻跨境基础设施周边的工业园区，利用国际多式联运实现国内外资源与装备产能的国际优化配置。最后，在货物国际多式联运的基础上发展客运，推进以留学、旅游为主要目的的民间交往，增进双方民间信任，培植国际社会资本，为国际产能合作降低机会主义、不确定性带来的交易成本。

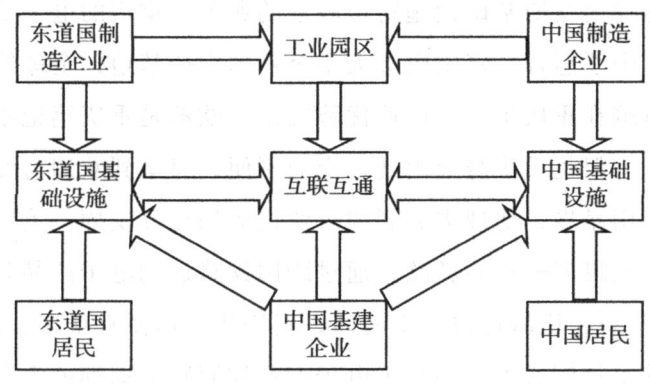

图 5.11　路缘模式

③运行机制。建立中国基础设施标准推广机制。中国标准能够带动中国装备的使用与出口，化解过剩产能；建立国际多式联运信息与管理平台机制，提供实时信息与科学管理。国际交通线沿线国家合资组建国际多式联运平台公司，完善指挥调度系统，统一提供实时物流信息，提高物流管理效率；建立各国海关政策协同机制，提高通关效率。各国海关通关程序复杂，浪费大量时间资源。通过各国海关联网办公，电子化通关，实现全程货物、人员的"一次查验"；建立促进留学、旅游的政策机制。通过以留学、旅游为主要形式的跨国民间交流，切实提高关系

型国际社会资本，充分发挥基础设施互联互通的空间溢出效应。

④案例分析。根据世界银行的统计，2016年中东欧16国累计拥有的铁路里程数仅68 386千米，略高于当年法国与德国拥有的铁路里程总和（63 693千米）。世界经济论坛《2016—2017年全球竞争力报告》显示，中国当前在中东欧地区的前六大对外直接投资国中，仅捷克、波兰及保加利亚的排名在前50名，其他国家基础设施的排名均低于欧盟平均水平。目前，中国投资中东欧互联互通产业的塞尔维亚泽蒙—博尔察跨多瑙河大桥、马其顿米拉蒂诺维奇—斯蒂普高速公路和基切沃—奥赫里德高速公路等项目均顺利实施。其中，罗马尼亚引进的中国高铁技术，经过欧盟审批后已开工建设，贯通后的匈塞高铁将连接希腊比雷埃夫斯港，为"中欧陆海国际多式联运"的贯通创造了条件。重庆首创的中欧班列是发展交通基础设施跨境联通的典范。重庆的电子信息产业高度发达，集中了惠普、富士康等大型企业的生产基地，全球约三分之一的笔记本电脑在重庆生产，产业优势突出。欧洲是重庆笔记本电脑的主要市场之一。但是重庆身处内陆，交通不便，海运到欧洲需要1个月时间，空运费用昂贵，地理劣势制约产业优势的充分发挥。重庆首创的中国第一条中欧班列——渝新欧，通过跨国铁路运输电子产品到欧洲，时间在15天左右，比海运快一半时间，费用比空运便宜很多，性价比高，为企业节约了物流成本，满足了电子产业控制物流周期的需要。重庆与云南省合作，通过滇缅铁路或者滇缅公路将货物运送到缅甸，再采用海运的方式将制造业产品经过印度洋运输到欧洲市场，降低了运输成本。目前，波兰在中欧班列沿线正在建设工业园区吸引企业入驻，利用跨境铁路辐射欧洲市场和中国市场及沿线国家市场。中国和中东欧的旅游、留学等文化交流日益增多，2018年中国到中东欧旅游人数超过140万人次，中东欧到中国旅游人数超过35万人次，双向留学规模近万人，其中中东欧国家在中国的留学生超过5 500人。2018年，中东欧国家有34所孔子学院、44所孔子课堂，学员人数超过4万人。中国有18所院校开设了55个中东欧国家语言本科专业。本案例中，随着基础设施的

互联互通、经济交往与文化交往的增多、企业交往与民间交往的增多,中国和中东欧构建关系型国际社会资本,相互信任增强,国际关系网络密度提高,降低了国际产能合作中的机会主义行为和不确定性造成的交易成本。

运用国际产能合作宏观机理,从主体关系、合作优势、合作环境、合作机制四个维度分析此案例。从主体关系来看,中国与中东欧国家建交时间长,历史关系友好;由于中欧班列的开通,中国企业与中东欧企业投资贸易往来密切;随着双方政府企业关系的发展,以旅游、留学为主的民间交往日益增多,民众作为第三部门的重要组成部分,民众密切交往能够增强国家间的社会关系。从合作优势来看,中国拥有先进的基础设施建设产能,中东欧劳动力素质较高,可以实现优势互补。从合作环境来看,中东欧营商环境较高,市场机制完善,可以提供公平竞争的市场环境。从合作机制来看,依靠"16 + 1"中国与中东欧国家合作机制作为主要的合作机制,能够保证国际产能合作的稳定推进。

运用国际产能合作中观机理,从产业转出国、产业转入国、产业集聚以及产业关联四个维度分析此案例。从产业转出国来看,中国基础设施产能过剩。从产业转入国来看,中东欧基础设施老化不能满足现代化的需求。从产业集聚来看,中欧班列沿线的工业园区集聚大量中国和本地企业,能够获得规模收益。从产业关联来看,中国企业与中东欧企业形成产业链,优化整合产业资源。

运用国际产能合作微观机理,从成本、收益、风险和动机四个维度分析此案例。从成本来看,由于中东欧劳动力性价比高,资源价格低,中国企业到中东欧开展基础设施建设可以节约以物质成本和人力成本为主的生产成本;由于民众的积极交往交流频繁,可以节约企业应对社会问题的社会成本;中国与中东欧政府的国家级合作机制,可以为中国企业节约政府制度成本;中东欧市场化程度高,能够为中国企业节约市场制度成本。从收益来看,中东欧市场广阔,消费强劲,中国企业去中东欧开展产能合作可以获得市场红利;中国与中东欧政府间关系良好,中国企业能够获得中东欧政府出台的优惠政策等政策红利；中东欧部分企业的技术先进，中国企业与当地先进企业合资合作开展基础设施建设能够获得知识溢出收益。从风险来看，以双方民众为代表的第三部门积极交往，有利于中国企业积累国际社会资本，能够降低社会风险；中国与中东欧国家民众以留学、旅游为主的文化交流频繁，可以减少文化冲突，降低文化风险。从动机来看，中国企业去中东欧国家开展基础设施产能建设的目的主要是寻求海外市场。

（4）政缘模式

①模式内涵。政缘模式是指中国与某国际区域的多个国家开展政府间整体合作，为输出优质产能提供良好政治互信的模式。该模式适用于政府主导经济发展的地区，如拉美地区。该模式的特征为政府主导，国际区域组织协调，重视机制、规则、平台建设，以政府交流带动企业交流、民间交流，以政府互信增进企业互信与民间互信。国际组织、论坛、企业家交流平台、青年交流平台都是第三部门的重要组成部分。

②模式构建。如图5.12，本模式是以元首出访带动政府协商，政府协商带动民间交往，论坛协调，规划先行，基金辅助。首先，中国国家元首等高层出访该区域主要国家，增加双边政治互信，提升与该区域主要国家的外交关系；中国国家元首与该区域多国元首举行会议，将双边合作升级为多边合作，双边合作与整体性多边合作并行；通过举办多边政府合作论坛，达成政府合作意向，确定国际产能合作重点领域；制定整体合作规划，为产能合作指明方向；中国通过建立合作基金，发挥外汇储备优势，满足该区域产能合作的资金需求，基金采取贷款、投资等多种方式支持产能合作；通过举办企业家、青年、政党、社团、议会、智库、高校、留学生等分论坛，以官方交流带动企业家交流与民间交流，增强民心相通；通过举办多边博览会，提供多边合作平台；最后，早期项目收获，为长期产能合作项目提供物质激励和动力支持。

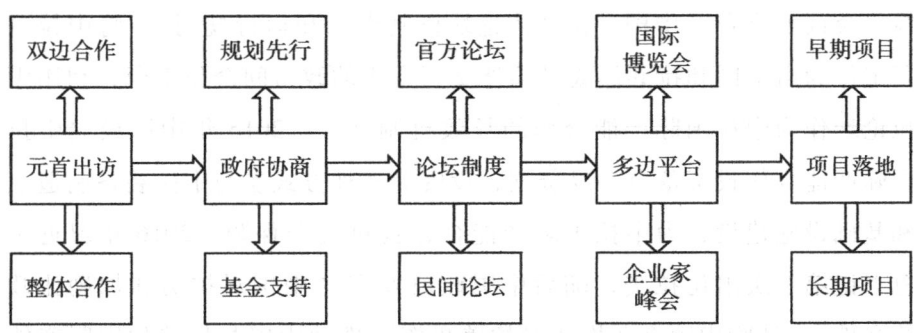

图 5.12　政缘模式

③运行机制。建立双方文化交流机制，减少双方文化冲突。政府、企业、居民都要提高跨文化交际能力，突破跨文化交际鸿沟；建立双边与多边合作协同推进机制，相互促进。根据项目外部性影响范围决定双边与多边合作机制的选择，对一个外部性超出国界的项目，要采用多边整体性合作模式。对一个外部性在一国之内的项目，采取双边合作模式更合适；建立对整体合作框架下不同实力国家的合作差异化机制。对区域内的弱国，采取适度援助方式，帮助其培育自主发展能力；建立政府间整体合作的开放机制，与该区域整体合作不排斥第三国加入，号召发达国家一起加入与发展中国家的整体合作。国际产能合作需要凝聚各方资源，是促进经济全球化、扩大开放的战略，而不是结盟，不针对某一些国家。

④案例分析。中国与拉美国家政府间整体合作网络逐渐形成。习近平总书记三次访问拉美，积极倡导全面均衡的中拉整体合作战略。2013年习近平总书记首次访问拉美三国，为中拉合作奠定基础。当时的合作仍处于国家层面，是以国与国的双边合作为主。2014年习近平总书记第二次出访拉美，成功举行了中国—拉美和加勒比国家领导人会议，双方决定建立中拉全面合作伙伴关系，双方关系进入整体合作阶段。2015年中拉论坛首届部长级会议成功举行，共同制定《中国与拉美和加勒比国家合作规划（2015—2019）》，提出"扩大制造业领域相互投资，推进多双边合作工业园区建设"，为双方国际产能合作制定和规划路

线。会议上公布《中国—拉共体论坛机制设置和运行规则》，将中拉论坛定位为由中国和拉共体成员国外交部牵头的政府间合作平台，利用中拉论坛作为中拉国际产能合作的长效机制之一。2015年中国设立中拉国际产能合作投资基金，以贷款、投资等多种方式参与中拉装备制造业和基础设施建设，为中拉国际产能合作提供资金保障。2016年习近平总书记第三次出访拉美，随后中国政府发布《中国对拉美和加勒比政策文件》，鼓励中国企业抱团对拉美投资，推动中国与拉美的国际产能合作落地，鼓励中国企业与拉美企业合作。元首外交带动政府交往，政府交往带动双方国家机构及非政府组织的交往，双方立法机构、政党、地方、媒体、智库、青年学生、文化团体等交往日益密切。2017年举办了中拉国际博览会，为中拉合作增加了又一个多边平台。2017年举办了中拉企业家高峰会议，增进双方企业家的交往与互信。本案例中，中国政府与拉美国家政府间开展集体合作，通过建立合作平台和规划政策机制，建立强有力的国际整体合作社会网络，构建结构型国际社会资本，带动了企业和民间的合作；通过政治互信提高企业互信与社会互信，积累国际社会资本，降低机会主义、不信任和不确定性等造成的国际产能合作的交易成本。

运用国际产能合作宏观机理，从主体关系、合作优势、合作环境以及合作机制四个维度分析此案例。从主体关系来看，中国与部分拉美国家外交关系友好，为整体合作打下坚实基础。从合作优势来看，中国拥有先进的制造业产能，拉美拥有广阔的市场和丰富的劳动力资源，可以实现优势互补。从合作环境来看，拉美国家政府对市场的影响力大，所以政府间关系对企业投资具有重要影响。从合作机制来看，依靠中拉论坛、企业家峰会、部长级会议等平台和合作规划，能够保证国际产能合作的稳定推进。

运用国际产能合作中观机理，从产业转出国、产业转入国、产业集聚和产业关联四个维度分析此案例。从产业转出国来看，中国制造业产能和资本双过剩。从产业转入国来看，拉美国家制造业产能不足并且资本不足，所以中拉合作投资基金可以为拉美产能建设提供充足的股权资本。从产业集聚来看，中国企业主要是聚集在拉美当地建设的产业园区内，能够获得规模收益。从产业关联来看，中国企业集体"走出去"到拉美投资设厂形成完整产业链，优化整合产业资源。

运用国际产能合作微观机理，从成本、收益、风险、动机四个维度分析此案例。从成本来看，由于拉美市场广阔，劳动力和资源价格低，中国企业与拉美开展产能合作可以节约以物质成本和人力成本为主的生产成本；由于政府交往带动的企业家和民众交往密切，能够节约企业应对社会问题的社会成本；中国与拉美政府的整体合作机制，可以为中国企业节约政府制度成本。从收益来看，拉美市场广阔，消费强劲，中国企业去拉美开展产能合作可以获得市场红利；中国与拉美政府间关系良好，中国企业能够获得拉美政府出台的优惠政策等政策红利。从风险来看，政府交往带动双方企业家、民众积极交往，有利于中国企业积累国际社会资本，能够降低社会风险；中拉媒体、智库、文化团体、青年学生文化交流频繁，可以减少文化冲突，降低文化风险。从动机来看，中国企业去拉美国家开展产能合作主要是为了市场寻求和低成本需求双重目的。

5.3.2　积累国际社会资本的模式的比较

（1）积累国际社会资本的模式提升国际社会资本的共同原理

本部分利用 5.1 中的国际产能合作双方提升国家社会资本的机理发现，积累国际社会资本的模式都是通过不同途径根据东道国国情和中国国情以成本较低的方式通过信任投资培育国际社会资本。国际产能合作双方提升以信任为核心的国际社会资本的机理分析结果为：信任投资成本越低，双方都选择信任对方的概率越大；信任投资收益越大，双方都选择信任对方的概率越大；不信任对方的机会主义行为带来的声誉和未来合作机会的损失价值越大，双方都选择信任对方的概率越大；不信任对方的机会主义行为带来的短期收益越小，双方都选择信任对方的概率越大。积累国际社会资本的模式具备了上述四个标准，即：信任投资成本较低，信任投资收益较高；不信任对方的机会主义行为的损失价值较大，不信任对方的机会主义行为的短期收益较低。

第一，积累国际社会资本的模式都选择的是与所在国家构建社会资本成本较低的途径，比如中国与东南亚华人华侨存在血缘联系，具备天然的亲近性，信任投资成本较低；中国与中东欧历史关系友好，双方信任度较高，中国基建技术能力强成本低，中东欧基建急需升级，双方经贸发展需要互联互通，信任投资成本较低；中国与部分拉美国家的双边外交关系日益升温，特别是委内瑞拉等国，为整体合作打下坚实的信任基础，信任投资成本较低。

第二，积累国际社会资本的模式背景下的信任投资的收益较高。信任投资的收益是指交易成本的节约。积累国际社会资本的模式都重视国际社会资本的积累，根据 5.1 分析的国际社会资本对交易成本的影响机理，积累国际社会资本能降低机会主义行为发生概率和继发的不确定性，提高专用性资产的安全，最终降低国际产能合作交易成本的社会成本部分。旧模式不重视国际社会资本的积累，所以交易成本的社会成本部分较高。

第三，积累国际社会资本的模式背景下，不信任对方的行为所带来的声誉损失和未来合作机会的损失构成的机会主义损失大。积累国际社会资本的模式通过各种途径提高国际社会网络的联系密度，使得网络中的不良声誉扩散速度提高，声誉效应也更显著，声誉好坏引致的声誉价值差距扩大；通过国际社会网络提高了合作的长期稳定预期，使得合作的未来价值贴现率提高，使得失去未来合作机会的损失价值提高。

第四，积累国际社会资本的模式背景下，不信任对方的机会主义收益较低。机会主义行为主要通过歪曲信息误导交易对手损人利己，追求私利最大化，根本上是利用了信息不对称。事前的信息不对称导致高额的搜索成本和逆向选择,事后的信息不对称导致高额的监督成本和道德风险。信息不对称越严重,机会主义行为的短期收益越大。积累国际社会资本的模式下通过减少产能合作各方交往的身份、文化、政治、距离障碍,提高沟通效率,能够降低信息不对称程度,降低机会主义行为的短期收益。

(2) 积累国际社会资本的模式提升国际社会资本的不同途径

积累国际社会资本的模式从血缘、文化、交通、政治四条不同途径提升中国与国际产能合作东道国的国际社会资本。依据社会资本的社会建构论,利用血缘联系可以提升国际社会资本。东南亚地区华人华侨众多,通过与华人华侨加强联系,积累关系型社会资本,强化国际社会网络联系,利用华人华侨在当地的社会影响力、市场影响力、政府影响力,节约交易成本,提高国际产能的合作绩效;依据社会资本的文化建构论,宗教文化相通能够提升国际社会资本。依据社会资本的交通建构论,通过加强交通设施的现代化建设并提高互联互通水平,能够提高国际社会资本。中东欧交通基础设施建设发展空间大,中国通过与中东欧合作实现交通基础设施现代化与跨国互联互通,可以增加双方以投资、贸易为主的企业经济交往和以旅游、留学为主的民间文化交往,建设关系型社会资本,提高跨境交通沿线国家的社交网络密度,降低交易成本,提高国际产能合作绩效;依据社会资本的政治建构论,政府通过赋权能够提升社会资本。拉美地区政府对市场的影响力大。中国政府通过与拉美国家政府的整体合作,建立一系列合作机制、论坛、规则、国际组织,赋权给国际组织和合作论坛,培育结构型社会资本,加强国际社会网络联系。并且通过整体合作能够降低与单个国家合作的沟通成本,还能实现国家之间的信任背书传递,提高政治互信,强化国际社会网络的链接密度,提升声誉价值,降低交易成本,提高国际产能合作绩效。

表 5.11　　　　　积累国际社会资本的模式比较

模式	地区及地区特征	社会资本建构途径	社会资本类型	社会资本培育方式
血缘	东南亚华人华侨众多	社会建构论	关系型社会资本	联络当地华人社团、商会，强化关系网络
文缘	中东伊斯兰教盛行	文化建构论	认知型社会资本	文化交流，发展清真产业，强化文化认同
路缘	中东欧基础设施滞后	交通建构论	关系型社会资本	基础设施改造与中欧基础设施互联互通，强化经济文化交往频率与互信水平
政缘	拉美政府主导	政治建构论	结构型社会资本	政府之间建立整体合作的机制、规则、国际组织、平台，强化政治互信，为企业互信提供政府保障

5.3.3　小结

本部分在提出文缘、血缘、路缘、政缘四种积累国际社会资本的模式的基础上，发现四种模式促进国际产能合作的原理相同，都是通过利用东道国国情，选择较低信任投资成本的路径，提高互信带来的收益，降低不信任对方的机会主义行为的收益，提高不信任对方的机会主义行为的损失，达到促进双方相互信任的目的，从而减少机会主义行为，降低交易成本，提高国际产能合作绩效。以上都运用了 5.1 中国际产能合作双方提升国际社会资本的机理的结论。

本部分四种模式建构国际社会资本的路径不同。对华人华侨众多的东南亚国家，采取血缘模式。依据社会建构论，通过加强与当地华人商会社团的联系，获得强有力的社会关系网络，构建关系型国际社会资本，降低交易成本，提高合作绩效；对基础设施落后的中东欧国家，基础设施成为影响其与中国企业合作、民间交往的重要障碍，采取路缘模式，依据交通建构论，通过为中东欧改造新建现代化的基础设施并与中国基础设施实现跨境互联互通，降低运输成本与旅游成本，提高中国与中东欧企业之间、民众之间的交往频率与社会交际网络的密度，构建关系型国际社会资本，降低交易成本，提高合作绩效；对民主化程度低、政府集权度高、政府对市场的控制力强的拉美国家，采取政缘模式，依据政治建构论，中国政府通过加强与东道国的双边联系和拉美区域组织的多边沟通，建立一系列合作机制、合作规则、合作论坛、合作组织，构建结构型国际社会资本，降低交易成本，提高国际产能合作绩效。

第6章 国际产能合作典型案例研究

中国与中东国家产能合作具有一定的代表性，本章以中国与中东国家产能合作为案例，进一步阐释国际产能合作的动因。

6.1 中国与中东国际产能合作现状

（1）中国和中东国家的产能合作份额

根据美国中央情报局的最近数据，在以色列所有的进口合作伙伴中，中国以占据其进口总额9.9%（2016年）的份额位列第二，而沙特的所有进口合作伙伴中，中国以高达16.2%的份额排名第一。同样，在土耳其和阿联酋，中国也以12.8%和7.4%的份额高居第一，是他们规模较大的贸易伙伴。不过，就中东四国出口合作伙伴方面而言，在阿联酋出口国的排行榜上，中国位居靠后，仅第五；在以色列出口国位列第四位；而在土耳其，甚至跌出了前五。由此可见，中国与中东四国的产能合作并没有"物尽其力"，还有很大的合作空间。

表6.1 2016年中东四国进口合作伙伴排名及所占份额

	第一名（份额）	第二名（份额）	第三名（份额）
阿联酋	中国（7.4%）	美国（6.9%）	印度（6.8%）
土耳其	中国（12.8%）	德国（10.8%）	俄罗斯（7.6%）

续表

	第一名（份额）	第二名（份额）	第三名（份额）
沙特	中国（16.2%）	美国（15%）	德国（6.3%）
以色列	美国（12.2%）	中国（9.9%）	瑞士（6.4%）

表6.2　2016年中东四国出口合作伙伴排名及所占份额

	第一名（份额）	第二名（份额）	第三名（份额）
阿联酋	印度（9.9%）	伊朗（8.9%）	日本（8.8%）
土耳其	德国（9.8%）	英国（8.2%）	伊拉克（5.4%）
沙特	中国（13.6%）	日本（11.3%）	印度（10.7%）
以色列	美国（29.3%）	中国香港（7.4%）	英国（6.5%）

数据来源：美国中央情报局，https：//www.cia.gov/library/publications/the-world-facebook/fields/2061.html

20世纪90年代，中国发展的高速态势，势必需要与之相匹配的石油量，中东成为中国最大的石油进口来源地。与此同时，中国在资本与轻工业的产品生产方面资历雄厚，最终与中东形成互相进出口的局面。2000—2012年，中国对中东进出口贸易额增速非常快，从2000年的161.53亿美元飙升到了2 308.25亿美元，年平均达到了24.8%的增速。与中国对外贸易总额相比，中东贸易总额虽然比重未得到较大突破，却是一直持续走高，关键性不言而喻。据1994年数据显示，我国国际贸易总额高达2 366.20亿美元，其中与中东相关的仅38.28亿美元，仅仅只有1.62%的占比。2012年中国实现了38 671.19亿美元的贸易总额，其中2 308.25亿美元来自于中东贸易，达到了5.97%的占比，实现了4.35%的增幅。以中东对外贸易为切入点进行分析，发现中国已成为中东各国相当重要的贸易伙伴。20世纪80年代，发达四国是中东最主要的出口国，出口占比高达80%。而当前，欧盟、日本等国在中东出口贸易中却占据越来越小的比重。直到今日，中国已经赶超韩国和日本，继而超越美国，紧随欧盟之后，成为中东贸易往来中的第二大国。

（2）中国与中东国家的产能合作水平

国际直接投资是国际产能合作的重要载体，其规模和结构能够很好地反映中国与"一带一路"沿线国家开展产能合作的密切程度。不过，从中国对中东国家直接投资的分布来看，投资流向目前仍高度集中于油气出口国。根据中国商务部公布的数据，2016年，中国对中东国家直接投资流量总计为23.4亿美元，其中，98%流向阿联酋、沙特、阿尔及利亚、科威特等4个重要的油气出口国，并且，流入这些国家的直接投资也聚焦于油气部门和基础设施建设。而且，中国对中东油气进口国直接投资不但规模非常有限，也不是以工业制造业为主。在中东石油进口国中，埃及吸引中国直接投资最多，但截至2016年底，中国对埃及的直接投资存量中仅有12%（约合8 000万美元）流入制造业。因此，中国制造业企业对中东国家投资尚处于较低水平。

表6.3　　　　2016年中国对中东国家直接投资情况

国家	流量（万美元）	存量（万美元）	主要投资领域
阿联酋	134 586	509 386	能源、钢铁、建材、五金、化工等
沙特	47 857	276 459	能源、通信
阿尔及利亚	34 295	194 857	能源、油气
以色列	29 851	152 492	高新科技、教育
埃及	8 231	67 628	油气、制造业、港口航运
科威特	16 347	56 291	能源、建筑、电信
伊拉克	1 342	39 870	油气、电力、建材
阿曼	1 134	20 897	企业工程承包
也门	-9 819	45 780	能源、建筑、渔业、餐饮
卡塔尔	14 012	45 019	企业工程承包
黎巴嫩	—	381	—
巴林	—	394	—
约旦	163	3 309	—

资料来源：商务部、国家统计局、国家外汇管理局《2016年度中国对外直接投资统计公报》，中国统计出版社2017年版，第42—53页；中国驻各国商务参赞处网站；商务部《对外投资合作国别（地区）指南》2017年各卷

(3) 中国与中东国家的产能合作潜力

中东各国尽管经济发展水平参差不齐，但是和中国均属于第三世界，不仅历史遭遇非常相似，而且现实任务也相同，在发展中国家扮演着非常重要的角色。和西方国家不同的是，中国的能源市场是持续发展和持续扩大的，因此基础设施投资具有非常广阔的前景。同样，伊拉克以及叙利亚战争使得这些国家面临着重建的重任，加上调整国内产业结构的需求，促进了中东地区的建设。但是由于这些地区缺乏较为充足的自然资源，工业发展较为落后，因此除了进口大量的资本类产品之外，还必须完善相应的配套服务业。所以，中国和中东在基础建设方面都具有较大的发展空间，同样需要大量的建材、家具以及服务业。

目前，和中国达成经济贸易和技术合作的中东国家已经非常多了，在此基础上还组建了经济贸易混合委员会，中国与大部分国家都签订了投资保护协议和避免双重征税协议。双方在很多建设领域的成果非常显著，双方不仅大力拓展传统领域的合作，还对信息技术业以及市政建设等领域进行了拓展。但是，较之于中东非常雄厚的石油资本而言，双方合作的潜力还有待于进一步发掘。

除此之外，中国与中东之间存在较少的双边贸易壁垒，因此双方存在较大的经贸合作空间。最近几年，中东国家呈现出越来越高的贸易自由化程度，关税也在持续降低，贸易壁垒不断减少，通常情况下，保护性关税都在20%以下。沙特政府还对部分产品实行了零关税政策，比如民族工业生产设备的进口和原材料进口等，外国人在这些领域不仅可以自行经营，并且还可以购买当地的不动产。而中国拥有较发达的制造业，不仅能够保证产品的供应，还可以将本国先进的装备、技术等输出到中东国家，为两地区经贸合作奠定了坚实基础。通过林德的需求相似理论不难得知，两个国家具有较为相似的偏好，比较类似的需求结构，或者说需求结构大部分都是重叠的，两国间就会产生越大的贸易量。由此不难推断，中国和中东国家的产能合作潜力非常大。

6.2 中东国家承接中国产能合作的动因

(1) 油气行业的良好基础

中东地区是全球最为重要的能源供给市场,全球许多重要的石油、天然气出口国云集于此。根据中东石油输出国组织(OPEC)的资料,截至2015年底,中东国家可探明常规石油资源储量为7 122亿桶,占全球可探明常规石油资源储量的55.5%。同年,中东国家可探明54.5万亿立方米的天然气储量,在全球当中的占比为27.7%。极为丰富的油气资源赋予很多中东油气资源国充足的能源保障,使其在承接和发展能源消耗较大的重工业和化工业方面具备较强的潜在比较优势。

(2) "向东看"政策的支持

由于中国在工业制造业发展上取得的成绩有目共睹,很多中东国家对中国提出的"一带一路"倡议寄予厚望,希望借助中国优势产业的对外转移带动本国工业制造业的发展。金融危机之后,"向东看"的政策逐步开始在沙特等国实施,而该趋势即便是遇到了中东巨变也没有发生改变。之所以会出现这种情况,主要基于以下因素:美国面临着越来越大的反恐压力;美国开始调整自身的能源政策;亚洲等国家对能源的需求越来越强烈等。因此,为双方经济合作提供了有利的契机。

而且,很多中东国家也已展开实际行动。根据中国商务部2016年发布的《对外投资合作国别(地区)指南》,埃及、阿联酋、沙特等国都与中国签署了国际产能合作框架协议。埃及已与中国建成苏伊士经贸合作区,阿曼、沙特、吉布提、摩洛哥等国也已启动与中国共同建设的工业园项目。

(3) 丰富的劳动力资源

成本低廉。从中阿产业转移行业构成指向来看,既包括高耗能的重化工业,也包括劳动密集型制造业,因此投资东道国劳动力资源情况是关乎双方产业合作成效的重要因素。除丰富的油气资源外，中东国家劳动力资源也十分丰富，一些国家劳动力成本具有一定价格优势。首先，中东国家人口年龄结构十分年轻，劳动力储备十分丰富。根据世界银行统计，2015年，中东国家15—65岁人口在总人口中占比为62.4%，略低于全球65.6%的平均水平，而14岁以下人口占到总人口的33.2%，高于全球26.1%的平均水平。较为年轻的人口年龄结构意味着中东国家在发展劳动密集型工业制造业方面拥有十分充足的劳动力资源保障。

表6.4 中东主要石油进口国与其他发展中国家劳动力成本的比较

单位：美元

国家	雇员年工资				
	第17类	第18类	第24类	第27类	第31类
埃及（2014）	3 790	2 387	7 243	8 261	4 078
约旦（2014）	4 524	4 192	5 734	8 730	8 032
泰国（2014）	2 946	3 706	4 809	4 793	4 981
印度（2014）	2 318	2 084	4 821	4 679	4 592
巴西（2014）	9 563	6 649	22 740	22 814	17 265

说明：表中数据根据《国际标准产业分类》（ISIC/Rev.3）进行统计，具体指代如下：第17类——纺织品的制造；第18类——服装制造、毛皮修整与染色；第24类——化学品及化学制品的制造；第27类——基本金属的制造；第31类——未另分类的电力机械和装置的制造。

资料来源：UNIDO, Statistical Country Briefs, http//www.unido.org/resources/statistics/statisticalcountrybriefs.html，2017.05.20

其次，与其他发展中国家相比，很多中东国家的劳动力成本也具有一定竞争优势。如在服装加工业，埃及的年工资水平为2 387美元，相对泰国要低35.6%，相对印度也仅高出14.5%，而在未另分类的电力机械和装置的制造，埃及的年工资水平为4 078美元，相对泰国要低18.1%，相对印度也要低11.2%。因此，综合劳动力储备和劳动力价格两方面因素，中东国家存在巨大的"人口红利"，在发展劳动密集型工业制造业方面具有较强的潜在比较优势。

(4) 加速工业化的要求

对于大部分中东国家而言，迫切需要提升自身的工业化水平，因此为中东产能和装备制造合作奠定了坚实的基础。2015年3月，沙特颁布实施了"四年发展和投资规划"，明确提出要积极促进财政状况的改善、提升经济发展水平以及加强对外招商引资等。土耳其则确定了经济发展的目标，即经济增长率达到8%，提高就业水平，实现5.5%的失业率，出口实现12%的增幅，工业方面达到9%的增长率，引进140亿美元的外资等。以色列所实施的"五年经济建设计划"当中，明确了将公共投资增加作为发展的主要内容，最终实现经济的多元化发展，促进竞争水平的有效提升，在国家投资计划方面的目标为2 625亿美元的投资额，建成1 200公里的铁路线、公路线，同时进一步完善基础建设建设，包括电站、水坝以及港口等。

中东国家的工业化进程提供了巨大的市场，但是和急剧增加的国内需求相比，其工业制成品产能还远远无法满足现实的需要，而这部分缺口就需要通过进口来弥补。此外，日益发展的工业和经济也极大提高了人们的消费需求以及可支配收入，因此增加了在工业产品方面的需求量。从长远来看，中国产能的转移能够更好解决中东国家产能不足的困境，同时也有助于中国的健康可持续发展，因此能够实现互惠互利的双赢效果。

(5) 工业化特征的影响

对国际产能合作而言，最主要的投资方式即外国直接投资，有利于投资流入国的正面发展。在中东国家当中，比较注重外国直接投资的国家主要包括沙特、以色列、土耳其，这些国家都和中国跨国公司进行过合作。就各个产业吸引外资的情况而言，焦炭、石油产品和核燃料的占比最高，均为14.14%，建筑业和商业服务业分别也达到了13.97%和12.78%的占比，在所有的对外引资当中上述行业的占比达到了40.89%（见图6.1）。

结合工业化发展实况，除却石油天然气方面，双方将国际承包工程

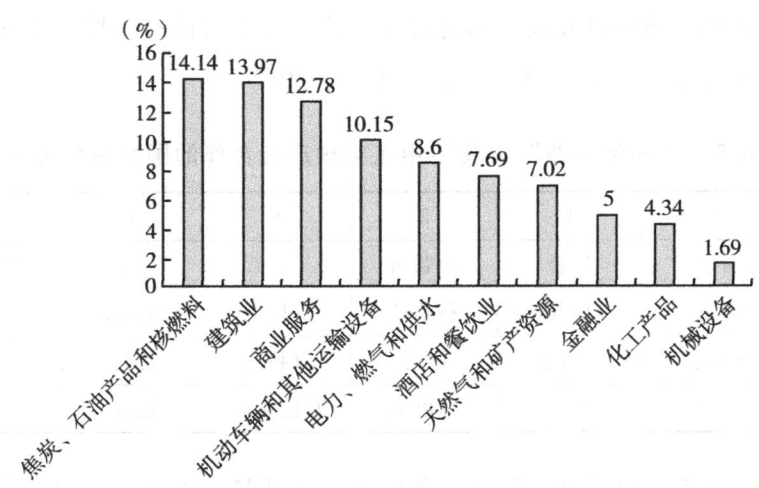

图 6.1　中东国家吸引外国直接投资主要产业领域

资料来源：UNCTAD，World Investment Report 2015：Reforming International Investment Governance，United Nations Conference on Trade and Development

作为最主要的合作方式，并且合作的内容也从土建施工分包开始逐步拓展到了工程总承包、设计咨询、运维以及项目融资等多个领域。并且中国和沙特、阿联酋以及土耳其等国逐步加强了在制造业领域的合作，在承接技术转移等方面成绩非常突出。最近几年，我国与中东国家在更为广阔的领域内展开了产能合作，并且从发展趋势上来看，正在逐步由传统工业领域逐步延伸到通信、商业零售以及旅游等生产行服务业领域。

6.3　中国与中东四国产能合作基础与行业选择

中东国家具有不同的实力和影响力，在"一带一路"中也会产生不同的作用和着力点。在合作的过程当中，必须要按照重要程度的不同对 17 个国家进行划分，制定与之相匹配的交往政策，使地区大国的引领作用得到充分发挥，以对其他国家形成有效带动，进而提高有效参与的程度。同时，由于我们不可能在短时间完成"一带一路"建设，且中东国际经济形势以及政治形势日益变化，所以目前应当按照不同的目标次序来实施"一带一路"策略（王猛，2017）。

表 6.5 "一带一路"背景下中东实施产能合作的国别目标排序

重要程度排序	1	2	3	4	5
支点国家	沙特	阿联酋	土耳其	以色列	伊朗
重要国家	埃及	科威特	伊拉克	巴勒斯坦	
次重要国家	卡塔尔	阿曼	叙利亚	也门	
一般国家	约旦	黎巴嫩	塞浦路斯	巴林	

从表 6.5 可以看到，沙特、阿联酋、土耳其、以色列、伊朗等五国被视作"一带一路"背景下中国与中东实施产能合作的支点国家，本书采用此类划分标准进行研究。因主要针对近五年的数据进行分析比对，伊朗由于中间某些年份数据缺失，不列入本次研究范围之内，故选择沙特、阿联酋、土耳其、以色列四个中东国家来作为主要研究对象，计算与中国实施产能合作的贸易结合度、贸易互补性、显示性比较优势等指标并分析，探索产业部门层面中国可以与中东四国进行产能合作的机会。

6.3.1 中国与中东四国的产能合作基础分析

（1）中国与中东四国产能合作结合度比较

贸易结合度指数（Trade Intensity Index，TI）由经济学家布朗（A. J. Brown）提出，是分析产能合作的基础指标之一，即以一国和其贸易伙伴国为对象，将出口和其出口总额的比值、其进口和其进口总额的比值再次比较所得的最终比例，且指标数值与两国间贸易的紧密性呈正相关。在此基础上，小岛清等对其进行优化，以统计和经济的角度深入分析，对双方的贸易依存度进行核算，公式如下：

$$TI = (X_{ab}/X_a)/(M_b/M_w) \tag{6.1}$$

式中，a、b 代表两国，w 是世界市场。a、b 两国贸易结合度以 TI 指数进行显示，a 国出口总额即 X_a，b 国进口总额即 M_b，a 国对 b 国的出口额以 X_{ab} 代表，世界进口总额即 M_w。当 TI 指数 >1 时，表明 a、b 两国贸易存在较为密切的联系；当 TI 指数 <1 时，则说明 a、b 两国的贸易存在较为松散的联系。

经计算结果见表 6.6 至表 6.10。

表 6.6　中国与沙特的双边贸易结合度指数（TI 指数）

年份	中国对沙特的贸易结合度	沙特对中国的贸易结合度
2012	0.987	1.123
2013	0.929	1.190
2014	1.012	1.092
2015	0.989	1.003
2016	1.009	1.034

表 6.7　中国与阿联酋的双边贸易结合度指数（TI 指数）

年份	中国对阿联酋的贸易结合度	阿联酋对中国的贸易结合度
2012	1.112	0.998
2013	1.090	1.032
2014	1.037	1.010
2015	1.201	1.003
2016	1.189	1.029

表 6.8　中国与以色列的双边贸易结合度指数（TI 指数）

年份	中国对以色列的贸易结合度	以色列对中国的贸易结合度
2012	0.976	1.189
2013	0.912	1.155
2014	0.909	1.208
2015	0.945	1.104
2016	1.002	1.209

表 6.9　中国与土耳其的双边贸易结合度指数（TI 指数）

年份	中国对土耳其的贸易结合度	土耳其对中国的贸易结合度
2012	0.909	1.113
2013	0.935	1.090
2014	0.918	1.001
2015	0.998	1.146
2016	0.973	1.209

数据来源：UN Comtrade

表 6.10　中国与中东四国加总的双边贸易结合度指数（TI 指数）

年份	中国对中东四国的贸易结合度	中东四国对中国的贸易结合度
2008	0.896	0.986
2009	0.952	0.994
2010	1.008	1.078
2011	1.126	1.045
2012	1.080	1.002
2013	0.962	1.176
2014	1.135	1.122
2015	1.078	1.197
2016	1.034	1.172

数据来源：UN Comtrade

（2）中国与中东四国产能合作结合度分析

据以上数据可知，2008—2016 年，中国与中东四国贸易往来频繁，期间的贸易结合度指数范围是 0.896 至 1.135。2010 年以前，这一指数均处于 1 之下，直到 2010 年之后才突破 1 值，逐渐上升，由此证明中国与中东四国之间的贸易关系愈加密切。实际上，这一现象的直接原因是中国制造业的飞速发展，紧随欧盟之后，在中东地区的贸易对象中位居第二。中国对中东的总出口额占中东贸易总额的比例也从 2008 年的 8.42% 上升到 2016 年的 15.41%。即便初始中东对中国的贸易结合度指数方面不尽如人意，不过走势良好。自 2010 年以后，相关指数都大于 1 的临界值，最高时为 1.135，导致结果的原因有二：第一，中国对石油的需求量激增；第二，国际石油价格不断攀升。有关数据也是双方加强贸易联系的证明。2008 年，中东出口中国 791.46 亿美元，相比中国进口贸易总额来说，占比只有 5.08%，不过到 2016 年，中东出口中国多达 2 035.62 亿美元，相比中国进口贸易总额占比增加 10.98%，共计增长 5.9 个百分点。

在"一带一路"政策实施的同时，中国与中东四国将进一步加强贸易往来，双方经济也将持续增长。具体来说，中国和中东四国在出口目标方面具有一致性，多是欧盟、美国等发达国家，不过相对的出口竞争力不够强劲，出口商品以互补性居多。实际上，中东对发达国家出口的产品中能源产品居多，中国先是初级产品出口，后来则是劳动密集型，最终达到技术密集型产品出口的目标。中国和中东四国的合作有效削减了双方于贸易出口方面的竞争。

6.3.2　中国与中东四国产能合作的行业选择

（1）中国与中东四国产能合作贸易行为分析

由上一节可知，中国和中东四国具有较强的贸易结合度，下文将按照联合国国际标准分类（Rev.4），将产业部门分为十类，深入剖析双方互补性情况。借助两类指标实现分析过程：一是产业内贸易指数；二是显示性比较优势指数。产业内贸易指数又称 G－L 指数，以所有贸易流量为核心，并将贸易依照产业内和产业间进行划分，最终得出核心指标并由此展现产业内贸易水平，公式如下：

$$GL_i = 1 - \frac{|X_i - M_i|}{X_i + M_i} \tag{6.2}$$

G－L 指数认为，贸易要么发生在产业内，要么发生在产业间，产业内贸易指数的情况与统计数据的加总有关，即与人们选择哪一级的

SITC 数据作为产业划分标准有关。

G-L 指数的取值范围为 [0,1]。两个端点值的情况为：当一个国家在某一产业只有进口或只有出口时，我们认为此时该国没有产业内贸易，或说其产业内贸易水平取最低值，此时，X_i 与 M_i 某一项为零，G-L 指数等于 0；当一国在某一产业的进出口相等时，我们认为此时该国的产业内贸易水平达到最大，此时，X_i 等于 M_i，G-L 指数等于 1。所以，G-L 指数取值越接近 0，代表产业内贸易水平越低；取值越接近 1，代表产业内贸易水平越高。

联合国商品贸易统计数据库（UN Comtrade）作为联合国的官方机构，主要负责对各国贸易信息进行搜集和梳理。该数据库具有非常广阔的覆盖面，所涉及的数据涵盖商品贸易超过了总数的 99%，涉及的商品种类超过了 6 000 种，这些数据能够更加翔实地对贸易和商品流动情况做出描述。全部收集到的数据都会根据统一的标准实现向美元和统一公制单位的换算。而对于中国而言，其与中东四国的贸易结构的分类情况具体如表 6.11 所示。

表 6.11　SITCRev.4 国际贸易标准产业 SITC 划分

SITC	类的描述
0	食品和活动物
1	饮料和烟草
2	非食用原料（不包括燃料）
3	矿物燃料、润滑油及有关原料
4	动植物油、脂和蜡
5	未另列明的化学品和有关产品
6	主要按原料分类的制成品
7	机械及运输设备
8	杂项制品
9	《国际贸易标准分类未另分类》的其他商品和交易

通过对中国与中东四国的相关贸易数据进行统计整理，得到如

表 6.12 的相关 GL 指数。根据表格内容，进行具体产业部门产业内贸易或产业间贸易类型的判断，从而为中国在这几个支点国家不同产业部门内更顺利地进行产能合作提供数据与策略支持。

表 6.12　2012—2016 年中国十大产业 SITC 的 GL 指数

中国	SITC 0	SITC 1	SITC 2	SITC 3	SITC 4	SITC 5	SITC 6	SITC 7	SITC 8	SITC 9
2012 年	0.623	0.588	0.053	0.099	0.043	0.633	0.609	0.807	0.406	0.040
2013 年	0.889	0.730	0.095	0.179	0.100	0.747	0.582	0.812	0.385	0.032
2014 年	0.913	0.666	0.102	0.193	0.129	0.765	0.602	0.807	0.366	0.053
2015 年	0.923	0.666	0.140	0.296	0.154	0.880	0.510	0.784	0.371	0.054
2016 年	0.916	0.704	0.129	0.273	0.175	0.882	0.518	0.801	0.382	0.140

数据来源：UN Comtrade

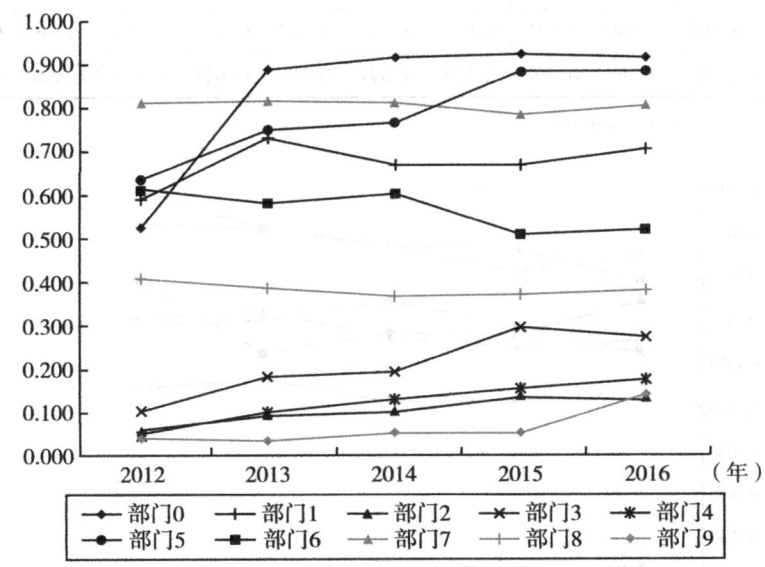

图 6.2　2012—2016 年中国十大产业 SITC-GL 指数折线图

数据来源：UN Comtrade

由计算的 GL 指数和折线图可以看得到，中国在 SITC 0、SITC 1、SITC 5、SITC 6、SITC 7 上均有较高的产业内贸易水平，尤其是 SITC 0、SITC 5、SITC 7 的 GL 指数基本都在 0.8 以上，说明这三个 SITC 的产业内贸易处在较高水平。而SITC 2、SITC 4、SITC 9的GL指数逼近0，产业内贸易水平非常低；而SITC 8在0.5的临界点下，并呈现逐年下降趋势，产业内贸易水平不断下降。SITC 3在近5年内都在0.2左右徘徊，但呈现不断上升趋势，说明产业内贸易水平正不断提升，正在由产业间贸易向产业内贸易转型。由中国的产业内贸易指数格局，同理得到中东四个支点国家的STIC产业与GL指数之间的关系（见表6.13至表6.16、图6.3至图6.6）。

表6.13 2012—2016年阿拉伯联合酋长国十大产业 SITC–GL 指数

阿联酋	SITC 0	SITC 1	SITC 2	SITC 3	SITC 4	SITC 5	SITC 6	SITC 7	SITC 8	SITC 9
2012年	0.519	0.848	0.655	0.133	0.623	0.744	0.793	0.725	0.823	0.657
2013年	0.516	0.812	0.639	0.122	0.685	0.666	0.861	0.794	0.778	0.776
2014年	0.510	0.869	0.661	0.154	0.742	0.665	0.869	0.782	0.805	0.641
2015年	0.563	0.909	0.717	0.072	0.701	0.622	0.912	0.572	0.846	0.796
2016年	0.545	0.995	0.704	0.125	0.691	0.793	0.921	0.531	0.901	0.813

数据来源：UN Comtrade

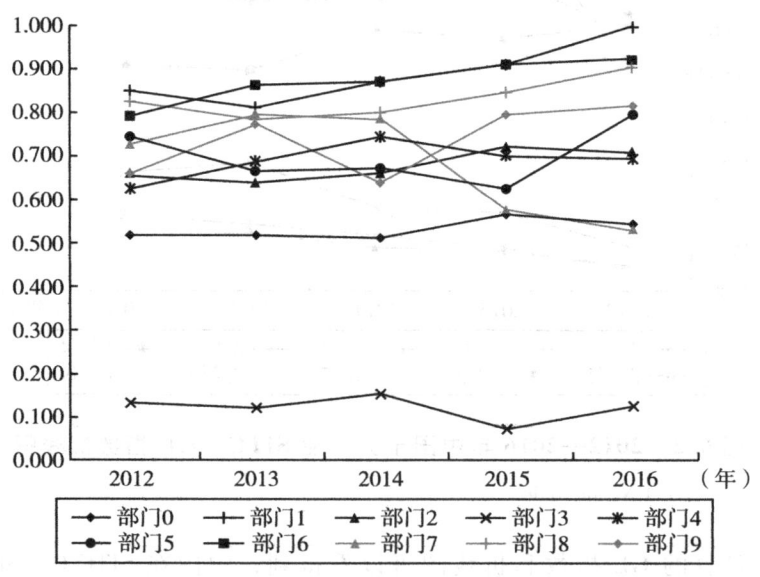

图6.3 2012—2016年阿拉伯联合酋长国十大产业 SITC–GL 指数折线图

数据来源：UN Comtrade

表 6.14　2012—2016 年以色列十大产业 SITC‑GL 指数

以色列	SITC 0	SITC 1	SITC 2	SITC 3	SITC 4	SITC 5	SITC 6	SITC 7	SITC 8	SITC 9
2012 年	0.627	0.179	0.882	0.125	0.209	0.660	0.836	0.849	0.913	0.878
2013 年	0.639	0.185	0.844	0.135	0.245	0.615	0.838	0.888	0.921	0.785
2014 年	0.609	0.190	0.839	0.116	0.299	0.625	0.814	0.879	0.900	0.662
2015 年	0.569	0.182	0.800	0.128	0.334	0.663	0.784	0.954	0.896	0.870
2016 年	0.527	0.167	0.845	0.253	0.307	0.679	0.837	0.806	0.903	0.731

数据来源：UN Comtrade

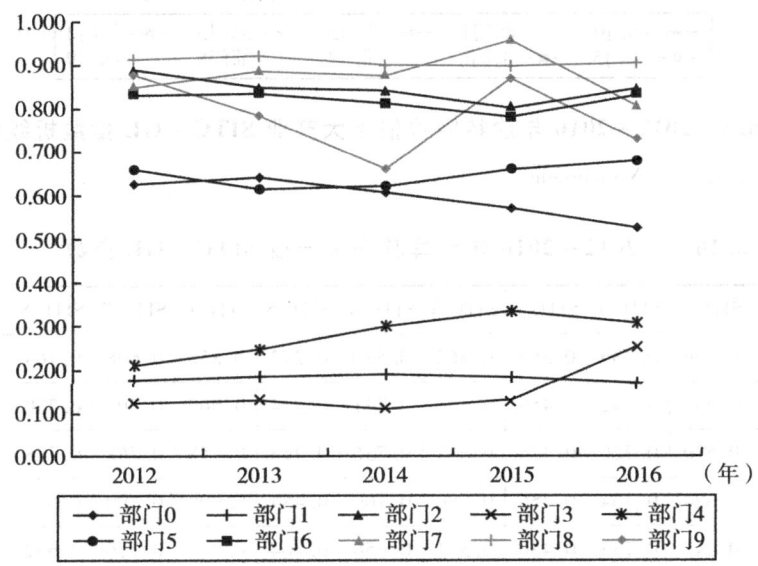

图 6.4　2012—2016 年以色列十大产业 SITC‑GL 指数折线图

数据来源：UN Comtrade

表 6.15　2012—2016 年沙特阿拉伯十大产业 SITC‑GL 指数

沙特	SITC 0	SITC 1	SITC 2	SITC 3	SITC 4	SITC 5	SITC 6	SITC 7	SITC 8	SITC 9
2012 年	0.280	0.284	0.265	0.004	0.470	0.617	0.270	0.164	0.220	0.291
2013 年	0.251	0.280	0.489	0.014	0.476	0.612	0.281	0.183	0.197	0.111
2014 年	0.266	0.287	0.460	0.018	0.413	0.609	0.310	0.176	0.163	0.145
2015 年	0.283	0.270	0.503	0.016	0.487	0.709	0.342	0.176	0.133	0.128
2016 年	0.275	0.215	0.601	0.009	0.530	0.709	0.399	0.219	0.151	0.320

数据来源：UN Comtrade

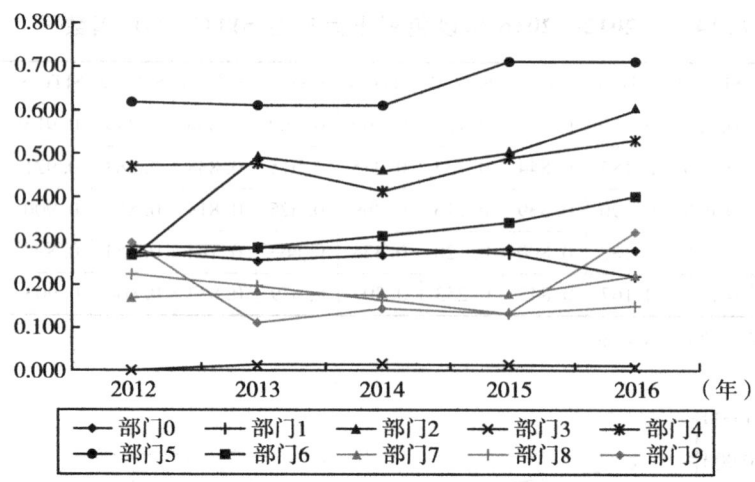

图 6.5　2012—2016 年沙特阿拉伯十大产业 SITC – GL 指数折线图

数据来源：UN Comtrade

表 6.16　2012—2016 年土耳其十大产业 SITC – GL 指数

土耳其	SITC 0	SITC 1	SITC 2	SITC 3	SITC 4	SITC 5	SITC 6	SITC 7	SITC 8	SITC 9
2012 年	0.666	0.736	0.365	0.362	0.570	0.272	0.856	0.608	0.164	0.482
2013 年	0.649	0.742	0.459	0.540	0.741	0.404	0.969	0.707	0.770	0.191
2014 年	0.630	0.726	0.426	0.487	0.736	0.413	0.958	0.768	0.728	0.239
2015 年	0.624	0.764	0.456	0.580	0.706	0.484	0.900	0.790	0.637	0.500
2016 年	0.645	0.753	0.486	0.531	0.656	0.464	0.953	0.716	0.652	0.613

数据来源：UN Comtrade

从国家的角度来看，中东四国中有三个国家的产业内贸易水平相比中国而言要高。从绝对值来看，沙特阿拉伯的产业内贸易水平相对其他三个中东国家最低；但从数值的增长角度来看，沙特阿拉伯的产业内贸易水平近 5 年来呈不断上升趋势，说明沙特阿拉伯的贸易行为正在积极转型，且拥有相当大的想象空间和合作潜力，是我国提升产业内贸易水平的良好合作对象。从产业部门来看，中东四国大部分部门产业内贸易水平都很高，个别部门较低，也都比较或非常接近 0.5 的临界点。具体来看：土耳其只有部门 2 的 GL 指数近 5 年持续低于

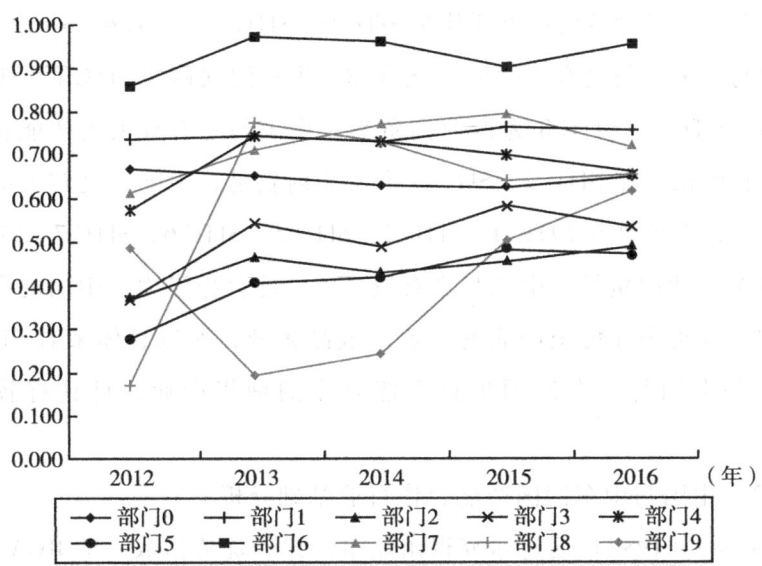

图 6.6　2012—2016 年土耳其十大产业 SITC-GL 指数折线图

数据来源：UN Comtrade

0.5，表现出较低的贸易水平，SITC 9 的 GL 指数则是从 0.191 持续上升到了 0.613，仍然有恢复的可能。以色列虽然有几个 SITC 的波动较大，但整体上产业内贸易水平较高，只有 SITC 3、SITC 4 持续在 0.3 左右波动，SITC 1 的 GL 指数连续 4 年下降，产业内贸易水平不断降低，但是 SITC 2、SITC 6、SITC 7、SITC 8、SITC 9 这 5 个 SITC 的 GL 指数基本上 5 年内常年维持在 0.8 以上，可以判断这五个部门的产业内贸易水平一直较高且较为稳定。阿联酋只有 SITC 3 的 GL 指数趋近于 0.1，为产业间贸易，其余各 SITC 的 GL 指数基本维持在 0.5 以上。SITC 1、SITC 4、SITC 5、SITC 6、SITC 8、SITC 9 的 GL 指数基本在 0.7—0.8 甚至更高的位置浮动，可以发现这些产业部门产业内贸易水平非常高。沙特阿拉伯总体产业内贸易水平较低，SITC 2、SITC 5 相比于其他的产业部门产业内贸易水平较高，其中 SITC 2、SITC 6、SITC 9 的 GL 指数在逐年稳定的升高，产业内贸易不断加强，其中 SITC 2 在 5 年内几乎是呈倍数增长的趋势，说明该产业部门正在由产业间贸易向产业内贸易迅速转型。

从以上分析可以总结出：土耳其在 SITC 0、SITC 1、SITC 6、SITC 7 为产业内贸易，中国与之有较大的产能合作潜力；阿联酋在 SITC 1、SITC 5、SITC 6、SITC 7、SITC 8 为产业内贸易，中国与之有较大的产能合作潜力；沙特阿拉伯在 SITC 2、SITC 5 为产业内贸易，中国与之较大的产能合作潜力；以色列在 SITC 0、SITC 2、SITC 5、SITC 6、SITC 7、SITC 8、SITC 9 为产业内贸易，中国与之有较大的产能合作潜力。中国的产能过剩现象主要集中在传统产业的工业制成品领域，所以总体来看 SITC 6、SITC 7 是中国与中东四国进行产能合作的理想产业，且具有较大的潜力。

（2）中国与中东四国产能合作行业基础分析

Balassa（1989）通过研究得出显示性比较优势指数，即 RCA 指数，主要用于对国家的某产业或某产品的市场竞争力进行分析。该指数得到普遍认同，具体采取如下公式：

$$RCA_{xik} = \frac{X_{ik}/X_{wk}}{X_{it}/X_{wt}} \tag{6.3}$$

式中，X_{ik} 以 k 地区为准，代表相关商品集合内属第 i 类商品的出口额；X_{wk} 以 k 地区为准，代表相关商品集合内出口额的总和；X_{it} 以世界范围为准，代表相关商品集合内属第 i 类商品的出口额；X_{wt} 以世界范围为准，代表相关商品集合内出口额的总和。

假如 RCA 高于 2.5，证明此区此类商品出口方面的竞争力达到最高标准；假如 RCA 处于 1.25 和 2.5 之间，证明此区此类商品出口方面的国际竞争力达到较高标准；假如 RCA 处于 0.8 和 1.25 之间，证明此区此类商品出口方面的国际竞争力达到一般标准；假如 RCA 小于 0.8，证明此区此类商品出口方面的竞争力属于较弱。

以中国和中东四国为主要研究对象，通过分析 10 类产品的 RCA 指数获得下列成果：

• 就产品国际竞争力而言，中国和中东四国具有较大差距，且具有互补性。如表 6.17 所示，中国产品整体表现出极强国际竞争力的有

RCA＞2.5 的 SITC 8（杂项制品）；处于 2.5≥RCA≥1.25 范围、代表竞争力处于较高标准的产品包括 SITC 6 和 SITC 7，且 SITC 7 的竞争力增强走势尤为突出。除上述三个类目外，中国余下产品的竞争力较弱，在 SITC 3、SITC 4 以及 SITC 9 方面表现最明显，其 RCA 指数都在 0.1 以内。

- 根据对十大产业部门的 RCA 指数进行计算和分析，对照国际贸易标准产业分类可得，中国在机械及运输设备和按原料分类的制成品这两个产业上，在世界范围内都具有较强的显示性比较优势，而在矿物燃料、润滑油及有关原料、动植物油、脂和蜡等方面国际竞争力尤其偏弱，因此初步判断应选择在润滑油原料、矿物燃料等领域优势显著，并在机械及运输设备、原料分类制成品等领域较不发达的国家和地区进行产能合作，从而做到最大效率地产能优势互补。

具体数据见表 6.17 至表 6.21、图 6.7 至图 6.11。

表 6.17　2012—2016 年中国十大产业 SITC–RCA 指数

年份	SITC 0	SITC 1	SITC 2	SITC 3	SITC 4	SITC 5	SITC 6	SITC 7	SITC 8	SITC 9
2012	0.438	0.160	0.171	0.098	0.047	0.515	1.304	1.420	2.323	0.012
2013	0.425	0.147	0.167	0.096	0.054	0.507	1.335	1.431	2.328	0.013
2014	0.410	0.153	0.181	0.099	0.056	0.530	1.372	1.349	2.551	0.020
2015	0.404	0.173	0.177	0.123	0.058	0.508	1.365	1.277	2.517	0.018
2016	0.448	0.193	0.180	0.150	0.053	0.509	1.361	1.254	2.506	0.043

由上文的数据分析和结论可以得到，中国具有显示性比较优势的是机械及运输设备和按原料分类的制成品这两个产业部门，而比较优势较欠缺的产业部门是矿物燃料、润滑油及有关原料、动植物油、脂和蜡等方面，因此中国与中东四国的产能合作也更希望通过这些产业的结合带来更多的结果。接下来我们通过计算的 RCA 指数，来判定中东阿联酋、土耳其、沙特阿拉伯、以色列等支点国家的显示性比较优势情况。

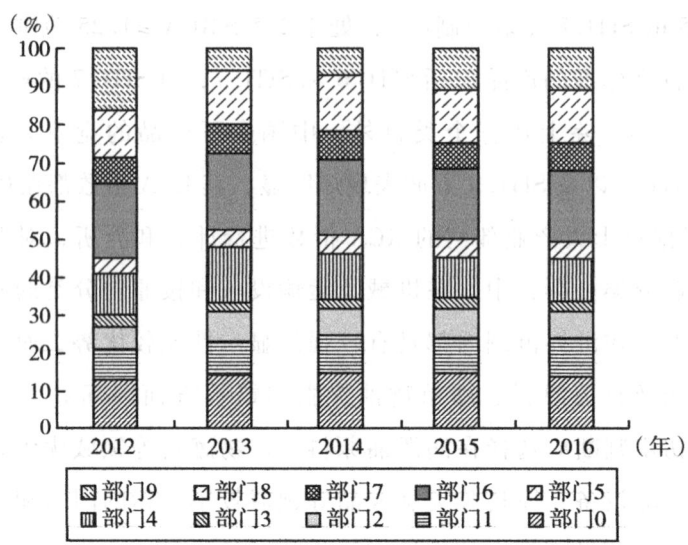

图 6.7　2012—2016 年中国十大产业 SITC – RCA 指数

数据来源：UN Comtrade

表 6.18　2012—2016 年阿联酋十大产业 SITC – RCA 指数

年份	SITC 0	SITC 1	SITC 2	SITC 3	SITC 4	SITC 5	SITC 6	SITC 7	SITC 8	SITC 9
2012	0.201	1.103	0.157	2.178	0.179	0.236	0.631	0.450	0.516	5.782
2013	0.221	1.148	0.178	2.093	0.180	0.214	0.723	0.521	0.451	5.209
2014	0.234	1.376	0.203	1.907	0.214	0.229	0.702	0.545	0.506	6.567
2015	0.265	0.391	0.211	1.578	0.178	0.152	0.656	0.223	0.395	10.032
2016	0.266	0.486	0.208	1.783	0.193	0.221	0.744	0.222	0.481	8.759

表 6.19　2012—2016 年土耳其十大产业 SITC – RCA 指数

年份	SITC 0	SITC 1	SITC 2	SITC 3	SITC 4	SITC 5	SITC 6	SITC 7	SITC 8	SITC 9
2012	1.432	0.911	0.666	0.316	1.221	0.487	2.161	0.740	1.402	1.802
2013	1.567	0.979	0.835	0.268	1.619	0.528	2.244	0.822	1.577	0.619
2014	1.569	1.096	0.780	0.251	1.315	0.537	2.144	0.799	1.601	0.743
2015	1.576	1.017	0.748	0.300	1.191	0.513	1.953	0.748	1.462	1.135
2016	1.460	1.035	0.772	0.248	1.201	0.478	1.950	0.771	1.493	1.114

第6章 国际产能合作典型案例研究

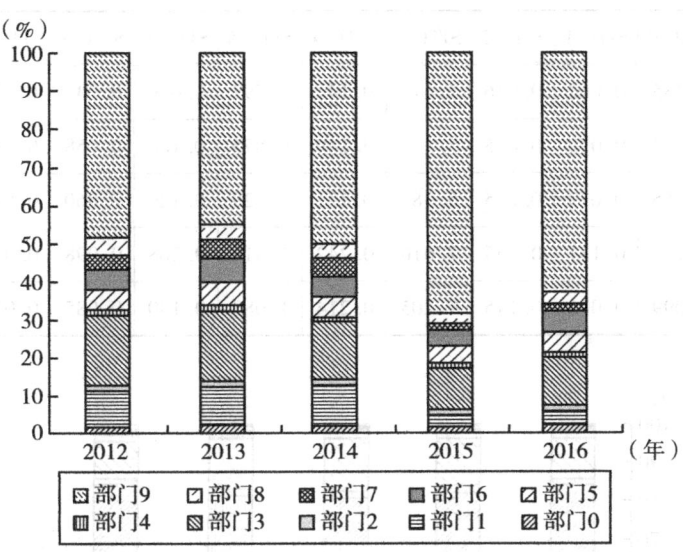

图6.8　2012—2016年阿联酋十大产业 SITC – RCA 指数

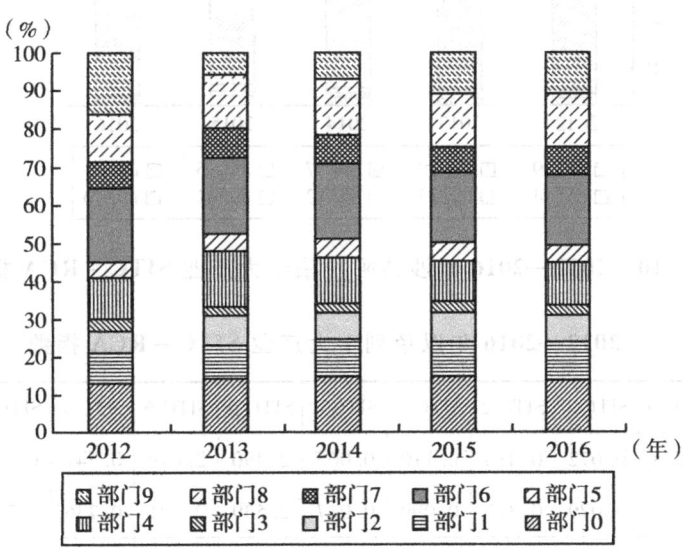

图6.9　2012—2016年土耳其十大产业 SITC – RCA 指数

表 6.20　2012—2016 年沙特阿拉伯十大产业 SITC – RCA 指数

年份	SITC 0	SITC 1	SITC 2	SITC 3	SITC 4	SITC 5	SITC 6	SITC 7	SITC 8	SITC 9
2012	0.135	0.062	0.036	5.619	0.141	0.797	0.096	0.047	0.035	0.018
2013	0.135	0.070	0.075	5.381	0.149	0.875	0.106	0.058	0.035	0.012
2014	0.155	0.079	0.095	5.587	0.151	1.029	0.129	0.060	0.033	0.021
2015	0.255	0.131	0.155	7.616	0.242	1.318	0.208	0.098	0.043	0.030
2016	0.099	0.096	0.145	9.205	0.214	1.083	0.190	0.085	0.043	0.214

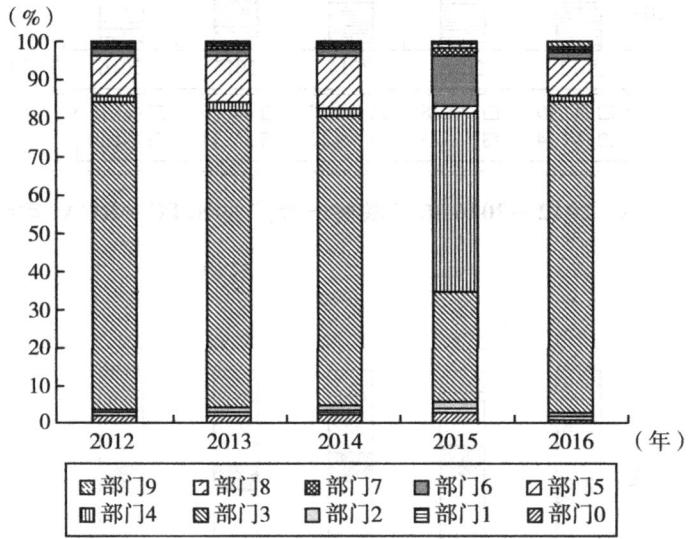

图 6.10　2012—2016 年沙特阿拉伯十大产业 SITC – RCA 指数

表 6.21　2012—2016 年以色列十大产业 SITC – RCA 指数

年份	SITC 0	SITC 1	SITC 2	SITC 3	SITC 4	SITC 5	SITC 6	SITC 7	SITC 8	SITC 9
2012	0.528	0.072	0.410	0.110	0.065	2.490	2.649	0.741	0.717	0.163
2013	0.517	0.079	0.373	0.099	0.087	2.539	2.721	0.736	0.721	0.168
2014	0.470	0.087	0.387	0.077	0.096	2.419	2.790	0.707	0.679	0.271
2015	0.417	0.089	0.373	0.079	0.090	2.136	2.606	0.788	0.660	0.178
2016	0.412	0.091	0.396	0.162	0.090	2.074	2.571	0.734	0.771	0.289

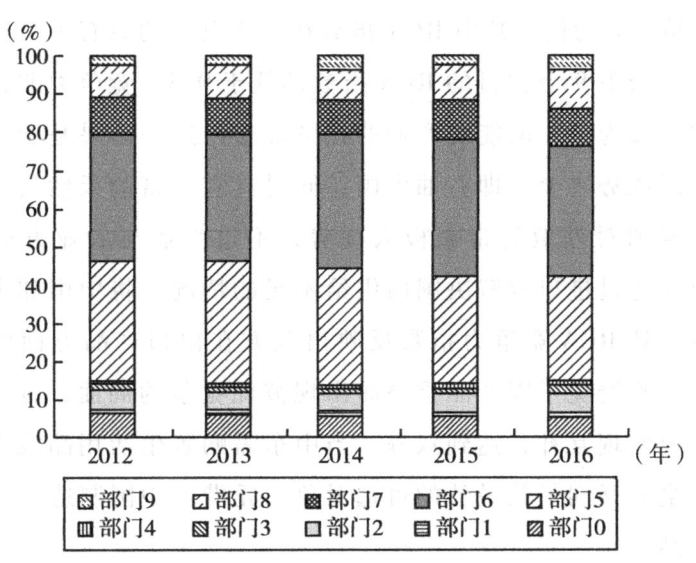

图 6.11　2012—2016 年以色列十大产业 SITC - RCA 指数

数据来源：UN Comtrade

(3) 中国与中东四国产能合作行业选择分析

由上文可知，产业间贸易是中国和中东的主要贸易选择。除却大部分产业间贸易外，只剩下少数产业内贸易的商品，涉及类目分别为 SITC 5、SITC 2、SITC 4 以及 SITC 9，由此证明，中国和中东贸易具有较强的互补性。通过对两国要素禀赋的分析可知，双方在资源、经济与科学技术等方面的不同导致的价格差异，是形成双方局面互补的根本原因。分析商品的结构数据后可得，双方的产业间贸易具有突出特点，中国对中东出口的商品类目多为 SITC 7、SITC 6 以及 SITC 8，2016 年三类商品占比依次为 36.30%、29.61% 和 26.40%。中东对中国出口的商品类目多为 SITC 3、SITC 5 以及 SITC 2，直至 2016 年，SITC 3 占比高达 85%、SITC 5 占比 12%，而 SITC 2 占比仅为 3%。未来发展中很难扭转要素禀赋的较大差别，双方潜力都值得期待。

中国最具竞争力的产业属制造业，这一点同中国"全球制造大国"的身份相对应。此外，中国快速发展的现状也对能源资源产生更大需求，同时在进口贸易方面也更加依赖相关产品，因此 RCA 指数不高。以中东贸易产品为例，其中 RCA 指数在 2.5 以上的只有 1 个类目产品即 SITC 3，余下 9 个类目的 RCA 指数都低于 0.8，竞争力非常弱，这表现出中东较为单一的能源产业的经济形态。这一结果基于中东四国独特的资源优势之上，即石油大国，同时具有丰富的天然气资源，这类产品给四国对外贸易带来极大优势，不过工业与农业方面有待完善，目前要通过进口以解决国内供给不足的情况。将中国和中东进行对比分析，其 RCA 竞争力指数反映出双方在出口产品方面的极大差异性，也因此避免了因产品重叠而出现彼此竞争的局面，且双方通过资源与产业实现互补，达到双赢。当中东需购置生活用品或生产资料时，中国毫无疑问是其最佳的可选对象，凭借"中国制造"出口低价和优质产品。

与此同时，中国迅速发展的经济为其带来了更大的市场和客户群体，一方面要确保制造业系统的良性运行，另一方面要对全球市场及消费者进行维护，而这一切必须由丰富的石油和天然气资源作为支撑，中东的资源禀赋恰好符合这一条件需求。此外，中国近年来产能过剩问题可通过中东市场解决。当前，中国—海合会自贸区的交流与协商为贸易经济发展打造了良好基础，"一带一路"也为发展带来新动力，中国与中东面对这一大环境要彼此互补，共同发展，构建新型合作关系，拉动双方贸易往来，在双赢的基础上不断延伸经济脉络。

6.4 中国与中东国家产能合作的影响因素

本部分结合中国和中东国家的特殊环境进一步深入探讨影响中国与中东国家进行国际产能的制约因素，从政治环境、经济环境、社会环境和技术环境四个方面对中东国家的产业投资环境进行评价，为中国与中东国家开展产能合作提供一定的突破点。

6.4.1 政治因素

（1）动荡的中东政治局势

中国的社会稳定，而中东国家由于政治体制以及较高的经济发展水平，社会政局动荡，因此企业在此缺少稳定的发展环境，导致增加额外的应对成本。中东现存的复杂冲突以及各种隐患不可忽视。各类不稳定因素激增，就一定程度上为一些投机行为创造了机会，使得能源合作关系遭到破坏。中国的政治与经济环境更加安定和谐，而中东四国恰恰相反，隐患不断，政治事件与经济策略一脉相承。根据 CCG（中国与全球化智库）的统计数据，2005 年 1 月 1 日至 2014 年 6 月 30 日，由于政治因素，在海外我国企业有 25% 产生损失，由于更换国家领导人等致使受损的企业占比为 17%，由于反对派的影响致使企业受损的占比为 8%。中东国家政治波动通常都会导致经济政策等发生变化，这些风险都无法提前防范，给中国的产能合作带来极大风险。

（2）欠缺的法律投资环境

不管是哪一种投资活动，要想获得较好的发展，就必须要保证投资地政策框架的完善性、基础设施的健全性、政策环境的稳定性等。其中，贸易安全、政府工作人员的工作效率、依法办事情况、社会治安状况、人们的素质道德水平、企业的信誉情况等均属于投资贸易的软环境，确保软环境的适宜性，不仅有助于促进外资利用水平的有效提升，对于贸易的顺利开展也具有积极促进作用（张汉亚、张长春，2005）。通过相关的统计数据不难得知，不管是在投资者保护方面，还是在合同执行力以及税款的缴纳方面，中东国家都未能进入世界百名之列。以 2011 年的统计数据为例，叙利亚在企业经营环境、开办企业、投资者保护、缴纳税款、跨境贸易以及合同执行等方面的排名分别为第 134 位、第 129 位、第 111 位、第 105 位、第 122 位、第 175 位（其中有 55 个手续，所花费的时间为 872 天）；科威特在上述项目中的排名分别为第 135 位、第 126 位、第 155 位、第 103 位、第 151 位、第 148 位（其中有 53 个手续，所花费的时间为 810 天）。通过这些数据不难得知，由于缺乏较好的贸易软环境，中国和中东地区现阶段的贸易发展状况还远远未能达到实际可合作的高度。

（3）大国的霸权主义主张

美国在中东问题上的霸权主义主张会成为中国与中东开展长远产能合作的重要影响因素之一。美国不管是在克林顿当政时期还是在小布什当政时期，均采取了全球扩张的发展战略，只不过两者侧重点有所不同而已，对于前者而言主要是在中东设施安全、民主以及经济等方面的发展策略，后者则耗费巨资、不惜一切代价按照中东民主样板国家来打造伊拉克，希望通过自身在经济、政治以及军事方面的强大实力，达到对中东能源进行管控的目的。但是美国推行强硬政策的过程当中，反恐活动在全球范围内如火如荼地展开，这也对中东和其他国家的经贸发展起到了抑制作用。

6.4.2 经济因素

（1）经济体制机制缺乏

在"一带一路"发展过程当中，中国与中东四国的产能合作属于其中的重要组成部分，并且在此过程中经济体制机制将扮演非常关键的角色。然而就现阶段而言，产能合作的主体还是企业，尚未形成统一合作性质的经济体制机制对"一带一路"中各个参与主体提供有效的指导，对各个国家缺乏较为清晰的定位。这种合作经济机制缺乏，不能够拉长一般性小企业创立之初存活的周期，造成企业对自身预期收益的无安全感，势必会对中国与中东四国产能合作造成不好的影响。

（2）双边贸易发展失衡

在中东国家的经济发展过程中，石油天然气资源是主要推动力，由于目前经济构架较为简单，且中国与中东在贸易合作中也是以油气资源为主导，致使双边贸易出现不均衡。根据中东主要出口中国的产品进行分析，发现以化工原料类产品为主，而中国主要对中东出口日用品，此外还包括轻工制成类以及机械类产品。当前，能够在双边贸易中与中国实现贸易顺差的中东国家数量极少，仅有沙特、科威特和阿曼，余下中东国家仍处于逆差当中。据 2009 年之后的相关数据可知，同中国贸易之间呈贸易逆差的中东国家高达 11 个，额度超出 2 亿美元。其中，贸易顺差最大的国家是阿联酋，仅在 2011 年便达到了 144 亿美元的贸易逆差；土耳其紧随其后，额度达到 124.8 亿美元；第三名是埃及，额度达到 48.7 亿美元。

(3) 贸易保护主义盛行

在贸易发展不均衡的大环境下，中东国家贸易保护主义开始盛行，出现诸多反倾销事件。以 2007 年为例，土耳其针对反倾销进行税费收取，并两次对中提议：第一次发生于 9 月，对聚酯纤维征收反倾销税，定价 0.08 美元/公斤；第二次发生于 10 月，对钟表征收反倾销税，定价 2.1 美元/件。这一行为不利于双方贸易的稳定、和谐开展。2013 年 3 月，土耳其再次提出对中国征收反倾销税，这次主要针对不锈钢管产品，且税收比率达到 13.8%—25.3%，贸易逆差让中国产品在土耳其市场运营艰难。除土耳其外，埃及也多次提出征收反倾销税措施。

最近几年，部分中东国家针对中国产品征收反倾销税的事件数量持续增加，贸易保护主义是阻碍双方经济发展的最大阻力，且在将来很长时期内持续存在。

6.4.3 社会因素

(1) 民族宗教问题

显而易见，中东占据着关键的地理位置，与亚洲、欧洲、非洲三大洲临近，有大西洋与印度洋流经，其战略地位不可否认。坦白说，除了地理和宗教文化，中东的另一大不安定因素也不容忽视，那就是民族问题。如上文所述，中东地理位置优越，临近三大洲，周边是印度洋以及大西洋，本身的地理因素让中东长期面临各种冲突。

据了解，除伊斯兰教外，中东民众还信仰犹太教、基督教。目前，中东地区多以穆斯林为主。根据历史可知，中东是东西方文化交流的圣地，许多民族汇集至此。耶路撒冷不仅是伊斯兰教的圣城，在基督教以及犹太教中也享有同等地位。各民族文化的巨大差异所带来的问题势必会影响中国与之开展产能合作。

（2）淡水资源问题

从淡水资源总量进行分析，中东国家此类资源共计8 000亿立方米，以1962年人口作为引入数据，核算后的人均水资源量达到2 420立方米，根据预测结果，到2030年时，这一数据将低至760立方米。根据国际上对用水紧张所进行的界定，即人均水资源量低于1 700立方米，所以中东国家的水资源情况并不乐观。目前，主要面临以下难题：第一，水安全问题无法得到有效治理；第二，水资源不足且利用不充分；第三，水土资源开发不合理，致使自然生态受损严重；第四，水环

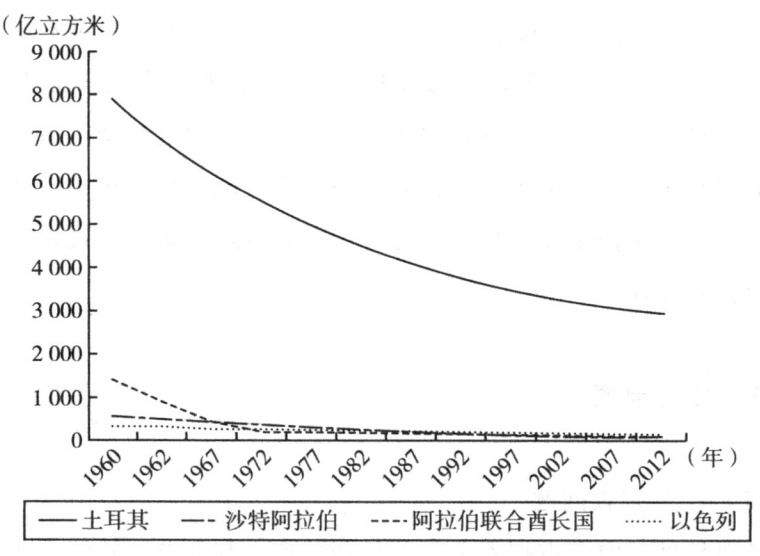

图 6.12　中东四国人均可再生内陆淡水资源数量

数据来源：世界银行数据库，https://data.worldbank.org.cn/

境与水质急速恶化,情况危急。我们应通过对节水农业技术的分析,联系当下状况和未来趋势,结合技术发展的相关需求,为中东国家现代节水技术提出可行意见和办法。为尽快实现农业节水目标,还需政策、技术以及运营管理方面的共同支持。

表 6.22　　中东四国人均可再生内陆淡水资源数量　　（单位：立方米）

国家	1962 年	1972 年	1982 年	1992 年	2002 年	2012 年	2016 年
土耳其	7 872.976632	6 204.351382	4 932.063826	4 071.831046	3 484.638592	3 044.125049	2 946.879779
沙特	550.0973672	375.3581151	217.2323155	138.0990312	109.5574845	82.51291147	77.98101435
阿联酋	1 333.665268	450.7753336	126.0986344	71.88593715	42.76877036	16.85307478	16.53645677
以色列	327.0824248	238.2465057	186.0580501	146.3985946	114.1552511	94.81069465	91.28863031

数据来源：世界银行数据库，https://data.worldbank.org.cn/

（3）难民安置问题

21 世纪以来,全球民族、宗教矛盾加剧,恐怖主义泛滥,全球安全局势紧张,难民数量持续性不断增长,中东难民问题具有代表性。从表 6.23 可以看到,四个国家都曾接纳部分难民,其中土耳其成为难民接纳数量最多的国家（见图 6.13）。另外,四个国家的难民接纳数量均呈快速上升趋势。中东社会在难民问题面前受到重压,不仅经济停滞不前,就连一般的社会生活与秩序都难以为继,这对中国与中东的合作也带来一定影响。

表 6.23　　中东四国 10 年来承接难民人口数量　　（单位：人）

年份	2007	2008	2009	2010	2011	2012	2013	2014	2015	2016
沙特	753	712	633	667	745	818	584	630	701	897
土耳其	6 956	11 103	10 350	10 032	14 465	267 063	609 938	1 587 374	2 541 352	2 869 379
以色列	1 156	9 137	17 736	25 471	41 235	48 505	48 201	39 716	32 946	32 909
阿联酋	159	209	279	538	677	631	603	417	663	888

数据来源：世界银行数据库，https://data.worldbank.org.cn/

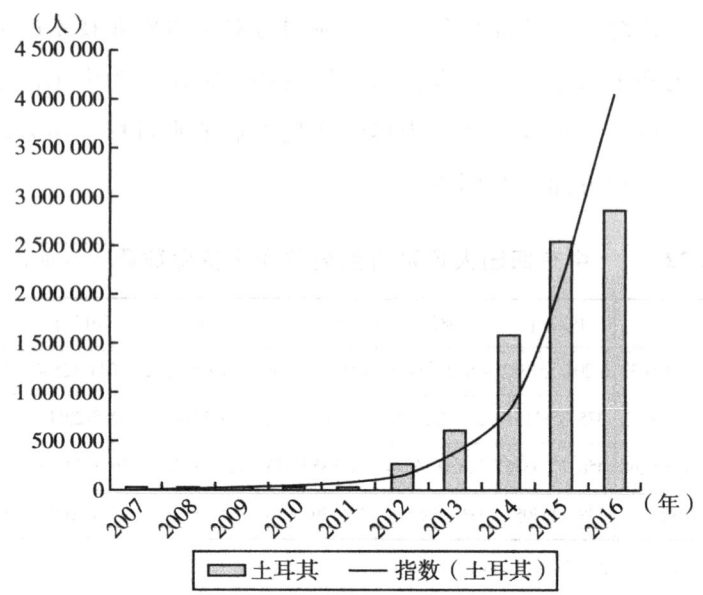

图 6.13　土耳其 10 年来承接难民人口变化趋势图

数据来源：世界银行数据库，https://data.worldbank.org.cn/

6.4.4　技术因素

(1) 缺乏产能合作的成熟模式与经验

尽管中国企业得益于"走出去"战略和"一带一路"倡议的实施，在海外市场中的布局速度也在加快，然而和中国巨大的经济总量和产业总量相比较而言，中国企业在投资和产能转移方面还属于发展的初级阶段，产业合作模式尚未成熟，也没有成熟的案例可以借鉴。另外，企业也无法充分掌握中东国家的政策和人才环境，在海外管理能力上也存在很大的欠缺。在这些因素的共同影响下，企业存在巨大的不确定性风险，从而对中国企业产能合作的发展形成了极大的阻碍。

(2) 缺乏重点领域的技术支持与服务

在技术产业合作方面，中国尚未形成与产能合作需求相匹配的创新技术支持体制。其中主要包括高铁、航天通讯、核能、新能源、现代农业等高新科技领域,目前这类信息不全,较少能够有针对性地提供给中国和中东的投资企业相关的技术培训、先进技术示范等专业化配套服务,利用专门的平台去对接相关的技术合作领域更难实现。中国企业不仅需要信息支持,对技术服务方面也有所需求,这一现象在能源和天然气领域体现最为明显,这些方面都要有国家的技术及创新支持,同时相关政府部门也要给予帮助。

(3) 缺乏降低距离成本的技术与实施

中东地区连接着亚欧非三大洲,它由二十多个处于北非和西亚的国家构成,和地中海西邻,并且周边还有着比较发达的水系,比如红海、苏伊士运河等,通过这些河流不仅能够和亚洲串联起来,而且还能够和欧洲相接,因此在东西方交通中一直属于咽喉要道,不仅战略地位非常重要,而且商业地位也不容小觑。然而中东地区和我国存在着较远的距离,因此从某种程度上会影响双边贸易的开展。北京到阿联酋有 5 640 公里的直线距离,而如果以天津港为起始点,从海上通道开始行走,以最短的航行距离计算,也需要经过 6 500 海里才能够到达迪拜港。在如此漫长的路程,且规模效益也未能实现的情况下,技术上难以跟进并提升效率,会导致出现非常高的贸易往来运输成本。因此,地理距离也对中国与中东双边产能合作产生了极大制约。

6.5 中国石油工程建设有限公司与阿联酋国家石油公司的产能合作案例分析

6.5.1 中国石油工程建设有限公司简介

中国石油工程建设有限公司是中国石油天然气集团公司的下属企业,其业务范围涵盖石油工程设计、施工以及制造等多个方面,在国内石油工程建设方面已经成为集团公司中代表性最强的公司。中国石油工程建设公司具有非常悠久的发展历史，具有较为完善的建设功能以及十分雄厚的经济实力，并且技术和管理团队对国际惯例非常熟悉，具有丰富的管理经验以及较高的技术水平，加之公司的业务功能比较齐全，因此能够在各种不同的地质和自然环境当中，严格按照国际标准和惯例，为用户提供大型石油工程项目总承包服务以及各类分项服务，包括运维、施工、采购、勘察测量、可行性研究、前期咨询等。

中国石油工程建设公司长期以来一直奉行"诚信、创新、服务、共赢"的经营理念，利用自身过硬的技术以及标准的管理，将更加安全环保和高效优质的产品、服务提供给客户，使客户投资价值能够得以有效提升。其在石油产业方面针对长输管道、海洋工程、石油炼制、石油化工、油气储库、电站、道路桥梁等项目，共计为50多个国家和地区提供了相应的施工、环评安评、设计、项目可研等服务，并且所有项目都是一次成功投产，在确保工程质量的同时兼顾了项目安全，实现了项目和环境的和谐共存，得到了客户的普遍认可和一致好评。企业积累了较好的信誉，在美国《工程新闻记录》（ENR）当中，连续19年位列全球最大225家国际工程承包商，并且曾经多次获得"中国承包商企业60强"荣誉称号。从2003年之后，先后共计获得48项国家、省部级以上优秀工程勘察设计奖，28项优质工程奖；此外，还荣获"全国100家最佳建筑企业""全国百强设计院"等荣誉称号。

6.5.2 阿联酋国家石油公司简介

阿联酋国家石油公司（ADNOC）成立于1971年11月27日，属阿联酋国有公司，目前已发展成为世界一流的石油和天然气产业集团化公司，其产品链涉及石油、天然气及石油化工的几乎所有领域和每一品种。现今，阿联酋国家石油公司管理及审查石油的开采，每日产量超过315万桶，是全世界最大的油气生产商及供应商之一。经过30多年的建设和发展，ADNOC在天然气领域的勘探及开发取得显著成果，已发展为拥有油田勘探、原油开采、石油精炼、天然气、液化石油气、石油化工生产、远洋运输、石油工程建设、国际销售 21 家子公司及办事机构的集团化企业。

1995 年，该公司在石油、天然气方面的储量分别达到了 88.29 亿吨、3.15 万亿立方米，石油产量达到了 6 500 万吨，天然气的产量达到了 183 亿立方米，油品达到了 1 250 万吨的销量。在该公司当中，60% 的石油和天然气股份掌握在阿联酋手中，剩余的 40% 股份为英国、法国以及日本等国共有。公司所属的子公司以及办事机构共有 21 家，主要包括阿布扎比陆上石油作业公司、国营钻井公司以及阿布扎比国营石油销售公司等。

ADNOC 公司下属的 ADCO、ADMA、ZADCO 三家主要石油公司产油量占阿布扎比酋长国产油总量的 96% 以上。此外还有一些政府没参股，但要求必须执行阿联酋石油政策的公司，如 TOTAL（法国）、ADOC（日本）等一些公司经营的小油田生产的一些原油，总产量不到 4%。在阿联酋参与石油开发和生产的世界级西方大石油公司有壳牌公司、英国石油公司（BP）、法国石油公司（CFP）、美国美孚石油公司（MOBIL）、美国埃克森石油公司（EXXON）、美国大陆石油公司、法国托塔尔（TOTAL）公司、德国爱尔多尔石油公司、合资开采公司（PARTEX）、挪威 ATLANTIS 公司、新加坡 BOROUGE 公司、SAL 集团公司、美国加利福尼亚石油公司、荷兰非努尔公司、澳大利亚欧伊克斯公司等 20 多家公司。他们大多是阿联酋石油业开发、生产的鼻祖，已在阿联酋从业 50—60 年，在阿联酋石油业有深厚的根基，与历代王室都有直接的联系。其中很多公司在阿联酋发行自己的杂志并设有网站。

6.5.3　中国石油工程建设有限公司与 ADNOC 的产能合作

阿联酋国家石油公司（ADNOC）作为一家石油钻井企业，在全球都享有盛名。最近几年，随着 ADNOC 市场当中开始出现宝石机械

（BOMCO）、宏华（HH）高端成套钻机等新面孔，使其在中国石油装备方面树立了良好的内部品牌形象，所以，众多入网供应商受托于ADNOC公司，积极寻求具有较高性价比以及过硬质量的中国品牌石油装备产品。而ADNOC的石油装备入网供应商当中，就包括中国石油工程建设有限公司，负责将世界上性能最好的钻采设备等提供给ADNOC。中国石油工程建设有限公司公司在获得ADNOC的委托后，凭借自身比较了解ADNOC装备使用情况，进行了深入市场调研，认为最可能符合客户需求的产品可能为泥浆泵缸套和振动筛筛网。但是最后被ADNOC产品库所接纳的产品只有一个。对两个实例进行研究，对于中国石油装备制造企业，特别是非国有企业的对外合作具有一定的借鉴意义。

在整个钻井固控系统当中，钻井液振动筛属于非常关键的设备，其主要作用在于对钻井时钻井液从井底所携带的岩屑以及相关的有害固相颗粒进行过滤净化。其中，筛选过滤的核心部件就是筛网，它不仅要确保钻井液中的固相颗粒得以最大限度的清除，以降低磨损钻井设备的程度；同时，还要保证最大限度回收钻井液，以使开采成本得以降低。作为易耗品的振动筛筛网，通常只有200—300小时的工作使用寿命，一旦破损就无法再使用，所以消耗量相对比较大。并且筛网制作并不需要太复杂的技术工艺，成本相对也比较低，所以我国能够生产此类产品的厂家很多。中国石油工程建设有限公司选择了同属于中国石油天然气集团公司物资供应商的河北、西安和成都三家实力较强的生产企业，作为产品的生产商，这些供应商的认证资质比较齐全。

ADNOC首先要求商品的提供企业必须要提供关于自身的较为翔实的英文版产品介绍，以及包括营业执照、第三方审计报告、银行资信证明等在内的企业资信证明。由于中国石油工程建设有限公司已经对这三家公司进行了筛选，因此在资格审查的首关，三家公司的资格审核都符合要求，顺利通关。其次，客户的相关使用报告以及产品故障报告也是ADNOC要求提供的资料之一，并且必须要提供英文版的材料。此时，西安的企业由于难以提供用户使用报告，在国外客户使用报告方面更是空白,所以不符合要求,不能进入下一审查环节。另外两家企业由于比较重视回访产品质量,因此能够将所需的试用报告提供出来。尽管这些客户当中并没有国外客户,但是通过中国钻井服务队,也将他们的产品应用到了国外的施工项目中,因此海外油田的试用报告他们也均能够提供,ADNOC 公司对此也表示了认可。在对使用报告进行审核期间,ADNOC 公司还需要企业对自己所提出的在企业以及产品方面的问题作出专业性的回答。然后进入试用产品的阶段,该程序也是 ADNOC 要求新入网产品必经环节。但是,鉴于国企的性质,成都企业在样品提供方面出现了问题,导致难以进入最终环节。2016 年 1 月中旬,河北的企业按照规定向阿联酋发送了指定型号 100 目和 120 目波浪形筛网样品,从 2 月起,在同一井队同时安装了该产品以及 ADNOC 常用品牌 Derrick 筛网,进行试用。最终实验结论于 5 月出具:在工况相同的情况下,中国品牌的 100 目筛网为 260 小时的寿命,120 目筛网的寿命为 288.5 小时,而 Derrick 品牌筛网都超过了 420 小时的使用寿命;并且在反复测试之后,在泥浆处理量方面,国产筛网也要低 20%。就商务层面而言,中国品牌筛网需要花费约为 70—80 美元/张的费用才能够运抵阿联酋,而 ADNOC 采购筛网约为 180—200 美元/张的成本。就总体而言,和美国 Derrick 品牌相比较而言,中国产品拥有更高的性价比,因此中国产品应当成为 ADNOC 的首选;但是必须要注意的是其中还存在重要的隐性成本,即对筛网频繁进行更换,会导致产生相应的人工成本以及停产损失。最终,ADNOC 产品库并没有接纳中国企业的振动筛筛网。

  在油田钻井系统当中,泥浆泵属于"心脏"。在对于泥浆泵液力端而言,最为关键的部件就是泥浆泵缸套,需要同时具备耐高温、耐高压、耐腐蚀等特点,在钻井施工中也有非常大的消耗量,所以,泥浆泵缸套的寿命对钻井成本具有直接影响。就目前而言,双金属缸套在世界范围的油田中应用最广泛,如 ADNOC 采购的 F-1600E 型泥浆泵产自于宝石机械厂,采用的为 EMSCO 品牌的双金属缸套,而陶瓷缸套从来没有被应用到过 ADNOC 旗下的钻采施工队伍中。中国石油工程建设有限公司向 ADNOC 推荐了北京某公司的陶瓷缸套产品,该产品目前已经被应用到了很多国内油田。通过书面评估该产品的使用情况后,2016年6月,开始在 ADNOC 旗下某一井队开始试用该公司的 6-1/2 陶瓷缸套产品,具体为2台 F-1600E 型泥浆泵,液力端缸套共计6个。

到 2016 年 11 月为止,6 个陶瓷缸套都达到了 2 000 小时以上的累计工作时间,和 ADNOC 试验设定的最低标准已经满足,并且和 ADNOC 使用的 EMSCO 金属缸套相比较而言,使用寿命超过2倍以上。后来通过对设备进行检查,发现内壁并没有产生较大磨损,因此依然保持可用状态,从理论上来说,其能够达到 4 000 小时以上的使用寿命。就商务层面而言,ADNOC 采购中国品牌的陶瓷缸套以及 EMSCO 品牌金属缸套,两者的综合成本分别为 1 100—1 300 美元/套、600—800 美元/套。所以就综合性能和成本因素来考虑,ADNOC 都应该将陶瓷缸套作为首选。所以,ADNOC 产品库正式接纳了中国制造的高性能陶瓷缸套。

通过对比分析以上两个实际案例不难发现:第一,中东市场对中国产品的引进具有强烈意愿,以形成和欧美品牌的竞争;中东市场目前已经在使用中国性能先进的石油装备产品,并且对输出其他品牌的石油装备形成了积极的带动作用。第二,中国石油装备形成了较高的产业标准水平,甚至能够替换国外品牌石油产品,比如将美国 EMSCO 缸套应用在宝石 F-1600 型泵上,将中国品牌的筛网应用到 Derrick 振动筛上。第三,中国石油装备制造企业要对国际宣传能力进行有效提升,便于充分向国外客户展示自身的优势。第四,在国际市场竞争当中,价格低廉并非提升国际竞争力的长久之策,因此还是要对目标客户的需求充分考虑。第五,加强技术方面的创新才能够使产品进入国际市场,今后国际需求的依然是技术含量较高的石油装备产品。

6.5.4 启示

上文对于中国与中东地区的产业合作提出了相应的对策和建议,这里主要针对企业提出启示。中东地区未形成较为发达的石油装备制造业，主要从欧美跨国公司获取石油装备。本地制造企业和石油公司存在依附关系，在当地政策的保护下开展业务，并且参与投标的往往是中低端的产品和服务项目。在西方石油公司和产品要求高的市场中，跨国公司占据着垄断地位。中东地区国家有着比较开放的市场环境，但是执行比较严格的产品注册制度，普遍倾向于接受欧美国家产品，具有较大的市场需求，而在中东地区油气装备市场当中，中国则只有较低的市场份额。上述案例中体现的石油装备制造企业在"走出去"过程中，一些利于开展合作的方式方法，以及走过的弯路，都会对我国民营制造业在中东地区开展更深入的合作提供启示和借鉴意义。

一是注重防控投资风险。企业必须要未雨绸缪，提前对所在国的经济、政治、文化等各个层面进行全面的调查研究，对潜在的风险和问题作出预判并制定相应的应对措施。对利率、汇率的变化等保持密切关注，借助于保值、多币种对冲等方式，将资金和税收筹划工作做好，从而使投资风险得到有效规避。

二是加强与金融保险机构的合作。"一带一路"当中的参与企业必须要注重和金融机构的沟通，要以"一带一路"和国际产能合作为有利契机，使自身与亚投行、海上丝绸之路银行的合作得以进一步拓展，将项目合作充分对接金融保险，使金融支持和保险保障能够形成最大合力。

三是政府部门应对行政审批流程进行简化。相关部门要制定市场准入负面清单，在对外投资过程当中坚持遵循"备案为主、核准为辅"的基本原则，尽可能精简审批程序，对所有有碍于对外投资的不合理审批事项予以取消，统一业务管理，促进行政审批效率的提升。

四是建立多层次的双边与多边合作机制。政府要发挥在"一带一路"中的统筹作用，加强和沿线国家的交流，促进多层次的双边与多边合作机制的建立。在此基础之上，更好地服务和支持石油装备制造企业"走出去"战略的实施。并且还要借助于外交手段从政策层面支持企业相关人员办理出入境手续等,为企业充分参与国际市场竞争奠定坚实基础。

五是各类中介机构要充分发挥自身的支撑作用。我国装备制造企业在"走出去"的过程中,面临的重要问题之一是缺乏相应的国际化服务体系,因此可以以政府相关部门主导,联合各驻外经贸机构以及驻外商会,设立业化涉外中介服务机构,从知识产权、信息、法律等层面支持和助力企业"走出去"。

参 考 文 献

[1] Qian Xinbei, Huang Liangxiong, Wang Xianbin, Wang Shuqi. Detecting Pivotal Countries of China's OFDI in the "Belt and Road" Initiative: The Perspective of Similarity of Doing Business [J]. International Review of Economics and Finance, 2022, 77

[2] Jin Gang, Shen Kunrong, Jiang Yue. Does the Belt and Road Initiative Cause More Troubled Chinese Overseas Investments? [J]. International Review of Economics and Finance, 2021, 72

[3] Zhou Yaoming, Kundu Tanmoy, Goh Mark, Sheu Jiuh-Biing. Multimodal Transportation Network Centrality Analysis for Belt and Road Initiative [J]. Transportation Research Part E, 2021, 149

[4] Tian-tian Feng, Qi Kang, Bin-bin Pan, Yi-sheng Yang. Synergies of Sustainable Development Goals between China and Countries along the Belt and Road Initiative [J]. Current Opinion in Environmental Sustainability, 2019, 39 (C)

[5] Alon I, Anderson J, Bailey N J, et al. Political Risk and Chinese OFDI: Theoretical and Methodological Implications [J]. Academy of Management Annual Meeting Proceedings, 2017 (1): 17640

[6] Baklouti N, Boujelbene Y. Foreign Direct Investment – Economic Growth Nexus [J]. Acta Universitatis Danubius Oeconomica, 2016 (2): 136

[7] Baskaran A, Liu J, Yan H, et al. Outward Foreign Direct Invest-

ment (OFDI) and Knowledge Flow in the Context of Emerging MNEs: Cases from China, India and South Africa [J]. 2017 (2): 1 – 17

[8] Caves R E. International Corporations: The Industrial Economics of Foreign Investment [J]. Economica, 1971 (149): 1 – 27

[9] Clegg J, Lin H M, Voss H, et al. The OFDI Patterns and Firm Performance of Chinese Firms: The Moderating Effects of Multinationality Strategy and External Factors [J]. International Business Review, 2016 (4): 971 – 985

[10] Dunning J H. The Eclectic Paradigm of International Production: A Restatement and Some Possible Extensions [J]. Journal of International Business Studies, 1988 (1): 1 – 31

[11] Duran J J, Ubeda F. The Efficiency of Government Promotion for Outward FDI: The Intention to Invest Abroad [J]. Multinational Business Review, 2001 (2): 24 – 32

[12] Guo W, Clougherty J A. The Effectiveness of the State in Chinese Outward Foreign Direct Investment: The "Go Global" Policy and State – Owned Enterprises [J]. Advances in International Management, 2015 (28): 141 – 159

[13] Hsieh C T, Song Z M. Grasp the Large, Let Go of the Small: The Transformation of the State Sector in China [J]. NBER Working Papers, 2015 (1): 295 – 366

[14] Kaur M, Khatua A, Yadav S S. Infrastructure Development and FDI Inflow to Developing Economies: Evidence from India [J]. Thunderbird International Business Review, 2016 (6): 555 – 563

[15] Kumari R, Sharma A K. Determinants of Foreign Direct Investment in Developing Countries: A Panel Data Study [J]. International Journal of Emerging Markets, 2017 (1)

[16] Lall S, Weiss J, Zhang J. The "Sophistication" Of Exports: A

New Measure Of Product Characteristics [J]. Qeh Working Papers, 2015, 34 (2): 222-237

[17] Lewis W A. Economic Development with Unlimited Supplies of Labour [J]. Manchester School, 1954 (2): 139-191

[18] Luo Y, Xue Q, Han B. How Emerging Market Governments Promote Outward FDI: Experience from China [J]. Journal of World Business, 2010 (1): 68-79

[19] Mohamed M R, Singh K S J, Liew C Y. Impact of Foreign Direct Investment & Domestic Investment on Economic Growth of Malaysia [J]. Malaysian Journal of Economic Studies, 2017 (1): 21-35

[20] Pradhan J P. Emerging Multinationals: A Comparison of Chinese and Indian Outward Foreign Direct Investment [J]. Institutions & Economies, 2011 (1): 113-148

[21] Ross J. International Production Capacity Cooperation - a New Stage in China's Globalization [J]. China Today, 2016 (5): 51-52

[22] Shima K. Lumpy Capital Adjustment and Technical Efficiency [J]. Economics Bulletin, 2010 (10): 2817-2824

[23] Sindzingre N A. Chinese Outward Foreign Direct Investment in Developed and Developing Countries: Converging Characteristics? [J]. Economix Working Papers, 2016 (32): 358-374

[24] Vernon R. International Investment and International Trade in the Product Cycle [J]. International Economics Policies & Their Theoretical Foundations, 1982 (4): 307-324

[25] Yean T S, Nee T Y, Yi A K J. Outward Foreign Direct Investment from Malaysia [J]. Journal of Southeast Asian Economies, 2015 (32): 44-72

[26] Archibugi D, Coco A. A New Indicator of Technological Capabilities for Developed and Developing Countries (ArCo) [J]. World Develop-

ment,2004,32(4):629-654

[27] Bachmann A. Profiles of Corporate Technological Capabilities—A Comparison of Large British and German Pharmaceutical Companies [J]. Technovation,1998,18(10):593-604

[28] Ballance R H,Forstner H,Sawyer W C. An Empirical Examination of the Role of Vertical Product Differentiation in North-south Trade [J]. Weltwirtschaftliches Archiv,1992,128(2):330-338

[29] Cyklis P. Industrial Scale Engineering Estimation of the Heat Transfer in Falling Film Juice Evaporators [J]. Applied Thermal Engineering,2017,123

[30] Gang L. International Cooperation Eases China's Integration into Global Economy [J]. China Today,2016(5):52-53

[31] Ghauri P N,Holstius K. The Role of Matching in the Foreign Market Entry Process in the Baltic States [J]. European Journal of Marketing,1996,30(30):75-88

[32] Hu W,Wang J,Chen T,et al. Cause-effect Analysis of Industrial Alarm Variables Using Transfer Entropies [J]. Control Engineering Practice,2017(64):205-214

[33] Kozma R B. National Policies that Connect ICT-Based Education Reform to Economic and Social Development [J]. Human Technology,2005,1(2):117-156

[34] Manchester U O. The Manchester School of Economic and Social Studies [J]. Scottish Journal of Political Economy,1960,7(1):167

[35] Schmidt T S,Huenteler J. Anticipating Industry Localization Effects of Clean Technology Deployment Policies in Developing Countries [J]. Global Environmental Change,2016(38):8-20

[36] Tian X L. Participation in Export and Chinese Firms' Capacity Utilization [J]. Journal of International Trade & Economic Development,

2017, 25 (5): 1 - 28

[37] Tuan C, Ng L F Y, Zhao B. China's Post - economic Reform Growth: The Role of FDI and Productivity Progress [J]. Journal of Asian Economics, 2009, 20 (3): 280 - 293

[38] Xu J, Zhang M, Zhou M, et al. An Empirical Study on the Dynamic Effect of Regional Industrial Carbon Transfer in China [J]. Ecological Indicators, 2017 (73): 1 - 10

[39] Baumgarten D, Geishecker I, and Görg H. Offshoring, Tasks, and the Skill - wage Pattern [J]. European Economic Review, 2013 (61): 132 - 152

[40] Tanigaki K. Recycling and International Trade Theory [J]. Review of Development Economics, 2007 (11): 1 - 12

[41] Stephen P M. Factor Market Distortions, Production, Distribution, and the Pure Theory of International Trade [J]. The Quarterly Journal of Economics, 1971 (85): 623 - 643

[42] Hamdan A, Rogers K J J. Evaluating the Efficiency of 3PL Logistics Operations [J]. International Journal of Production Economics, 2008 (1): 235 - 244

[43] Hokey Min, Seong Jongjoo. Benchmarking the Operational Efficiency of Third Party Logistics Using Data Envelopment Analysis [J]. Supply Chain Management, 2006 (7): 259 - 265

[44] Markovits - Somogyi R, Bokor Z. Assessing the logistics Efficiency of European Countries by Using the DEA - PC Methodology [J]. Transport, 2014 (2): 137 - 145

[45] Micheal Knemeyer, Paul R Murphy. Evaluating the Performance of Third Logistics Arrangement: a Relationship Marketing Perpective [J]. Supply Chain Management, 2004 (1): 35 - 51

[46] Rogers K. J. Evaluating the Efficiency of 3PL Logistics Operations

[J]. International Journal of Production Economics, 2007 (5): 1 - 10

[47] Sehinnar A. P. Measuring Productive Efficiency of Public Service Provision. University of Pennsylvania [J]. School of Public and Urban Policy, 1980 (9): 143 - 148

[48] Weber, C. A. A. Data Envelopment Analysis Approach to Measuring Vendor Performance [J]. Supply Chain Management, 1996 (1): 28 - 39

[49] 刘兵. 中国与"一带一路"沿线国家产能合作效率的影响因素分析 [J/OL]. 统计与决策, 2021 (24): 67 - 70 [2022 - 01 - 06]. DOI: 10.13546/j.cnki.tjyjc.2021.24.014

[50] 王晖, 仲鑫. "一带一路"倡议促进了沿线国家产业结构升级吗? [J]. 经济与管理研究, 2021, 42 (10): 17 - 35. DOI: 10.13502/j.cnki.issn1000 - 7636.2021.10.002

[51] 岳圣淞. 第五次国际产业转移中的中国与东南亚: 比较优势与政策选择 [J]. 东南亚研究, 2021 (4): 124 - 149 + 154 - 155. DOI: 10.19561/j.cnki.sas.2021.04.124

[52] 姬顺玉. 西部与东盟国家产能合作的区位选择与路径 [J]. 甘肃社会科学, 2021 (4): 165 - 172. DOI: 10.15891/j.cnki.cn62 - 1093/c.2021.04.021

[53] 白永秀, 王泽润, 王颂吉. 丝绸之路经济带工业产能合作研究 [J]. 经济纵横, 2015 (11): 28 - 34

[54] 陈慧. "一带一路"背景下中国——东盟产能合作重点及推进策略 [J]. 经济纵横, 2017 (4): 42 - 47

[55] 陈继勇, 蒋艳萍, 王保双. "一带一路"战略与中国参与国际产能合作 [J]. 学习与实践, 2017 (1): 5 - 12

[56] 陈万钦, 霍小龙. 推进国际钢铁产能合作若干问题的思考——以河北钢铁产能"走出去"为例 [J]. 国际经济合作, 2015 (9): 23 - 28

[57] 郭朝先, 邓雪莹, 皮思明. "一带一路"产能合作现状、问

题与对策［J］. 中国发展观察，2016（6）：44-47

［58］郭建鸾，闫冬. "一带一路"倡议下国际产能合作风险与对策研究［J］. 国际贸易，2017（4）：19-25

［59］金瑞庭. 推进国际产能合作的政策思考［J］. 宏观经济管理，2016（9）：47-49+62

［60］金波. 中国对非投资促进非洲东道国经济增长的效率评价——基于 DEA［J］. 技术经济，2011（10）：58-65

［61］吕建中，杨虹，王轶君等. 在"一带一路"国际产能合作中建立企业主导与政府推动的协同机制［J］. 国际石油经济，2017（4）：1-6

［62］李晓玉. "一带一路"倡议中的国际产能合作发展及深化策略［J］. 经济研究参考，2016（67）：3-9

［63］刘佳骏. "21 世纪海上丝绸之路"沿线产能合作路径探析［J］. 国际经济合作，2016（8）：9-12

［64］刘晓玲，熊曦. 对外产能合作、制造业出口贸易与区域经济增长——以湖南省为例［J］. 经济问题探索，2015（10）：132-136

［65］慕怀琴，王俊. "一带一路"战略框架下国际产能合作路径探析［J］. 人民论坛，2016（8）：87-89

［66］钱孟轩，倪善芹，于汶加，刘仁华. 中国—罗马尼亚产能合作前景分析［J］. 中国矿业，2017（3）：66-71

［67］邱斌，周勤，刘修岩，陈健. "'一带一路'背景下的国际产能合作：理论创新与政策研究"学术研讨会综述［J］. 经济研究，2016（5）：188-192

［68］乔晓楠，张晓宁. 国际产能合作、金融支持与共赢的经济逻辑［J］. 产业经济评论，2017（2）：39-54

［69］曲凤杰，李大伟，杜琼，季剑军，金瑞庭. 国际产能合作进展状况、面临障碍及应对策略［J］. 经济与管理研究，2017（4）：3-15

［70］曲凤杰. 从群马模式中突围，构筑新雁群模式——通过国际

产能合作建立中国主导的区域产业分工体系 [J]. 国际贸易, 2017 (2): 26 – 30

[71] 沈铭辉, 张中元. "一带一路"背景下的国际产能合作——以中国—印尼合作为例 [J]. 国际经济合作, 2017 (3): 4 – 11

[72] 沈铭辉, 张中元. 中国境外经贸合作区: "一带一路"上的产能合作平台 [J]. 新视野, 2016 (3): 110 – 115

[73] 石纪杨. 中非投资与产能合作 [J]. 中国金融, 2016 (11): 78 – 79

[74] 孙海泳. 中外产能合作: 指导理念与支持路径 [J]. 国际问题研究, 2016 (3): 85 – 94

[75] 田泽, 许东梅. 我国对 "一带一路" 沿线国家的投资效率与对策 [J]. 经济纵横, 2016 (5): 84 – 89

[76] 田泽, 许东梅. 我国对 "一带一路" 重点国家 OFDI 效率综合评价——基于超效率 DEA 和 Malmquist 指数 [J]. 经济问题探索, 2016 (6): 7 – 14

[77] 万军. 中拉产能合作的动因、进展与挑战 [J]. 拉丁美洲研究, 2016 (4): 23 – 41 + 154 – 155

[78] 王志民. "一带一路" 背景下中哈产能合作及其溢出效应 [J]. 东北亚论坛, 2017 (1): 41 – 52 + 127

[79] 魏莉, 贺卫. 制度质量对中国 OFDI 区位选择的影响研究——基于投资动机的视角 [J]. 世界经济探索, 2017, 06 (3)

[80] 吴崇伯. "一带一路" 框架下中国与东盟产能合作研究 [J]. 南洋问题研究, 2016 (3): 71 – 81

[81] 吴频. 中国企业 "走出去" 与开展国际产能合作 [J]. 对外经贸实务, 2015 (5): 4 – 6

[82] 夏先良. 构筑 "一带一路" 国际产能合作体制机制与政策体系 [J]. 国际贸易, 2015 (11): 26 – 33

[83] 熊勇清, 李鑫. "国际产能合作": 制造业海外市场战略转换

方向？——"战略价值"与"微观绩效"的评估分析 [J]. 科学学与科学技术管理, 2016 (11): 95-103

[84] 熊勇清, 苏燕妮. 国际产能合作实施的战略价值及模拟分析——基于"两种资源、两个市场"统筹利用视角 [J]. 软科学, 2017 (5): 1-5

[85] 叶茂升, 肖德. 我国东部地区纺织业转移的区位选择——基于超效率DEA模型的解析 [J]. 国际贸易问题, 2013 (8): 83-94

[86] 袁丽梅, 朱谷生. 我国开展国际产能合作的动力因素及策略 [J]. 企业经济, 2016 (5): 172-177

[87] 张洪, 梁松. 共生理论视角下国际产能合作的模式探析与机制构建——以中哈产能合作为例 [J]. 宏观经济研究, 2015 (12): 121-128

[88] 张梅. 对外产能合作: 进展与挑战 [J]. 国际问题研究, 2016 (1): 107-119

[89] 张述存. 境外资源开发与国际产能合作转型升级研究——基于全球产业链的视角 [J]. 山东社会科学, 2016 (7): 135-141

[90] 张翊. 中非钢铁产能合作的优势、挑战与升级路径 [J]. 对外经贸实务, 2017 (3): 81-84

[91] 张勇. 拉美价值链和生产一体化的发展与中拉产能合作 [J]. 国际经济合作, 2016 (11): 69-75

[92] 张雨微, 吴航, 刘航. 中国对外产能合作不存在"污染避难所"效应——理论与现实依据 [J]. 现代经济探讨, 2016 (4): 78-82

[93] 张中元. 中国与印尼的农业产能合作研究 [J]. 国际经济合作, 2017 (4): 86-92

[94] 赵德宇, 刘苏文. 国际产能合作风险防控问题研究 [J]. 国际经济合作, 2016 (3): 66-70

[95] 赵东麒, 桑百川. "一带一路"倡议下的国际产能合作——基于产业国际竞争力的实证分析 [J]. 国际贸易问题, 2016 (10): 3-14

[96] 赵静.中国—东盟国际产能合作战略研究[J].宏观经济管理,2017(5):57-63

[97] 周国兰,郭苑,周吉.推进国际产能合作的现状分析与对策建议——以江西为例[J].金融与经济,2016(9):44-46+7

[98] 朱佩枫,张浩,张慧明.考虑非期望产出的皖江城市带承接长三角产业转移效率研究[J].中国软科学,2014(7):105-114

[99] 卓丽洪,贺俊,黄阳华."一带一路"战略下中外产能合作新格局研究[J].东岳论丛,2015(10):175-179

[100] 艾哈迈德·沙里门.海湾中东国家之间的经济合作和发展问题研究[D].吉林大学,2011

[101] 陈伟,林川,彭程.地区市场化进程、"一带一路"与国际多元化[J].云南财经大学学报,2017,33(4):45-54

[102] 陈沫."一带一路"倡议:加强中国与沙特经济合作的契机[J].宁夏社会科学,2017(5):97-104

[103] 陈沫."一带一路"能源合作的支点:中国与沙特[J].海外投资与出口信贷,2017(2):34-37

[104] 陈沫.中国与沙特中东的石油合作[J].中东非洲,2006(9):47-51

[105] 陈惟杉.高端对话之国际产能合作的中国动力中国企业如何走出去参与国际产能合作[J].中国经济周刊,2015(50):66-74

[106] 陈衍泰,范彦成,李欠强."一带一路"四国国际产能合作中东道国选址研究——基于四国距离的视角[J].浙江工业大学学报(社会科学版),2016(3):241-249

[107] 凡以心(MihribanPazar).土耳其—中国双边贸易发展研究[D].北京理工大学,2016

[108] 费思尔.中国企业对阿拉伯世界直接投资进入模式研究[D].武汉大学,2013

[109] 印宏亮,潘继南."一带一路"背景下广西推进国际产能合

作存在问题及对策研究[J].中东纵横,2016(4):60-62

[110] 井爽."一带一路"战略实施中的中国与阿拉伯国家联盟的能源合作[D].吉林大学,2016

[111] 卡森(AliKassemRamadan).中国—中东国家的经济贸易关系研究[D].吉林大学,2015

[112] 李君杰.新挑战、新机遇:中阿经贸合作前景展望中国—阿联酋商务投资论坛暨项目对接会召开[J].宁夏画报(时政版),2012(5):56-57

[113] 李伟建.中国中东外交战略构建研究[J].中东世界研究,2016(2):3-16+118

[114] 李雪洁,胡高福.基于"一带一路"战略的中外国际产能合作研究[J].农村经济与科技,2016(17):118-120

[115] 李雪婷,刘慧.中国铁建海外投资风险研究——基于中国铁建沙特麦加轻轨案例[J].财经界(学术版),2016(13):40+57

[116] 李玉平,里玉洁.关于中国航运和中东石油输出国共用长江水资源的建议[J].世界海运,2010,33(4):70-71+80

[117] 林川,杨柏,陈伟.论与"一带一路"战略对接的六大金融支持[J].西部论坛,2016,26(1):19-26

[118] 刘冬.境外工业园建设与中阿产能合作[J].西亚非洲,2017(6):114-136

[119] 刘佳骏,汪川.中国与沙特中东能源合作现状、障碍与对策[J].全球化,2013(12):57-66+125

[120] 刘伟,蔡志洲,苏剑.贸易保护主义抬头的原因、后果及我国的应对措施[J].金融研究,2009(6):23-30

[121] 罗晓斐.中国与中东地区经贸合作特点及制约因素[J].中国商贸,2011(23):204-205

[122] 马俊义,王瑛.以色列农业发展经验对中国农业节水技术启示[J].世界农业,2010(6):31-34

[123] 马思雨. 中国与海湾合作委员会建立自由贸易区的可行性分析 [D]. 天津财经大学, 2015

[124] 牛新春. "一带一路"下的中国中东战略 [J]. 外交评论（外交学院学报）, 2017, 34 (4): 32-58

[125] 钮松. 中东国际体系的宗教因素——以中国在中东的维和与护航行动为考察重点 [J]. 太平洋学报, 2013, 21 (4): 29-36

[126] 潘旭明. "一带一路"战略的支点: 中国与中东能源合作 [J]. 中东世界研究, 2014 (3): 44-57

[127] 曲如晓, 杨修. "一带一路"战略下中国与中东欧四国经贸合作的机遇与挑战 [J]. 国际贸易, 2016 (6): 28-33

[128] 任峰. 低油价时期中国对中东产油国出口石油装备的竞争力研究 [D]. 对外经济贸易大学, 2017

[129] 任重远, 邵江华. "沙特阿拉伯 2030 愿景"下的中沙油气合作展望 [J]. 国际石油经济, 2016, 24 (10): 53-59

[130] 沈子傲, 韩景华. 中国与中东欧贸易合作研究——基于贸易互补性和竞争性的视角 [J]. 国际经济合作, 2016 (8): 55-63

[131] 谭斌. 试析中国与沙特中东的经贸关系 [J]. 回族研究, 2014, 24 (3): 104-109

[132] 唐海燕, 张斌盛. 论中国对外贸易创新的技术支持系统 [J]. 科技进步与对策, 2006 (1): 46-49

[133] 唐建松. 中石油海外市场发展战略研究 [D]. 西南交通大学, 2008

[134] 唐志超. 中东民族与宗教问题新动向 [J]. 现代国际关系, 2007 (8): 47-50

[135] 田泽, 许东梅. "丝路经济带"背景下中国对中东 OFDI 环境及效应研究 [J]. 宁夏社会科学, 2016 (5): 97-103

[136] 王家荣. 我国开展制造业国际产能合作问题研究 [D]. 首都经济贸易大学, 2016

[137] 王金岩. 中国与阿联酋共建"一带一路"的条件、问题与前景 [J]. 当代世界, 2017 (6): 66-69

[138] 王京烈. 共建"丝绸之路经济带"的机遇及中国中东战略 [J]. 中东世界研究, 2014 (3): 16-31

[139] 王猛. 论"一带一路"倡议在中东的实施 [J]. 现代国际关系, 2017 (3): 16-22+36

[140] 王鹏. 国际规则的灵活性机制初探——以丝绸之路经济带能源合作为例 [J]. 国际关系研究, 2017 (3): 47-63+154

[141] 王羽佳. 中国与独联体国家及蒙古八国产能合作分析 [D]. 北京第二外国语学院, 2017

[142] 韦森. 探寻人类社会经济增长的内在机理与未来道路——评林毅夫教授的新结构经济学理论框架 [J]. 经济学（季刊）, 2013 (3): 1051-1074

[143] 魏敏. "一带一路"背景下中国——土耳其国际产能合作的风险及对策 [J]. 国际经济合作, 2017 (5): 14-19

[144] 魏敏. 中国与中东国际产能合作的理论与政策分析 [J]. 中东世界研究, 2016 (6): 3-20+116

[145] 吴思科. "一带一路"框架下中国与中东国家的战略对接 [J]. 中东世界研究, 2015 (6): 4-11

[146] 吴颖. "一带一路"战略与中国和阿拉伯国家的能源合作 [D]. 外交学院, 2015

[147] 肖慧, 杨乐乐. "一带一路"背景下中国国际贸易结构变化和发展——以中国、美国、中东的三角贸易为例 [J]. 现代商贸工业, 2016, 37 (16): 33-35

[148] 肖宪. "一带一路"视角下的中国与以色列关系 [J]. 中东非洲, 2016 (2): 91-108

[149] 肖宪. 构建中国与土耳其新型战略合作关系 [J]. 中东非洲, 2011 (9): 14-28

[150] 邢新宇. 中东难民治理面面观 [J]. 唯实, 2016 (11): 84-88

[151] 许志瑜. 丝绸之路经济带建设与中国中东地区经济合作 [J]. 国际经济合作, 2014 (4): 59-61

[152] 薛达. 21世纪初美国的中东政策研究 [D]. 昆明理工大学, 2017

[153] 严和. 中国—以色列科技产业合作研究 [D]. 四川外国语大学, 2017

[154] 杨柏, 陈伟, 林川, 宋璐. "一带一路"战略下中国企业跨国经营的文化冲突策略分析 [J]. 管理世界, 2016 (9): 174-175

[155] 杨光. 在中东多极化趋势中寻求多边合作 [J]. 国际石油经济, 2017, 25 (10): 1-7

[156] 杨鸿玺. 中阿经贸合作的动力分析与路径选择 [J]. 中东世界研究, 2011 (2): 29-35

[157] 杨英, 刘彩霞. "一带一路"背景下对外直接投资与中国产业升级的关系 [J]. 华南师范大学学报（社会科学版）, 2015 (5): 93-101+191

[158] 昝涛. 中土关系及土耳其对中国崛起的看法 [J]. 中东世界研究, 2010 (4): 59-66

[159] 张晗亮, 李宝功, 陈雯. 中国石油装备制造企业深化国际合作策略建议——基于"一带一路"战略 [J]. 国际石油经济, 2016, 24 (12): 44-49

[160] 张黎黎, 马文斌. 国内外产业转移的相关理论及研究综述 [J]. 江淮论坛, 2010 (5): 23-29

[161] 张理娟, 张晓青, 姜涵, 刘畅. 中国与"一带一路"沿线四国的产业转移研究 [J]. 世界经济研究, 2016 (6): 82-92+135

[162] 张立哲, 周云亨. 试析中国与沙特中东的石油合作 [J]. 中东世界研究, 2007 (5): 34-39

[163] 张璐. 中国在中东欧国家投资的机遇与风险研究 [D]. 广

东外语外贸大学，2017

［164］张双双．"一带一路"战略背景下中国对中东国家出口潜力的实证研究［D］．山东财经大学，2015

［165］张威．"一带一路"战略下国际产能合作的对策分析［J］．中国商论，2016（22）：89 – 90

［166］张新茹．国际产能合作背景下陕西与哈萨克斯坦产能合作研究［D］．西安电子科技大学，2015

［167］刘兴国．企业耗散结构模型分析［J］．工业工程与管理，2001（3）：33 – 36

［168］江飞涛，武鹏，李晓萍．中国工业经济增长动力机制转换［J］．中国工业经济，2014（5）：5 – 17

［169］徐静，冯锋，张雷勇，杜宇能．我国产学研合作动力机制研究［J］．中国科技论坛，2012（7）：74 – 80

［170］郝英奇．管理系统动力机制研究［D］．天津大学，2007

［171］苏屹．耗散结构理论视角下大中型企业技术创新研究［J］．管理工程学报，2013（2）：107 – 114

［172］王迪．中国煤炭产能综合评价与调控政策研究［D］．中国矿业大学，2013

［173］丛威．我国煤炭产能调控动力机制及模式研究［D］．中国矿业大学（北京），2013

［174］李文超．基于SD模型的主导性高技术产业成长动力机制研究［D］．武汉理工大学，2008

［175］孟祺．基于"一带一路"的制造业全球价值链构建［J］．财经科学，2016（2）：72 – 81

［176］张涛军．基于SD的厦门市房地产动力机制研究［D］．华侨大学，2014

［177］张言方，聂锐，刘平，王迪．基于SD模型的我国煤炭产能过剩调控机制研究［J］．统计与决策，2016（2）：138 – 142

[178] 张茉楠. 基于全球价值链的"一带一路"推进战略 [J]. 宏观经济管理, 2016 (9): 15-18

[179] 丛威, 郝亦纯. 我国煤炭产能调控的系统动力学建模与政策模拟研究 [J]. 中国能源, 2014 (3): 29-34

[180] 陈伟光, 郭晴. 中国对"一带一路"沿线国家投资的潜力估计与区位选择 [J]. 宏观经济研究, 2016 (9): 148-161

[181] 程仕英. 我国过剩产能投资"一带一路"的经济效应分析 [D]. 山西财经大学, 2016

[182] 刘先彬. 中国煤炭产能过剩成因机理和对策分析 [D]. 河南大学, 2016

[183] 张茉楠. "一带一路"战略框架下的全球价值链合作 [J]. 区域经济评论, 2016 (5): 15-19

[184] 杨晓龙, 王艳秋, 赵俊平, 王华. 基于SD模型的资源型企业技术创新动力机制分析 [J]. 辽宁工程技术大学学报（社会科学版）, 2014 (5): 449-452

[185] 宫倩. 国际区域合作动力机制研究 [D]. 东北师范大学, 2016